一切理解走向自我理解

阅读教学就是一种理解的艺术

阅读教学觉悟论

YueDu JiaoXue JueWuLun

储建明◎著

东北师范大学出版社

NORTHEAST NORMAL UNIVERSITY PRESS

长春

图书在版编目（CIP）数据

阅读教学觉悟论 / 储建明著 . —长春：东北师范大学
出版社，2017.10

ISBN 978-7-5681-3910-6

Ⅰ.①阅… Ⅱ.①储… Ⅲ.①阅读课—教学研究—中学

Ⅳ.①G633.332

中国版本图书馆 CIP 数据核字（2017）第 258868 号

□策划编辑：王春彦　　　　　□封面设计：中联学林

□责任编辑：王春彦　　　　　□内文设计：中联学林

□责任校对：张 琪　　　　　□责任印制：张 允 豪

东北师范大学出版社出版发行

长春市净月开发区金宝街 118 号（邮政编码：130117）

销售热线：0431—84568122

传真：0431—84568122

网址：http://www.nenup.com

电子函件：sdcbs@mail.jl.cn

三河市华东印刷有限公司印装

2018 年 1 月第 1 版　2018 年 1 月第 1 版第 1 次印刷

幅面尺寸：170mm×240mm　印张：16　字数：261 千

定价：43.00 元

自　序

　　语言是人类文化存在中最为基本的东西,当人类的生命不断成长的时候,语言的丰富性、活动性和创造性预示着人类的生命的质量。所以,人类存在于语言之中,语言不仅是人类使用的工具,而且是人类存在的家园。

　　语文教学只有通过语言的学习与体味、感知与领悟、理解与对话才能认识文本、认识世界,进而认识自我、认识生命。用语文的方式认识语文,就是要以语言的方式来展开现实的生活,探究生命的意义。作为个体的生命都是一个有限的存在,为了让生命获取更多的营养,提升生命的无限的价值,就需要在语文教学中用一种积极参与和相互响应的态度来面对文本的世界,需要引导和启发大家在语言学习的过程中不断扩展和丰富对世界的认识和习得。

　　文本的理解是语文学习的本质性的学习活动,文本的接受能力和理解能力是在学习过程中发展起来的。阅读活动是一种作品的参与活动,读者的理解与作品的意义同时构成了一种意义存在。

　　就作品意义的产生过程来说,它既是固定的又是开放的,既是静止的又是发展的,既是单元的又是多元的,既是模糊的又是清晰的。由于作者的创作有着作者自己的思考和意图,这样就给读者的阅读既带来了一定的制约规范,又带来了更多的发挥空间。

　　哲学家加达默尔说,"文本的意义超越它的作者,这并不只是暂时的,而是永远如此的。因此,理解就不只是一种复制的行为,而始终是一种创造性行为。"文学作品的真正存在只在于它的被展现的过程,也就是说,作品只有通过读者的再现和再创造才能使自己得到表现。读者是作品意义的发掘者、参与者和传播者,因为有了读者的理解和阐发,文学作品才有了各种可能的现实意义,作品和读者双方都缺一不可。

　　读者是具有心智能力的，在阅读作品的时候，我们会从自己的前理解记忆里调动许多生活经验和知识经验，根据作品信息加以融会贯通，产生一种新的理解。这种理解力促使读者在复原作品意义的过程中纳入个人的思考和解释，建构出自己的理解意义。

　　由于理解往往与先在经验联系在一起，所以，需要每一个读者通过阅读和理解去激活并提取已经获得的认知结构，与新的学习内容形成互相参照和联系，进而去填补和充实自己的审美经验，建立自己的审美坐标，实现期待视野的超越。

　　存在决定着意识，存在是第一性的，是意识的前提和根源。意识是第二性的，是存在的内容和反映。有什么样的作品存在，就会有什么样的读者意识。然而，读者的理解又反作用于作品，由于理解程度的深浅、能力的大小和水平的高低，作品被读者化的现象又反映出另一种倾向，作品意义的呈现随之便发生变化。

　　理解是一个问题发现的过程，是在寻求意义过程之中的问题解释过程。当静态的作品在读者那里生成作品解释的时候，读者与作品的对话也就自然而然了。于是，我们发现，理解的过程也就成了一种历史性的效果事件，是在读者和作品时刻的交融中发生着读者视域和作品视域的交融。

　　加达默尔说："只有当人们能够相互间展开交谈，由此产生不同视界的融合，形成新的共识，人与人之间的理解才是可能的。"对话是相互之间视界融合的过程，这个过程中，理解是基础，是展开与文本、他人和自我对话的核心。语文教学的关键在于有没有抓住语言之根去启发和开放读者的理解力和想象力，在召唤结构的召唤下，去填补未定性和空白，去完成作品的意义建构。诠释学的"视域融合"，从本质上看就是一种视域之间的对话，"诠释学经验与流传物有关。流传物就是可被我们经验之物。但流传物并不是一种我们通过经验所认识和支配的事件，而是语言，也就是说，流传物像一个'你'那样自行讲话。一个'你'不是对象，而是与我们发生关系。"作为读者来讲，我们需要把文本作为一个与"我"发生关系的"你"来对待，它是一个真正的交往伙伴，需要把"你"来经验，对"你"的经验进入一种问答的逻辑——一种理解的对话之中。读者并不是无条件地服从作品传统，而是通过对话进行反思和审视，既有接纳的丰厚，又有反思的批判，通过对话扩大自己的视野，更新自己的经验。

　　阅读从寻求理解和建构意义出发，向自我理解和建构自我努力。阅读文本就是在阅读自我,理解文本就是在理解自我。文学接受的目的告诉我们,阅读不仅仅是理解作品,而且是通过理解来发现自我和否定自我、调整自我和塑造自我。如果读者只是被动接受作品和作者的经验,只是成为作品和作者的奴隶,不能结合自己的经验来思考和发展文学的价值,那么,这种阅读就不是真正的接受美学。

通过理解,心智和存在才有了联结,理解就变成了存在的一种表达形式,随着理解的进一步发展,作品意义就不断被解释和揭露。理解让读者更加贴近作品,更加感知到自己心智活动的那个存在。于是,理解的过程便是自我发现和自我了悟的过程。一旦深入到作品的存在本身,其实就是读者意义得到建构的那一刻。

所以说,一切理解就是自我理解,阅读教学就是一种理解的艺术。

语文是文化的载体,因为一方面语言文字本身反映了一个民族认识客观世界的思维方式,另一方面民族文化也附着于语言文字得以继承与发展,因而是人类经历的一面镜子和一种文化借以自我传播的基本方法,任何一个民族的语文教育都承担着延续和进化本民族文化的任务。语文教学是一种民族文化的教学,在实施语文教学的过程中,语文教师就成为又一个文化的载体。弗莱雷指出:“缺乏对世界、对人的爱,对话就不能存在。”假如语文教师本身没有了对语文的爱,没有了对儿童的爱,要指望他的课堂产生语文的美,呈现语文的世界,那是万万不可能的。

语文教学要让学生读懂、读通语文,就要站在文化的背景下,不仅传授基本的文化知识,培养他们应用语言文字的一般能力;更要把文学、艺术、生活、科学等融合在一起,吸收和体验人类的进步文化,在感受与感悟文化的过程中,养成良好的语文素养和文化品质。

储建明

2017. 2. 20

目　录
CONTENTS

第一章

文化精神论

第一节　论语文教学之学科精神

语文作为生命符号和生命现象的记录和阐释,是对生命活动和生命内涵的凝望和透视,也是对社会历史和民族文化的关切和融解。语文教学的取向问题,从整体上看,就是语文学科精神究竟面向何方的问题。面向何方的抉择,影响着语文教学中听说读写的方向,规限着语文课程与教学目标的运行。语文学科的精神取向,不仅可以明示语文课程标准的基本理念,而且可以融入语文教学的行为过程。语文教学能不能以学科精神为导向,对推动语文课程改革和提升人类生命质量有着十分重大的意义。

一、语言精神:语文教学之生命特质

语言是人类最基本的生存方式和存在状态,语言之体验过程也就是生命之生活过程。只有在语言里才能找到人类完整、透彻而且客观的生命理解,将语言作为生命现象,作为一种本真和本源的姿态,是语文教学学科思想的本质所在。

1. 语感品味,一种沟通人类世界的特殊符号

语文课程是一门学习和运用语言文字的课程,培养直接和迅速地感悟语言文字的能力,是语文教学首当其冲的重要任务。王尚文先生说:"语感是人与语言这一对象相适应的感觉,是人们直接地感受、领悟、把握语言这一对象的一种能力、一种方式、一种结构。"[1]语言文字不仅是一种能够单独发挥交际功能的有声符号,而且是一种以视觉形式为介质的信息符号。语文教学立足于本民族的语言特点,以对文本作品中的语言文字的分析、理解、体会和吸收为主要方式,培养和提高学生感知语韵、体味语意和领悟语境的能力。

世界上的万事万物只有在语言之中才能进入人类的视野,当语言文字记录人类社会存在、进步和发展的时候,就为语文教学留存了广阔而博大的艺术空间。

无论是语音和语词的样式,还是语言和思维的关系;无论是语言交际的基本方式,还是语言风格的美学特征;无论是人类精神文化的折射,还是社会历史现象的反映,无不告知我们语感培养是语文教学工具性与人文性相统一的最佳体现。汪曾祺的《金岳霖先生》,撷取了金先生平时生活和工作之中的平凡琐事,以饱含深情的语言笔触和诙谐幽默的细节描写刻画出一个真实可感、亲切"怪异"的人物形象。虽然学生们对作者和作品人物没有多少了解,虽然可以将金岳霖、梁思成、林徽因以及朱自清、闻一多等一干风云人物加以介绍,但是最值得教学的还是从文章的语言品析之中去充分感知一个"一肚子学问、为人天真、热爱生活的大哲学家",于字里行间亲眼所见金先生穿着生活之与众不同,亲耳所闻金先生教学对话之鲜明独特。人物形象之所以跃然纸上栩栩如生,全赖汪曾祺看似闲笔却蕴含深意、朴实无华却卓有风骨的语感文风。当激发起读者对其人其事和时代风貌的好奇和敏学之时,自然就会将阅读视角延伸至课堂之外,和文学、历史、生活世界相接壤。

加达默尔说:"语言并非只是一种生活在世界上的人类所适于使用的装备,相反,以语言为基础,并在语言中得以表现的是,人拥有世界。"②语言的根本性就在于,世界在语言之中得以呈现,语言的世界就是人类存在的世界。人总是在一定的语言形式里编织生活,也在一定的语言环境中领略世界。我们在思维、想象、情感等心智活动的参与下对语言组织形式以及语言材料内涵的深刻把握,实际上是经由语言感悟语言又超越语言去感受作者作品所呈现出来的内心情感和思想光芒,在长期的诵读涵泳、体察品评、理解运用的过程中形成对语言文字的领会和感悟能力,达到一种"思接千载,视通万里"的境界。

2. 语用表现,一项承载生命精神的特别使命

一种语言形式是一种生命形式,语言是活生生的生命的吐纳与留痕。语言是人类精神力量的产物,凡有语言的地方,都有着生命精神和民族精神原始的语言力量。语文教学面对的是体现作者情感、思索、想象、探求的生命作品,就是要引导学生在听说读写的过程中去把握语言所固有的品质,在语言之中寻找生活的、民族的、历史的精神存在,完成一次又一次的语言交际并获得语言能力。

语文教学是一种对话教学,是读者、作者、作品之间的理解与体验。"语言只有在谈话中,也就是在相互理解的实行中才有其根本的存在。"③人类的语言精神是在相互理解与体验之中不断显现出来的,是一种特别的生活过程。理解和体验

的关系不是对立的,是在共同面对文本的语言世界里相遇相容,它既是一种经受,也是一种释放,更是一种交融。余光中的《听听那冷雨》,单就文题中的一个"冷"字就不仅仅给人以诗的形象、节奏和意境,更有无穷无尽的寒湿、沉郁和慨叹。全文以雨声雨景为引子,在春雨的潮湿和绵延之中展露着作者浓厚的深沉的家国之念。作者回忆自己半生漂泊的经历,屡屡引用古人诗词以衬托对故国河山和传统文化的追思向慕之情。行文时空交错,句式多变,丰富生动的修辞手法和参差长短的语言节奏,不仅是绝对的语言艺术,更是作者以强烈的中国意识表达对中国文化的赞美和眷恋之情。和《听听那冷雨》对话,无论语言之美感,还是精神之雅味,无不令人叹为观止。"杏花,春雨,江南。六个方块字,或许那片土就在那里面。"只这一个句子,就可见在语言形式的背后活跃着一个个鲜活的生命,那是一种精神的流射和心灵的律动,孕育着汉字文化的真谛和美丽不灭的灵魂。

　　人在语言之中有两种生存方式,一是倾听,二是言说。没有倾听无以言说,没有言说也难以倾听。语文教学之对话,并非只是彼此之间的言说表达,而是需要用沉静和谦恭的心态去捕捉文本语言和读者语言之间的密码,即便是沉思和等待也是一种言说和交流。当文本作品以书面语言作为开放性读物的时候,读者和作品之间的交流就介于口语和书面语之间,语言单位的组合变化就反映出人们的思维特点和思想水平,也就从某种程度上反映了人的本质和语言的本质。语言是社会和民族的,语言也是个人和生命的,语言只有在学习和运用之中才能追寻生命存在的本真意义,才能赢得生活的希望和焕发生命的活力。

二、审美精神:语文教学之风格表征

　　在长久的文化积淀和历史发展之中,文学生产以人类的物质生产和社会实践为先决条件,文学作品形成了相对稳定的审美特征和品格风貌。语文教学就是要引导学生对构成这些特征的文学作品进行立体化的解读和多层面的探求,形成相应的审美意识和审美能力。

　　1. 寄情意象,将感知世界置于读者的眼前

　　语文教学活动不单单是一种认知活动,而且是一种情感交流活动。语文教材是作家内心情感的外化作品,表现出独特、复杂、灵动、鲜活的情感内容。挖掘和利用教材丰富的情感矿藏来铸造学生美好的心灵,用具体可感的语言形象去内化抽象深邃的精神世界,恰恰是语文教学的基本属性。

生活形象是审美情趣的返照,情趣本来就是物我交感共鸣的结果。文学作品中的自然景象往往是作家审美情感的投射意象,它们镶嵌在作者的生活经验和个性语言之中,既是作者情感的载体,又是作品内蕴的表现。意象生生不息,情感绵绵不尽,在审美活动过程中,审美对象作为一种感知存在,最直接的阅读方式就是唤醒读者的情感体验,调动一切感觉器官去感受这种具体的美感和艺术气质。"情绪状态的可传达性、快感的可传达性乃是趣味的审美愉悦的特征"④,美的自然形象能唤起一种直接的兴趣,反过来又陶冶道德的情操。孔子是一个伟大的语文教师,他善于运用情境启发来感化自己的学生。有一天他和子路、曾皙、冉有、公西华在一起聊天言志,对于子路、冉有、公西华或治国或教化或司礼的应答都不满意,而当曾皙说出"莫春者,春服既成,冠者五六人,童子六七人,浴乎沂,风乎舞雩,咏而归"之时,则喟然叹曰"吾与点也"。曾皙的这段话形容了这样一个场景:在暮春季节,亲朋好友相约一起去郊外游泳,然后在归途之中,太阳暖暖地晒着,微风轻轻地吹着,人们欢快地歌着。人在景中,景在情中,一系列的意象世界完全反映出人与自然和谐相处的儒家之道,在孔子的诗性和礼乐世界中没有比这更美好的情感愉悦和人生境界了,这是他毕生的祈望,也是他无悔的追求,难怪他情不自禁地高度赞赏起来。

朱光潜说:"美感经验就是形象的直觉,美就是事物呈现形象于直觉时的特质。"⑤审美心理告诉我们,文学作品中的形象往往是静止沉默的,与读者之间有着阅读理解的距离,只有通过想象和联想的经验去感受才能产生心物感应的形象。"因为有情感的综合,原来似散漫的意象可以变成不散漫,原来似重复的意象可以变成不重复。"⑥积极的感知活动充满着好奇和期待,是一切认识活动的基础,也是审美心理活动中的一种原始要素。单就"曲终人不见,江上数峰青"而言,前后两句毫不相干,但是两种意象都传递出一种凄清冷静之气氛,于是就调和出一种清音苦调和哀怨思慕的情感。诗句以无形的声乐和有形的景象为背景,驰骋想象,幻想现实,于平常意象之中蕴藉不平常之情愫。所以说,作家驱遣想象描摹形象必有情感的铺垫,读者阅读形象展开想象必需情感的支撑。语文教学需要充分运用想象和联想来唤起心里的意象,把审美的情感价值放在审美教学首要的位置,情感的真挚和感知的发现,想象的清晰和联想的丰富,就是美的净化和升华,美在情感。

2. 诗化意境,将精神世界植于读者的心灵

艺术审美,是一种情与理、感性认识与理性思考相统一的活动,既要"入乎其

内",又要"出乎其外"。一方面神游于语言世界,陶醉于审美感受,充分领略作品丰富的情境意味;一方面调动生活体验,展开审美鉴赏,充分领悟作品深刻的思想意义。"意境是诗歌中所描绘的生活图景和表现的思想情感融合一致而成的一种艺术境界,它将生活美提炼为艺术美,使内情与外物融合为一。"⑦不仅诗歌的最美境界是它的意境,所有文学作品的最美境界同样是意境,意境是艺术作品所构造的独立存在的审美空间。语文审美教学的本身就有着诗性的品质,教学所追求的诗化意境就是要让读者身临其境,心感其情,在意象世界里感染意境世界,不仅沉浸在教学情境的亲和之中,而且享受在文本精神的意蕴之中。

美是心灵的产品,"在见到意境的一刹那,他是在创造也是在欣赏"⑧。读诗其实在再作诗,读文其实在再作文,文学作品的生命不单单依靠作者本人的创作来传世,同时也需要读者的阐释来弘扬。如果读者能够于欣赏之中见出文本的意境,并把这种意境内化成自身的精神作品,那么,作品与读者之间便构成了一种循环接续的完整的艺术。曹禺的《雷雨》中一再出现蝉鸣、蛙躁、雷响的自然场景,无不在渲染戏剧过程之中"苦夏"之"郁热",而生活在其中的主人公都陷入一种欲望和追求的"情热"之中。周冲在梦想中冲动,沉溺在精神的梦幻里;繁漪、周萍、四凤和侍萍都渴求非理性的情欲,尤其是繁漪有着原始的可怕的野性魔力;周朴园则生活在自己的计算里,充满着矛盾和复杂的人性,这些人无不在尘世的煎熬中找不到出路,在近乎疯狂的雷雨式的狂躁中进行着生命的挣扎,于是,作品的悲悯情怀成为一种特殊的审美精神。理性审视之下,也许这就是作品所要传达的一种审美超越,是一种更高意义之上的清醒和觉醒。

每个作家都有自己的作品风格,"风格是在同一个艺术家的作品里到处可看到的个性特征"⑨。凡是在作品被理解的地方,鉴赏风格就成为审美精神的一种重要表现。文学作品的风格境界是作者作品的精神能源,是文本跃动的生命力量。它渗透在形象与情节之中,渗透在语言与细节之中,渗透在文本一切的语体形态和语象意境之中。语文教学只有对作品语言所构成的形象和意境进行整体的感受和鉴赏,将文学作品中美的语言对象化于学生的语感,将作品中美的情感和美的意境对象化于学生的心灵,才能让学生沉潜到作品的深处去把握作品深层的美学蕴含,才能在体察审美对象的实践活动中发现并完善自己的审美个性。

三、文化精神:语文教学之人性烙印

语文以语言为基石承载着文化,语文又在文化的土壤里生长与发育,文化是

语文的风骨和灵魂。"文化的本质是人化,人的自我完善主导着人的各种文化追求。"⑩语文教学的过程是一种文化浸润和文化再生的过程,语文教学的使命是要给学生一个安身立命的精神家园。

1. 人文启示,文学灵魂的醒悟与彰显

文学是人学,既表现人的存在和命运,又启示人的理想和追求。作家用自己的生命体验去塑造一个个活生生的生命,去揭示复杂而多面的人性、人情和人的价值。孙绍振先生认为:"人文精神不是简单的教条,而是一种渗透在字里行间的精神。……真正的人文精神,是在作品之中的,不是在文本之外的。把文本当中潜在的人文精神分析出来,是语文教师的艰巨任务。"⑪真正的文学欣赏,绝非肤浅地寻绎出作品的主题思想,而是要深深地为作品总体的意境和通体的光辉所感动和陶冶,进而在读者的真情和作者的匠心之间达到心灵的默契和了悟。因此,对语文的解读就是对文化的解读,是要让学生体认民族文化的精神,获得精神的洗礼和人性的启迪。

阅读是一种对话活动,"阅读活动实际上是通过与作者的对话达到对作者与自我的双重发现,最终达到知识的传递与精神的升华,使自己内在的生命本质获得一种更高层次的新的形式。——阅读,从根本上说,就是这样一种生命运动。"⑫文学作品的真正存在只在于阅读理解和阐释的过程之中,阅读对话就成为作者视域与读者视域之间达成交融的具体表现,而作品内在的价值观念、审美情感、思维方式、自由精神等文化因素在教学过程中获得再现和再创造。刘亮程的《今生今世的证据》是一篇寻根文学的精品,也是作者作为一名乡村哲学家的散文代表作。文章中的证据、村庄都蕴含着多重的意义,在世俗和精神的矛盾世界里,家园不只是一种事物的记忆和怀旧,而且是一种精神财富的思想资源。对于这"一个人的村庄"来说,那里的灰鸟、虫子、老狗、胡杨树构成了一个独特而无限的生命空间,在这里的忍耐、困苦和快乐就属于每一个沉静而卑微、孤独而深刻的灵魂。作者在文章的最后说:"当家园废失,我知道所有回家的脚步都已踏踏实实地迈上了虚无之途。"这里的家园,既是具体的物质家园,更是人的精神家园,是人的精神寄托。面对着不复存在的废弃的"家园",如何才能在生命的记忆之中留存曾经的生命的痕迹,如何不让家园从此不再迷失,作者的寻觅显得凝重和警醒。在作者朴素简单的文字世界里,饱蘸着作者对村庄和土地等一切自然万物的感激和崇敬之情,它的特别之处就在于一反其他思乡作品反复吟咏的故乡之恋,而是超越这种情感去进一步追问人与故乡之间的关系与意味,这是一种生命的写作方式,是作家在内心深处不断构筑和丰富的一块灵魂圣地。

罗曼·英加登说:"读者必须在一定程度上和作者一道创作,利用他的作品重新发现那些特殊的价值性质。"⑬因为这些价值不仅存在于作者的头脑之中,而且反映在作品的语言世界中,需要每一个读者凭借自己的生活积淀和思想认识去理解和解释、感悟和深化。文学作品有着一种精神性的保持和流传的功能,所有理解性的阅读对话都是一种精神性的解释和再创造,是实现从静止的无生气的语言向流动的有生气的意义的转换过程。一个优秀的语文教师,既要引导学生设身处地地去体验和领会作家通过作品传达出的深情蜜意,又要展开思想的翅膀,去完成作品的二度创造,去感化读者的人性和破解真理的奥秘。

2. 哲理性思考,文化价值的凸显和旨归

语文教学须扎根于语言世界,这是语文教师的一个共识。而语言与哲学有着不解之缘,人们对语言的思考莫不带有哲学的意味。当人们还来不及追寻语言是什么、语言与人、语言与人的精神意识之间是一种什么关系的时候,人们就是凭借着语言分析去解释人与自然、人与社会、人与精神等文化密码。语言是人生的工具,"语言是人类思想文化的寓所,在人与对象世界的相互作用中,把自己的思想、感受通过语言来表达或记录下来,从而进行思想的沟通和文化的交流,这样语言便起到了一个中介的作用"⑭,这是一种试图通过语言去解释和说明精神和意识现象的文化哲学,是语文教学中关于人类文化现象的哲学思考。

"从最抽象的意义上说,人的文化必然包含着人类性,它是人类精神的自我确证。"⑮很显然,人是文化的主体,在语文教学活动中,师生之间、"人""本"之间的语言活动就是文化实践和文化创造活动,无论是"文化"还是"哲学"最深厚的根基,就在于人的自我完善和自我发展的实践要求,它以关注人的存在和人的自觉为最高使命。刘烨园的《大地重现》是一篇哲理散文,作者笔触所至的每一句都是富有人生启迪的经典性语言。初读此文的时候可能会比较懵懂和模糊,但是在沉静心灵、理清思路之后,我们会发现作者随时都在回答一个贯穿全文的中心问题:什么才是经典的意义和魅力。作者从大地、榕树的现象谈起,不难读到语言之中浑厚、大气、生机勃勃、包罗万象的质感;一直到第三节的时候,作者再也忍耐不住对经典的虔敬和膜拜了。"一行行时短时长的句子,一页页时远时近的思绪,那么厚实、自信、激动人心。它们常常使你走向源头,走向天空,走回语言的诞生。

……如果天地真是这样使人至高无上的,那么语言的本质就该是生命的、创造的。生命和创造永恒,永恒怎会过时呢?"散文之高贵、理性、激情和血性,在刘烨园那里涌动起翻滚的潮水,满纸都是作者的自省和哲思。"大地重现"之"大地"是"文化的大地",又是"精神的大地",人类只有脚踏着坚实的"大地",才能拥有头上那一方灿烂的星空,才能回到充满慰藉的精神家园。

从哲学角度看,文化具有时间意识和历史形态,浩瀚灿烂的文学作品之中涵盖着民俗道德、文明作风、艺术格调等一切的人类踪迹和社会因素。中国古代哲人曾在长期的现象世界里进行着观念性的整合,他们强调物我同一、道器不离、体用不二,在这种视野之下以求达到合知行、同真善、一天人的人生境界。以孔子为例,他看水,"子在川上曰:逝者如斯夫,不舍昼夜",用人类固有的感性能力看出了水的自强不息和人生的世事变幻;他看松柏,则"岁寒,然后知松柏之后凋也",用道德的眼光直觉出了松柏的坚贞,感叹人生要在艰难困苦之中才能看出他的人格;他看天,同样用道德的眼光去感受它不言的仁志,"天何言哉,四时行焉,百物生焉,天何言哉",孔子以天作比,说明上天自然而行四时更替,所以"仁者,其言也讱"。这种穿透时空的语言艺术和哲学思想具有巨大的语文影响,无不体现出一种文化涅槃的信念和范畴。

哲学激活语文,语文回归人性,语文课程中蕴藏着丰富的哲学资源。如何形成积极的人生态度和健全的自我人格,如何培养主动的阅读者和有责任的表达能力,如何开悟作者全部的生命体验和作品深邃的生命特质,如何继承和发展语言文字之中深刻的民族精神,一系列的问题考量着语文教学。语文教材中有着太多的生命存在、历史传统、现代价值等方面的探索和思考,需要我们在语文活动中把自己的生命本身变成自己的意志和自己意识的对象,深化哲性智慧,秉承人文精神,激发人的思维力、想象力和批判力,实现人的真善美统一的理想和文化自觉。语文学科精神的价值取向,就是要植根于语言精神,构建审美精神,凝聚文化精神,最终给语文教学打上鲜明的人性烙印。

注:

①王尚文.语文教学的错位现象[J].教育研究,1991,(10).

②③④⑨[德]汉斯-格奥尔格·加达默尔.真理与方法:哲学诠释学的基本特征(下卷)[M].洪汉鼎,译.上海:上海译文出版社,2004:574.578.069.667.

⑤⑥⑧朱光潜．朱光潜讲美学[M]．南京:凤凰出版社,2011:11.59.46.

⑦万福成,李戎．语文教育美学论[M]．青岛:青岛海洋大学出版社,2001:168.

⑩⑭⑮邹广文．当代文化哲学[M]．北京:人民出版社,2007:15.101.15.

⑪钱理群,孙绍振,王富仁．解读语文[M]．福州:福建人民出版社,2012:178.

⑫钱理群,孙绍振．对话语文[M]．福州:福建人民出版社,2005:153.

⑬[波]罗曼·英加登．对文学的艺术作品的认识[M]．陈燕谷,译．北京:中国文联出版公司,1988:90.

第二节　论语文教学之文化互动

　　人是一种文化的存在,人总是生活在文化之中,人的世界就是文化的世界。"一种文化要想成为自觉的文化而非随意的文化,就必须上升到哲学的高度加以反思;而一种哲学要想具有现实的力量而非虚幻的寄托,就必须进行文化的参与。"①人生存在文化之中,文化是历史地凝结而成的生存方式;人又不断创造着文化,文化反过来影响和塑造着人。"文化的本质是人化,人的自我完善性主导着人的各种文化追求。"②文化的人本规定性,成了文化最本质的特征。

　　语文教学的逻辑起点和终极归宿在哪里,一个最基本的事实是,都表现为一种文化的在场。语文和语文教学都必须进入文化,在文化的世界里探寻和建构起一个语文的世界。语文是文化的一种存在方式,语文教学如果离开了文化,语文也就失去了任何的意义。所以,在语文教学中,人与文化通过互动实现着双向的意义建构。语文教学中的"文化互动"以"文化"为"互动"的意志追求,以"互动"为"文化"的生命样式,在"文化"中互为主体,在"互动"中以文化人,最终在与人类文化的相互作用中完成一种师生的文化自觉,实现一种自我超越的文化精神。

一、愿景描绘:语文是一种文化载体,也是一种文化存在

　　2011 年版《义务教育语文课程标准》开篇第一句是:"语言文字是人类最重要的交际工具和信息载体,是人类文化的重要组成部分。"不仅明确了语文的本质,学科特点更加凸显;而且点明了语文课程的内涵,课程性质也更加明确。语言文字"是人类文化的重要组成部分"的表述,再一次强调了语言本身就是文化的理念,它不仅仅是文化的表征,而且也是文化的地质。语言和文化是无论如何也不能分割的一个整体,脱离文化的语文是根本不存在的。

1. 语言是一种重要的文化符号,也是一个人类生存的精神家园

"语言是人类最重要的文化形式,是人的生命存在的基本形式。"③语言作为文化的最基本的代表符号,说明了一定的意识状态找到了一定的表达方式,是文化传播和发展的重要手段,也是人类文化的重要构成部分。这一种文化现象的诞生,不仅标志着人类文化的进步,而且使人的生命存在有了重大的意义。语言处在一种确定性的文化意识之中,语言的有意识的意义内容在岁月的流逝中逐渐演化为人们的说话方式和表达方式,最终发展为我们熟知的以口头语言和书面语言组成的语文世界。

离开了语言符号去谈论文化的进步是毫无意义的,语言和文化的同构性也是不言而喻的。李鹏程认为:"符号总是体现着某种意义,这意义便是关于人的生命存在的文化信息,即人的文化意向。"④一方面,语言符号表现语言者的生命存在及其意义;另一方面,语言符号又指向语言对象的生命存在及其意义。正是语言文字有着独特的意义存在和文化存在,语言文字就成为人性的符号与映象,人在语言中获得了存在的依据,文化也有了休憩之地。

语言本身就是文化的一部分,人又是文化的主人,于是,语言与人的思维和思想相互熔铸、相互塑造,文化就在语言中得以呈现和张扬。海德格尔有一个著名的命题,语言是存在的家园。语言不仅是文化符号和价值的依托,更是滋润心灵和建构精神的存在。语言被设定为一种生命存在的本真境域和本真体现,语言本身并不是可以触摸的事物,但是通过语言我们可以感觉到世界的一切,达到对存在的领悟。只有通过语言才能与人发生关系,才能与世界相遇,加达默尔才会对我们说,能被理解的存在就是语言。

语言与生命有着天然的联系,语言是生命的吐纳,语言的背后必然都是一个个鲜活的生命。当我们接触到语言生命的时候,我们会发现,不同的民族语言有着不同的民族精神,不同的语言世界有着不同的精神世界。任何一个民族都以自己的生活方式去认识生活,总是把自己对现实的认识与理解投射到语言之上,于是,每一个民族的语言都具有相当悠久的历史,它们负载了大量独特的文化内容,语言成为一个民族显著的文化标志和意义世界,是一个民族重要的精神气质和价值所在。因此,语文教学不单单是让学生学习语言的过程,更重要的是要在语言的习得过程中体认并内化那博大精深的民族文化精神。

2. 语文课程是一种重要的生命形态,也是一个人类成长的文化过程

语文的世界并不仅仅是语言的符号,在符号世界里更有着鲜活的生命情境,跃动着丰富的情感与思想、人性与灵魂。新版《义务教育语文课程标准》要求正确把握语文教育的特点,并指出语文课程丰富的人文内涵对学生的精神世界有着广泛而深刻的影响,"应该重视语文课程对学生思想感情所起的熏陶感染作用,注意课程内容的价值取向",明确了要继承与发扬中华优秀文化传统和革命传统、弘扬以爱国主义为核心的民族精神和以改革创新为核心的时代精神等具体内容。

"新课改"理念下的语文教材作为语文课程的一种具体表现,是一种文化的构成,一种特定的文化存在。在文本世界里追求着人类的生命内涵与生命意义,洋溢着生命存在的情韵和意味。曹明海认为:"从根本上说,语文新课程具有教育学意义上的文化品格,是一种以价值判断和意义阐释为目的的价值活动或文化活动。"⑤语文教学实际上就是在实践一种文化,把本来外在于学生的文化内化为生命的体验和心灵的滋养。语文"新课标"的目标关于"逐步形成积极的人生态度和正确的世界观、价值观"和"提高文化品位"的取向,就不再是一种知识的获得过程而成了一个文化的浸润过程。

无论是课程还是文化,一则是静态的客观的存在,一则是动态的主观的生成。我们把语文课程作为一种动态发展着的、创造着的文化过程,体现的是课程的文化本质特点。课程本身也是一种文化存在,是一种课程文本和课程事件。文本只有通过读者的解读活动才能由"可能的存在"成为"现实的存在",对文本的解读既表现为一个过程又表现为一种事件,因此,师生在与文本世界的交互作用之中走进一种意义建构的过程,创建着一个又一个课程事件,建构起开放而有活力的语文课程。

"文化的本质是人的自我生命存在及其活动,语文学习的过程也是言语实践中的生命存在及其活动,是人的生命在语言世界里自由展现的过程。"⑥语文教学具有文化的本质,一方面,语文是一种文化的载体,也是一种文化的构成,是一种人类文化的重要组成部分,更是人类生命的一种活动方式;另一方面,语文教学是一个文化传递的过程,也是一个文化生成的过程,是一个听说读写的综合过程,更是一个促进学习主体生命发展的过程。因此,语文教学必须注意把握语文与文化的同源性,把语文教学作为让学生体验和感悟民族文化的过程,使学生在语文学习的过程中得到文化的陶冶和精神的洗礼。

二、图景建构:"文化互动"是一门教学艺术,也是一门文化艺术

语文课程上下五千年,纵横千万里,教学内容无所不包,教学目标三维合一,在实施语文教学的过程中,自然发生着语文本质文化、民族传统文化、自然生活文化、人际交往文化之间的文化交流活动。语文教学中的"文化互动"既是一门语文课程与生活世界、书本学习与实践活动之间自主学习、合作探究的教学艺术,也是一门促进自我理解与自我发展、焕发生命活力和教学精神之间相互融通、整体发展的文化艺术。

1. 语文教学在文化中互动,最终完成"以文化人"的文化自觉

邹广文认为:"从哲学人类学的意义上看,交往和实践作为人本身的存在方式,都与文化有内在联系,并因此而统一为交往实践。"[7]语文教学既然是一种在"文化"中"互动"的"文化互动"活动,自然具有了人类传递、积累、继承和发展的文化意义,它不仅仅是一种意识交流活动,更是一种实践活动或现实生活中的主体间意识的沟通活动。语文实践本质上是以师与生之间、人与本之间、生活与生命之间为存在方式的交往实践活动,是沟通听说读写、开放课堂时空、开展综合性学习的必然途径。

无论是对文本的解读,还是对生活的关注,无论是对作者的背景了解,还是对作品的意义阐释,最终都需要落实到师生自我完善的根本目标之上。语文教学需要以价值观的确立为先导,依靠语文课程来实现一种文化的繁衍和生成、丰富和发展。所以,语文教学不仅要有认知目标,更要有情意目标,不仅着眼于智力的发展,更要致力于人格的塑造。特别需要指出的是,应把培养人的主体自觉意识理解为人的现代化的首要任务。自我意识是主体地位的本质规定之一,是文化实践、价值创造活动的一个前提和根据,只有确立了学习者就是学习主体的地位,语文学习的实践行为过程才是学习主体意识的行为过程。

"语文教育应该是个文化过程,是一个'以文化人'的过程,它旨在人的生命的建构与完善,它指向人的生命个体的总体生成。"[8]在语文教学的过程中,在语言学习的过程中,对文本以及文本中的文化的理解与反思,实际上是在理解和促进另一种文化的再生,是在师生生命之中存活和凝聚一种人格主体的精神光辉。这是一个亲历与体会、置入与升华的多维思维过程,也是一个倾听与言说、领会与解释的互动对话过程。事实上,语文教学一直是在时间与空间、生命与生活、历史与现

实之间对话前行,在发掘与保护、兼容与并蓄、吸收和创生之间交互发展。

文化在语文中的存在方式是语文化的,文化在主体中的生成过程也是语文化的。在语文学习的过程中,我们通过阅读、理解、感悟等活动去消解"此在"与"彼在"的鸿沟,把两个彼此隔绝的世界贯通起来,使学习主体从现实的世界进入超然的文本世界,构成一个全新的生命世界。对于语文而言,语文教学的实质就是唤醒学生的生命信念,给学生打下一个精神的底子,是一种追寻精神世界提升人生品质的实践活动。于是,基于文化层面的语文教学必须给学生一个安身立命的精神家园,这是语文教学最主要的任务。语文教学要用语文课程所特有的丰富的人文内涵对学生进行濡染及感化,拓展和深化学生的精神领域,最终在"文化互动"的历程中实现"以文化人"的文化自觉。

2. 文本解读在视域中融合,最终完成穿越历史的文化对话

哲学解释学认为,理解作者创作出来的文学作品,不是再生产某种过去的东西,而是共有一个现在的意义。所谓"一个现在的意义",就是读者和作品之间对话双方视界融合的结果。"谁不能把自己置身于历史性视域之中,谁就不能真正理解文本的意义。"[9]作者的主观精神和经验与读者的现实生活和体验构成了具体的、历时的、活生生的视域交融活动,是一种穿越时空的文化对话活动。"'文化互动'必须以对话教学为基本的行为策略,充分发挥语文教学内容所蕴含的对话作用,在与学生、与文本、与生活、与人生的交叉多重的对话中追求对话教学的文化意义,延续和丰满文化互动教学的价值。"[10]基于"文化互动"以对话教学为基本的教学策略,我们还需要认真探求解释学意义上的视域对话,从而揭示阅读理解作为意义建构的深远启示。

首先是前理解与后理解的对话。海德格尔说:"把某某东西作为某某东西加以解释,这在本质上是通过先行具有、先行视见与先行掌握来起作用的。解释从来不是对先行给定的东西所做的无前提的把握。"[11]阅读理解必然由前理解开始,读者在理解之前就情不自禁地加入了自己的"先入之见"。读者理解的过程就是把理解的文本运用于现在的读者状况的过程,通过提取头脑中储存的思想材料和生活经验,和文本信息进行呼应和沟通、交融和重组,从而获得一个新的理解意义并继续和文本发生新一轮的对话关系。理解不再是回到文本的过去,也不再是移情于文本之中,而是将文本的意义适用于读者的处境,扩展出读者新的视野和升华出一种新的精神。

其次是文本召唤与期待视野的对话。任何文本的存在本身不是客观不朽的封闭的作品样式，也不再是作者思想意志的物化形式，而是一个蕴含着未定性意义的"召唤结构"。当读者把自己独特的审美经验和人生体验注入文本，对文本的空白结构加以想象性填充和建构的时候，文本就成了一种现实化和具体化的存在，文本的艺术世界就成了读者的生命世界。读者的解读期待与文本的召唤结构在相互交融之中创造出文本的意义，同一读者面对同一文本的解读也不是一次性行为，而是在不同的时间与处境之中产生不同的理解，不同读者解读同一文本同样具有不同时间、不同处境的不同理解，新旧视野之间就会产生碰撞、质疑和统整，一切理解便走向了读者的自我理解。

第三是读者时刻与作品时刻的对话。"任何作品的阅读，每一个读者都必然会卷进两个不同的历史时刻。一个是阅读之中的读者处在某一个特定的历史时间，我们叫它为'读者时刻'；一个是作者作品诞生的历史时间和作为作品延续存在的历史时间，我们叫它为'作品时刻'。"[12]任何一个读者都是处在历史时空中的人，因此他的理解也必然是历史中的理解。理解就是将读者前见构成的视域和作者创造的作品视域融合在一起，在文本语言的阅读理解之中形成一种历史和现实、自我和他者、意象和生命之间的互动关系，使自我情感和文本意义相交融，在文本世界中渗入读者的人格、气质、生命意识，参与和活化文本意义，开拓和创造出文本的形象和艺术境界，在一种超越历史距离的完全的文化对话之中赋予文本以生命与活力，形成一种读者的人生意义。

三、背景支持：学习主体是一个文化传播者，也是一个文化创造者

"人是由于文化的生成而拥有自己的历史的。在历史中行进的人，乃是一种正以全力向着自我完成的文化的人。"[13]正是由于在教学之中传承和构建着文化，在文化之中享受和创造着历史，所以师生作为教学的主体双方就不仅表现出一种学习主体的自由精神，还表现出一种审美主体的创造精神。在"文化互动"教学中促使文本世界成为一种立体而多维的审美存在和艺术生命，语文学习的过程表现为一种独特而丰富的心路历程和心灵写照。

1. 解读主体实现解读对象的意义建构，在人生经验中进行文化探究

姚斯说："一部文学作品的历史生命如果没有接受者的积极参与是不可思议的。因为只有通过读者的传递过程，作品才进入一种连续性的经验视野。在阅读

过程中,永远不停地发生着从简单接受到批评性的理解,从被动接受到主动接受,从认识的审美标准到超越以往的新的生产的转换。"⑭读者在作品经验的刺激下既接纳文本的经验,又跳出自己的经验,完成对过去的经验一次又一次的反思和整理,于是一次又一次地产生和发展新的经验。在创造一部作品的意义过程中,不同的解读主体对解读对象的解读会产生不同的解读意义,每一个读者的生活经历、艺术趣味、个性气质、思想倾向等都具有特殊性,所以在塑造丰富的文本意义和审美世界的过程中,就会以自己独特的主体视角和审美体验来告别从众的心理和理解的偏差,去寻找自我的审美对象并开展自我的审美实践,从而发现自己和升华自己。

从文化的存在形态来看,读者的文化自在和文化自觉之间同样发生着"文化互动"的关系。读者的文化自在,是指读者的解读习惯、经验、常识、自然情感等自在因素所构成的存在方式或活动图式;而读者的文化自觉,指的是以读者的解读知识、思维、精神、个性品质等为背景的自觉的存在方式或活动图式。前者以重复性实践和重复性思维为主,后者以创造性实践和创造性思维为主,他们之间以不同的方式影响和制约着读者的解读活动和教学运行,构成了相互之间复杂而互动的关系,推动着语文文化的演进、转型和发展。作为人的文化基因,经验、习惯、常识一类的文化因素往往顽固地、自在地制约着读者的行为,而自觉的文化精神则往往通过阅读教学活动有意识地梳理和树立文本之中所蕴含的道德规范和人文精神,反过来通过各种不同的方式不断丰富和改造着自在的文化,引发出一种文化的觉醒和精神的解放。

读者的解读活动就是一种文化探究的活动,是一种精神交流的活动。加达默尔说:"对于所有本文来说,只有在理解过程中才能实现由无生气的意义痕迹向有生气的意义转换。"⑮语文教学在文本语言中透视着语句与篇章、时代背景与作者心理、创作思想与人类历史等种种关系,从而保证文本是一个开放性结构,对文本的理解和解释也是一个不断开放和不断生成的过程。在这个基础上,每一个读者以自己的思维方式和其他读者展开解读交流活动,同时为自己建立一个内在的精神世界,把外在的文本世界内在化,从而构成文化世界的心物相辅结构,走向一种社会化了的人生境界,真正实现"语言的意义不只在于把精神形态化,更重要的是它能使人们达到精神交往,形成精神上的共通性,从而形成社会的精神(意识、观念、思想)"⑯。

2. 语文学习走向主体成长的文化之旅,在心灵涵育中进行人格塑造

"文化互动"作为一种意义再生和思想再创的教学活动,是一种永远不会静止

和终结的精神活动。这是语文学习过程中一种特定的生存方式和教学理念，引导学生去追踪主体鲜活的生活踪迹，去体认主体独特的生命感悟，去走向主体成长的文化之旅。"文化的主体是人，是人在不断用语言去创造和传播着文化，这种创造文化、播撒文化的过程也是建构人本身、丰富人本身的过程。语文教育正是一种让学生在语言的学习中理解、反思和创造文化，同时也建构自身、丰富自我的文化过程。"⑰所有的文本都是一个潜在的艺术世界，只有在学习主体的阅读理解里才能赋予其意义和生命。文本的意义是永远不可能穷尽的，伟大的艺术文本不会在时代变迁中失去它们的意义，所以，读者的解读活动也是永远无法终止的，我们的理解和探究过程是一个永远的意义丰满和生命完美的创造过程。

　　语文学习是一种阅读对话，是让人在文本世界里开展自我与自然、自我与生活、自我与社会、自我与自我的交流活动，是把我们从动物世界引向生活世界、审美世界、价值世界的根本途径。一是要开放与共享人的生活活动。在语文教学中向生活世界回归，把生活实践当作学生语文学习的源头活水，将语文教学植根于现实生活作为师生的生命特征，这是一种积极的自我活动和自我行为的实现过程，是将语文生活的外延不断拓展和开放的创造性活动。二是要整合与互联人的生长过程。文化是人的自我生长过程，在语文教学中需要将符号与内蕴、情思与义理、意象与意境之间加以联系和调适，为学生创设一个有助于生命成长的情境，把学生的生命力量引导出来，通过语文实践来获得生命存在的不断优化和提升。三是要培植与创新人的生命精神。"文化是精神生活的保护神。文化追求人的情感与精神的和谐发展，追求一切活动的价值与意义，追求生活的质量和人的完美。"⑱在这个世界上，每个人都是文化的主人，语文教学是在人的生命存在过程中对存在方式的有意识的指导和改造，是对处在时间历史过程中的生命精神的文化熏陶和人格塑造。

　　"文化互动教学也是一种生命教学，'文化'不是一个被动凝固的实体，而是一个发展变动的活体。'文化'一经产生就有向外扩散和传递的冲动，而'互动'的教学就成为'文化'的内在属性和基本特征，一切文化往往在互动的过程中得以生存和发展。"⑲语文教学既是一种在文化中认识文化世界的语文实践，也是一种在互动中参与文化建设的社会活动。特定的时代、特定的课堂、特定的教师和学生、特定的语文和语文教学必然通过特定的价值引导和行为规范，在"文化互动"中赢得具有主导地位的生存方式，为学生的生命成长奠定坚实的文化基础。

注：

①②⑦⑬邹广文. 当代文化哲学[M]. 北京:人民出版社,2007:3. 15. 88. 304.

③④⑯李鹏程. 当代文化哲学沉思[M]. 北京:人民出版社,2008:150. 159. 20.

⑤⑥⑱曹明海. 本体与阐释:语文教育的文化建构观[M]. 济南:山东教育出版社,2011:206. 207. 382.

⑧⑰曹明海. 语文教学本体论. 济南:山东人民出版社,2007:115. 124.

⑨⑫储建明. 视域融合:穿越时间距离的阅读理解[J]. 黑龙江教育学院学报,2012,(5):101. 99.

⑩⑲储建明. 课堂教学觉悟论[M]. 天津:天津教育出版社,2011:57. 57.

⑪[德]马丁·海德格尔. 存在与时间[M]. 陈家映,王庆节. 译. 北京:生活·读书·新知三联书店,2008:176.

⑭[德]H. R. 姚斯,[美]R. C. 霍拉勃. 接受美学与接受理论[M]. 周宁,金元浦. 译. 辽宁:辽宁人民出版社,1987:24.

⑮[德]汉斯-格奥尔格·加达默尔. 真理与方法:哲学诠释学的基本特征(上卷)[M]. 洪汉鼎,译. 上海:上海译文出版社,2004:216.

第三节　论语文教学之素养变革

2001年7月颁布的《全日制义务教育语文课程标准(实验稿)》将人们早已习惯的"语文素质""语文能力"改为"语文素养",把培养学生的"语文素养"置于四大基本理念之首,明确指出:"九年义务教育阶段的语文课程,必须面向全体学生,使学生获得基本的语文素养。"据统计,仅前言部分的"语文素养"即反复出现达6次之多,"语文素养"已经作为语文教育的一个核心理念出现,可见其地位的重要性和目标的明确性。"新课标"提出"语文素养",不仅在语文教育界扔下了一枚重磅炸弹,而且在整个教育界同样引起了强烈反响,相关的争鸣和讨论一直持续地进行着。

到底为什么以"素养"代替"素质",如何理解"语文素养","语文素养"有没有引发更深刻的教育观变革,这正是本文需要加以阐释和论证的内容。

一、"素养"是一个学习和实践意义的词汇

什么是"素养"?孙云晓说过:在一个长期的过程中已经成为一种价值观、成为一种生活方式,对人的态度、对人的行为等起稳定作用的素质才能叫作素养。这种素质融会成你生命的一部分,是和人的态度、人的价值观、人的生活方式紧密相连的,是近乎本能的,是不需要什么条件、不需要外部压力、不需要别人的提醒,就会自觉自愿、心甘情愿地去做,这才能称之为素养。从以上一段话里面可以看出,孙云晓对"素养"的概念,是包含了"素质"意义的一个词语,它是人们生活和生存的一种素质反映,是人们通过长期的自觉的学习和实践所获得的行为习惯和思想认识。

既然如此,我们为什么会不加区分地直接将"素养"与"素质"混在一起使用呢?它们之间的根本属性有没有联系呢?我们发现,把道德素养说成道德素质,

专业素养说成专业素质,科学素养说成科学素质,这种情形比比皆是,这里面到底有没有可以区分的东西呢?

翻开《现代汉语词典》第5版,"素质"的义项有三个:①指事物本来的性质。②素养。③心理学上指人的神经系统和感觉器官上的先天的特点。"素养"的义项只有一个:指平日的修养。而上海辞书出版社的《辞海》1989年版对两个词语的解释稍有不同,"素质"的义项只有一个:人或事物在某些方面的本来特点和原有基础。在心理学上,指人的先天的解剖生理特点,主要是感觉器官和神经系统方面的特点。是人的心理发展的生理条件,但不能决定人的心理内容和发展水平。某些素质上的缺陷可以通过实践和学习获得不同程度的补偿。"素养"的义项有两个:①经常修习涵养。②平素所养。从这些义项综合比较,我们认识到,"素质"突出了事物先天、本来的性质特点,从生理学概念上分析,它关乎有机体与生俱来的生理解剖特点,即生理学上所说的"遗传素质",它是人的能力发展的自然前提和基础。而"素养"则更注重于平时训练和实践中获得的品行和气质等修养,是指一个人在品德、知识、才能和体格诸方面在先天性的条件下经过后天性的学习与锻炼所达到的综合结果,能对人的各种行为起到长期的、持续的影响甚至决定作用。

可能考虑到现代汉语的运用习惯和人们的接受状况,"素质"之中还有一个义项就是"素养",说明了"素质"一词已经发展出了"素养"的意义,这样一来,"素质"与"素养"之间就有了交叉关系。于是,人们也就不再加以认真辨析了,这也造成了目前很多人并没有将两者区分开来的真正原因。

我们再从几则古典文献上来看"素养"一词的来龙去脉。《汉书·李寻传》说:"马不伏历(枥),不可以趋道;士不素养,不可以重国。"宋代陆游的《上殿札子》云:"气不素养,临事惶遽。"元代刘祁的《归潜志》卷七:"士气不可不素养。如明昌、泰和间,崇文养士,故一时士大夫,争以敢说敢为相尚。"这些句子之中的"素养"均有"修习涵养"的意思,是一个不折不扣的动词性词汇,至于"素养"演变成名词性词汇,是词义的一种发展,也是多项性的一种表现。

无论"素质"还是"素养",都有一个"素"字打头,而"素"字是一个会意字,下是"糸"。糸,丝。因为织物光润就容易下垂,本义是指没有染色的丝绸,后来就形容不加修饰的白色。《论语》中有一段话:子夏问曰:"'巧笑倩兮,美目盼兮,素以为绚兮。'何谓也?"子曰:"绘事后素。"曰:"礼后乎?"子曰:"起予者商也!始可与言《诗》已矣。"翻译出来，子夏问："(《诗经》上说）'美妙的笑靥多美好啊，顾盼多姿真多情啊，素粉描面更娇俏啊。'这几句是什么意思呢？"孔子说："就像绘画一样，先有了白底子，然后才可以画上画。"子夏又问："那么，是不是礼乐的产生在仁之后呢？"孔子说："给我启发的人是你卜商啊！现在可以与你讨论《诗》了。"我们暂且不论孔子赞赏子夏的原因，只讨论这里的两个"素"字，用的是同一个意思，都是指白色的底子。那就说明了"素"字的基本意义在"诗经时代"就已经十分明确了。所以，"素质"与"素养"之中应该包括这样的一个基本的意义，再加上"素养"具有的动作意义和自觉行为，已经不再是一种简单的习惯，而是变成了对社会公德、社会规则的一种理解，变成了一种生活的价值观和对待社会、对待他人的一种尊重，更可见"素养"用于人类成长生活之中的恰切性。

二、"语文素养"是教育观的一个重大突破

"语文素养"作为《语文新课程标准》的一个关键理念，是有着十分重要的改革性意义的。因为语文素养具有工具性和人文性统一的丰富内涵是学生整体素质在语文方面的表现。

从行为层面来看，"语文素养"在语文学习中有一个长期修养和训练的过程，具有一个动态性的持续作用的过程。一旦形成了良好的语文素养，就能获得健康美好的生活情感和奋发向上的人生态度。所以，实施语文教育，"语文课程应帮助学生获得内涵丰富的语文素养，在工作、学习和生活中有效地发挥其作用，能适应需要，继续发展，不断提高。"

"语文素养"新理念的提出，较之"语文素质"更具创新性、合理性和前瞻性，更有利于学生人格的发展，也更有利于语文教育的良性发展。"语文素养"的形成不是单纯由教师传授来完成的，也不是一种语文学习的终结状态，而是由学生自由地把优秀语文文化成果内化为自身涵养，伴随着语文教育过程而持续进行的一个过程。比较而言，"语文素质"只是一个名词性的词素，反映的是语文学习的一种静止终结状态，而"语文素养"却能揭示出语文水平生成的特点和原因，反映的是语文学习的一种行为过程状态。

新课程理念下，语文课程正在由过去孤立的知识传授及单一的技能操练形式，向一定情感与态度支持下的综合素养教育方向发展。对"语文能力"的一般理解为阅读、写作和口语交际能力，属于一种功用性素养的范畴，也可以叫作"能力

素养"。人们已经不再把语文简单地理解为静态的知识和能力体系,更多地把它视为由一定时间、空间和语言运用构成的生态系统。"新课标"也突出体现了培养学生语文能力素养的设计思路,例如高中语文课程由五个必修模块、五个选修模块组成,以期促进学生语文鉴赏、应用、审美和探究等能力的和谐发展,获得良好的思想文化修养和较强的语言文字能力。用"语文素养"取代"语文能力",意味着语文教育模式的重大突破与变革,将以往传统的孤立而显性的知识和能力教学,变成了鲜活而隐性的素养教育,形成了对以知识传授为重点的教学内容的冲击和对教师单方面课堂教学行为方式的变革,推进了文本与读者之间、语文与生活之间的对话距离,开始着重关注学生学习过程中的情感态度,更多地注意语文知识和语言技能在实际运用状态中所表现出来的情态和规律。

"语文素养"是一种以语文能力为核心的综合素养,"语文素养"的要素包括语文知识、语言积累、语文能力、语文学习方法和习惯,以及思维能力、人文素养、审美情感等。一个人的语文素养的高低,关键在于一个人对语文主动积淀的厚实程度。当语文积淀达到一定程度时,就会在人身上形成一种富有个性的文化底蕴。

华东师范大学巢宗祺教授在谈到为什么要用"语文素养"这一概念的问题时说:过去的语文教学,强调的是知识与能力这两条线,但语文教育中有些东西是无法纳入这两条线中去的。比如"语感",它就不仅仅是一种能力;又如,过去将"语言积累"放在"知识"一块,也是不妥的。因此,用知识和能力还不足以概括语文教育的全部。现在的"课程标准"中采用"语文素养"一词,就是出于对学生整体素质在语文方面的表现,以及对这种目标的追求而提出来的。因此他认为,提出"语文素养"这个概念,它的范围自然比"语文能力"更广了,增加了文化品位及修养,体现了语文的特点,体现了工具性与人文性的统一,体现了现实能力与前瞻能力的综合性的追求。

从"语文素质""语文能力"到"语文素养",是新课程语文教育观的一个重大突破,标志着语文教育界对语文学科的性质、地位、目标和方法进行的全面反思,使语文教育绝不停留在一种纯粹的语言技能和知识积累的教学上,而是追求一种综合的文明素养的教学,注重创新思维的培养、人文精神的熏陶和完美人格的塑造,是对历次语文教学大纲的一次历史性的超越。

三、"人文素养"是人之为人的第一素养

一个人的生活世界中有着三大精神支柱：科学、艺术与人文。科学讲真，给人以理性,；艺术讲美，给人以感性；人文讲善，给人以悟性。科学强调的是客观规律，艺术注重的是主观情感，而人文则渗透在两者之间，既有深刻的理性思考，又有深厚的情感魅力。一个人的精神世界，不能没有科学，也不能没有艺术，更不能没有人文，所以，我们也可以把人的综合素养概括为科学素养、艺术素养和人文素养。

人文素养的灵魂，不是"能力"，而是"以人为对象、以人为中心的精神"，其核心内容是对人类生存意义和价值的关怀，这就是"人文精神"。从广义的角度来看，一个人的基本素养包括了思想素养、道德素养、心理素养、业务素养、身体素养和文化素养等诸多内容，从结构上讲是一个统一的整体，各种素养既相对独立，又相互渗透。任何一部分素养的形成与发展，都会受其他素养的影响和制约，并反作用于其他素养。其中的"人文素养"则是一个人立地为人的基本品质和基本态度，它包括正确处理自己与他人、社会及自然的关系，是一种为人处世的基本的"德性""价值观"和"人生哲学"，科学精神、艺术精神和道德精神均包含在其中。一个人一旦缺乏了人文素养，失落了人文精神，必然会制约个人乃至社会、国家、民族的可持续发展。

个人人文素养的质量是个人健康发展的结果，社会人文素养的质量是社会健康发展的结果。要想提升人文素养，最关键的是要实施人文教育，包括语言教育、文学教育、历史教育、哲学教育、艺术教育、道德教育、思想教育、政治教育等，在人文教育中接受文化的基本传统、基本理念和基本精神，获得本民族共同认可的基本世界观、价值观和行为模式，促进个人同社会之间的相互认同。因此这种教育不是纯粹的知识教育，而是思想观念教育和思维方式、生活方式、生命方式的教育。人文素养的形成绝不是一朝一夕的事情，是需要长期的熏陶和养成教育才有可能实现。人文教育是通过优秀的人文文化来实现的，而优秀的人文文化则是在历史的长河中通过不断地积累、提炼和升华而逐渐形成并随着人类社会的发展而发展的。在当今时代，以优秀的人文文化来武装学生的头脑、陶冶学生的身心，具有重要的意义和作用。

当前来讲，要想提高整个社会的人文素养，必须从重视学生的人文素养出发，

从基础教育抓起。不仅要在文学、史学、哲学、艺术等人文社会科学课程之中进行，还要在数理化理工学科课程之中开展人文素养的教育，不断提升学生的人格、气质、修养等内在品质，培养学生的创新精神，教育引导学生正确处理好人与人、人与社会、人与自然的关系。

传统观点认为，有了人文知识也就有了人文素质，于是乎在推进人文教育的时候，往往只是把文史哲的知识推介给大家。其实，人文素养的前提是人文知识的储备，但仅有知识是远远不够的。人文素养的具备在于对人的关注和关怀，缺少了这种对人的关注的人文精神，是谈不上具备人文素养的。作为学校教育工作者，在具备了相当的学识水平、掌握了科学的艺术手法之后，尤其需要具备完美的人文素养，树立以人为本的教育理念，去塑造学生的完美人格。教师人文素养的具体水平直接作用于学生人文素养的发展水平，教师人文素养所折射出的社会文化的价值观、思想观和审美情操，将对学生人文素养的建构起到持久和深远的影响。

物质与精神，经济建设与人文修养，是社会前进与发展的两个翅膀。如果顾此失彼，不能协调发展，我们就会举步维艰，更不用说展翅飞翔了。因此，重视人文素养的养成和提高，在建设物质家园的同时，建设好我们的精神家园，已经成为刻不容缓的一件大事。

四、"素养教育"是一种根本的人生教育

《义务教育语文课程标准(实验稿)》"课程性质与地位"中十分明白地指出："语文课程应致力于学生语文素养的形成与发展。语文素养是学生学好其他课程的基础，也是学生全面发展的基础。"除了"语文课程标准"将"语文素养"作为一个核心概念提出来之外，基础教育阶段各学科的《义务教育课程标准(实验稿)》和《普通高中课程标准(实验稿)》之中，同样随处可见"素养"一词，如"人文素养、文化素养、科学素养、健康素养、技术素养、数学素养、艺术素养、美术素养、音乐素养"等等，其中的"科学素养"已经是物理、化学、生物、地理等许多学科的核心概念。

至此，我们发现了一个惊人的现象，许多课程标准频繁使用"素养"一词，有的弃"素质"而用"素养"，有的和"素质"混合使用，两者之间已经没有了明确的区分，是不是在说明一个重要倾向，"素养"一词更具"后天教养效果"的意味。

"课程标准"的编制者使用这个词时,一方面是在有意无意地强调课程的育人能动性,希望通过课程改革,努力营造良好的"课程育人环境";一方面是在强调发展学生"比较稳定的、最基本的、适应时代发展要求的学识、能力、技艺和情感态度价值观"。

如果以上分析成立的话,实施"素养教育"已经势在必行。我们都知道,素质教育在某种意义上来说,是针对应试教育而提出的。教育要避免纳入应试教育的岔道,我们就必须认识到素质教育与应试教育对立的诸多方面。素质教育强调全人、全面、全程的教育,讲求因材施教,追求健康成长,反对应试教育片面强求升学率和重知轻能而忽视做人的教育。虽然素质教育已经作为教育方针之中的一个基本国策成为国民的一种共识,然而,由于素质教育的"素质"一词的根本属性问题,往往使得教育的过程性、习得性和自主性不够明确,与当初"新课程标准"大张旗鼓地宣传的"正确处理基本素养与创新能力的关系"还有一定的距离。如果以"素养教育"来反映"素质教育"内涵,也许不仅具有根源意义,而且具有发展意义。"素养教育"并不回避"素质教育",它只是对"素质教育"的一个重要补正。如果能够改变以往那种以"应试教育"的对立面出现的话,则最为恰当不过。

"素养教育"首先是一种以人为本的教育,是提高文化修养、培养高尚情操、塑造高尚灵魂、形成良好个性和健全人格的教育。素养教育是一个使人不断获得自由、走向解放、展示作为人的本质力量的过程,是一个自由、自主、自觉的学习主体的培育过程。"素养教育"也是一种发展性和终身性教育,它把学生的可持续发展放到重要地位,强调突出学生主动学习和自觉学习的方式,一改以知识积累为取向的单项式传授教学模式,转向以促进学生能力发展为取向的自主、合作和探究式的学习,重视培养学生的自学能力,养成学习的自信心和良好的学习习惯,掌握最基本的学习方法,使学生喜欢学习和学会学习,为他们的终身学习打下基础。"素养教育"更是一种个性化和社会化教育,它特别关注学生的个体差异和不同的学习需求,经常启发学生对自身的素养进行理性的反思和纠正,鼓励学生采用适合自己的方法学习,重视学生个性的健康发展,在人们的物质文化水平日益提高的同时,促使学生的素养发展跟上时代发展的步伐,能够勇敢地担当起社会赋予的历史重任。

一个人的素养不仅是个体生存和自我成长的必要条件,也是事业发展和社会进步不可或缺的基本条件。无论是语文素养或其他学科素养的内涵所在,都体现了语文教育或其他学科教育的本质要求与终极目标。素养是可以培育的,是可以发展的,也是可以形成社会效应的,因而"素养教育"是当今基础教育改革发展的重中之重。

笔记一：思考人生

1. 生命期盼：教师治学之优秀品质

教师是治学者,治学的底蕴源自于生命的境界。

一个教师能否成为优秀者,不在乎他的职称和地位,在乎其是否专注于治学和积淀,有没有属于自己的体验和表达。最关乎生命质量之品质,当超越功利,剥落虚无,回归于本真和质朴,直扑教育的天职。

这是一种生命的期盼,饱含着热切的眷恋和虔敬。

生命期盼需要意义建构。当自然之生命有了意义和价值,生命才会产生活力和希望。教师最大的意义所在,在于富有教育思想的形象和魅力。尼尔在创办夏山学校时主张"坚定地站在儿童那一边",这是每一个教师的神圣使命,是一种生命的信仰。从教育哲学的角度看,教育就是一种生命的教育,是生命与生命之间的敬重和拥抱,是为了让生命更美好的事业。所以,教师的生命期盼,是延续在学生生命之上的人生态度。

生命期盼是一种敬业品质,也是一种精神力量。好学校之所以被人们称道,是因为有一批好教师,铸就了一批好学生。"大学之大非大楼之大,乃大师之大。"这样的好教师、大教师,他们的身上洋溢着忠诚和热诚,标志着自觉与进步。

生命期盼是一种爱的责任,更是一种爱的表达。优秀教师所要表达的教育思想是不可复制的,它蕴含于学科的理解之中,展现在教学的行为之中,饱含着学术之尊严和人文之尊贵。他们在尊重和敬畏生命的同时,也在启迪和完善着生命,让每一个生命得到健全、智慧、自由的人格精神。

只有热爱生活的人,才会对生命抱有期盼。

在寻找生命的答案的时候,其实是在寻找生活的出路。生活本来只是一种生存的状态,然而在社会之中的生活就必然意味着有所选择和追求。生存的最终目的是一种生活的享受,是为了让生命有个安身之所。因此,如何对待生活,如何视自己的生命价值为生活的质量,是值得大家思考的重大问题。

每一个人的人生到底有没有意义,毕淑敏是这样回答的:"人生是没有意义的,但我们每个人都要为自己确立一个意义。""别人强加你的意义,无论它多么正确,如果它不曾进入你的心理结构,它永远是身外之物。"叔本华提醒过我们,别让自己的头脑成为他人思想的跑马场。我们面对自己的人生,怎样才能使之充实、明白、丰富、流光溢彩,最关键的是要在空泛而虚无的人生情境中找到自己的教育理想。

理智告诉我们,享受生命的过程其本身就是一种意义所在。

在时间的经历中赋予生命的厚度,绝不是批发运输,更不可弄虚作假,而要始终保持清醒的头脑,去读书,去实践,去思考,去努力改变自己。我们要学会把僵硬的教条变得生动活泼,把外在的框架加以重新组合,在自己的心中树起标杆,用深厚的情感丰富自己的生活,用深刻的思考丰满自己的生命,把自己作为思考和改变的对象,去揣摩,去品读,去审视,去解剖,去质疑,用浪漫主义的笔法描绘理想,用现实主义的态度对待人生,在学习中实践,在实践中提升,才能逐步走向享受的人生。

雅斯贝尔斯说:"只有当当下的生活是为未来服务时,那么这种生活才有意义。"在教师的专业成长历程中,随着生命发展中的文化知识、专业能力和社会责任等方面的丰富与提高,特别需要在当下的教育生活中去反思、探讨如何变革陈旧迟滞的教育方式,面对自己的思想、行为、态度、心理、情感等诸方面进行辩驳和矫正,用自身的改变来唤醒他人,在真理的探索中普惠人生,过一种真正意义上的教育生活。

作为教师,如果我们能够抛却日出而作、日入而息的庸常状态,给生活赋予教育的意义,那么即使是朴素而平淡的生活诉求也是幸福和美好的生命期盼。教育者的使命是用生命去温暖生命,用智慧去启示智慧,用人格去滋润人格。这不仅是一种教育的观念,更是一种教育的生产力。杜威说:"对儿童来说,教师的人格的影响和课业的影响完全融合在一起。"只有这样,我们才能自然而坦然地面对生活,这也许是对教育者生命期盼的最好的注释。

生命期盼意味着快乐和幸福。随时整理好自己的思想和行为,不让自己的精神空虚,不让自己的生活蹉跎,不让自己的意志消沉,做一个有良心的教育者,此生足矣。

2. 教师为什么而存在?

为什么说人是一种存在?不仅因为人活在时间与空间的维度里,而且人的生命表现具有本质的存在意义。在人的生命活动的过程中,它往往超越了本能性的动物特征,朝着一定方向而促使活动处在不断生成自己人生的轨迹图中。因而只要一个人还活着,他就有可能在有限的生命时间里创造着自己的历史,这才是一种活的生命,一种有意义的生命。

人生面临两个基本问题,一个是存在问题,是关乎人生的根本问题。人总是存在于有限的世界和有限的时间范围之内,存在的教育就是人生的教育,是目的、意志、理想的教育。一个是生存问题,是关乎人生如何生存下去的问题,它涉及人生生存的方式、手段和技术的问题。因此,存在的问题和存在的教育是根本性的问题,是关乎培养人、发展人和完善人的大事,是关乎是否确立正确的教育价值观的大事。

人是一种文化存在物,是与自然世界和精神世界打交道的那个存在。文化是超自然的东西,文化之所以有价值,就在于它超越个人的动物生命而存在,在时间、空间上可以无限扩散,并对所有人产生影响。所以,我们在从事教育工作的过程中,应该充分认识到人的价值对于文化的属性,认识到教育作为一种文化过程只是一种内在的规定,需要大家自觉追求相应的文化意识、文化视野和文化阐释能力等文化底蕴。因此,文化是一种生存世界,人是文化世界的一种存在,那么,教育就是一种人的文化生命的过程,是人的文化存在的重要形式。

教师为什么而存在,因为教师首先是一个有信念的人。教师的信念是整个生命行为的寄托,它意味着要求自己做一个实实在在的对此生负责的人。怀特海指出:“教师要唤醒人的潜在的本质,逐渐自我认识知识,探索道德。”在教师的自我角色之中担负起“人的灵魂的教育”之重任,要“通过现存世界的全部文化导向人的灵魂觉醒之本源和根基”。教师作为一名教育者的第一个作用就是价值导向和精神塑造。当人与人之间通过文化传递完成精神相契之后,所有人的生命就会变得特别有意义;这样的教育具有一种积极者的角色特征:能准确而充分地知觉现实,包括一切教学对象和课程资源;能对自己和他人表现出极大的宽容,而且绝不以自我为中心;有一种永不衰退的欣赏力,接受和坚持民主自由的价值倾向;还拥有强烈的审美感,是一种情趣、意趣和理趣的融合体。

当教师确立了自己的教育信念之后,就需要将信念描画出一种美好的愿景,并具体转化为一种存在的方式。教育愿景是对教育的未来充满理想的图景和目标,它基于现实的趋向可能,代表了一种比现实更美好的未来。对教师的人生而言,愿景标明了一种方向,在"是什么"和"可能是什么"之间形成了一种张力;然而,如果没有将愿景落实到具体的规划和行动之中,愿景也仅仅是一种美好的期盼而已。为了实现这个未来,需要教师在教育的过程中进行不断的改变和重组,使教育的资源、结构、方式等发生创造性变革,在教学实践中提升课程品位,改善课堂品质,成就课题品格,慢慢地接近教育的真谛。

每一个教师必须把未来性愿景纳入到当前的思考与行动之中,思考愿景与实践的差距,思考实施愿景的人生途径与策略,思考自己的教育信念和责任担当。教师角色是时代和社会所赋予的,随着社会发展和教育改革的不断深入,教师除了拥有相对稳定的教学者角色外,还承担着引领者、反思者、研究者、建构者等多重角色,每一个角色都具有特定的教育意义,是实现教师存在和教师发展的应有之义。教师所拥有的知识和智慧并非止于学科内容和教育理论的知识,也并非止于日趋成熟的教学技能和手段,而是在整体的知识结构中融合了睿智的价值判断力,倾诉着教师的情感与意志,表现着教师的人格与气质,凝聚着教师的文化与哲学,在精神的理解和塑造之中成为一种文化生命的存在形式,从而在日趋成熟的教育艺术之中实现教学相长,焕发出生命的活力。

要让教育者的教育信念落地,需要有一种问题反思的能力,一种审视、辩护和批判的能力。问题反思的基础首先需要有问题的意识,它是教育工作的动力和科研精神的基石。培根说:"如果你从肯定开始,必将以问题告终。如果你从问题开始,则将以肯定结束。"教育工作过程中的任何一个环节和细节,都有可能产生这样或那样的问题,善于发现这些问题,在问题中不断地加以内省和审察,就能为工作的进程打开一条通道。朱熹说:"行有不得,反求诸己。"他的话里强调了面对自己的思想、行为、态度、心理、情感等诸方面的反省和思考,也只有在这个基础上才能促进自身的发展。

问题反思是对实践活动的及时分析和客观评价,它是一种渗透于日常工作的专业行为,是教师专业发展的生活方式和专业素养的必备条件。在教师的专业成长历程中,随着生命发展,文化知识、专业能力和社会责任等方面不断丰富与提高,教师们应更加注重在个体身上挖掘存在的问题和可供借鉴的价值,在比较印证中探讨行为改变和自我更新的方法。教师的任何教育意识都应该是一种自觉性的思维活动,当问题反思为意识的觉醒做下铺垫的时候,教师作为一个觉醒者将会拥有非同一般的理解、体验和领悟,就能让自身的生存和生活不断地得到完善。

孔子主张君子要有九思:"视思明,听思聪,色思温,貌思恭,言思忠,事思敬,疑思问,忿思难,见得思义。"这些话看似平常却寓意深远,是孔子对君子人格修养的精辟诠释,涵盖了作为一名君子所要具备的种种要求和标准。孔子本人以此为律,身体而力行之,形成了"温良恭俭让"的精神气质,对儒家的修养论产生了深远的重大影响。从人生哲学观来看,九思之中蕴含着一种思辨的哲学。它教育我们要从外在形态到心理情绪、从感官知觉到行为方式、从道德情操到价值取向等方面不断思考自己、充实自己和塑造自己。

3. 让生命落地

文化的价值在于生命的自觉,生命本来属于人生的向往与追求。

只有从细微处入手,才能看到生命的品质。

先来读读孔子的礼乐精神——

子曰:礼云礼云,玉帛云乎哉? 乐云乐云,钟鼓云乎哉?

孔子经常跟他的学生谈论礼乐的问题,在他看来,这些礼乐可不是普通的礼貌问题,而是一种文化的精神。你看他怎么说:如果给别人送送玉帛,那可算不上什么礼;如果只是敲敲钟鼓,那也算不上什么乐。孔子用反问语气说明了一个道理,赠玉帛之礼,鸣钟鼓之乐,并不是礼乐之本,礼乐的本义在于敬、在于和。因为,礼以敬为重,玉帛是礼的文饰,只是用来表达敬意而已。乐则主于和,钟鼓只是乐器而已。当时所谓的礼乐,是重于物而简于敬,敲击钟鼓而不合雅颂。

如果我们深入考究一下,我们会发现,孔子是借礼乐来说事。那个时候,君主崇尚玉帛却不能安上治民,崇尚钟鼓而不能移风易俗。孔子以为,送礼只是一种表达,而不能体现文化精神;唱歌跳舞也不是乐,应该把人的精神提升到永远的乐观的境界才对。

我想,如果从做人的角度上来考虑,无非就是要让人明白,可以不做官,但是不可以不做人;可以不做事业,但是不可以不立身。也许这就是做人的基本修养。所以,人的生命的根本,不在于表面的形式,而在于内在的哲学。如果没有什么信念与理想,所做的任何事只是一种文饰而已,也许是虚伪的,也许是奸诈的,谁也说不定。

人说,心底无私天地宽,讲的就是信仰和魂灵的感召。

孔子正道的立场是始终坚定的,对那些不以正道取得政权的人是不予理会的。

子张问仁于孔子。孔子曰:"能行五者于天下,为仁矣。"请问之。曰:"恭、宽、信、敏、惠。恭则不侮,宽则得众,信则人任焉,敏则有功,惠则足以使人。"

子张去问孔子关于仁的作用,孔子跟他说了五个条件。这五个条件其实是五个原则,或者说是五个守则。孔子说:"庄重、宽厚、诚实、勤敏、慈惠。庄重就不致遭受侮辱,宽厚就会得到众人的拥护,诚信就能得到别人的任用,勤敏就会提高工作效率,慈惠就能够使唤人。"这些都是人类美好的品德,是每一个人生命之中应该不断修为的道德修养。"仁"是孔子经常谈及的一个大问题,自始至终贯穿着他的人生哲学。而且,他对每一个学生谈及的时候,都能因人而异,因材施教。比如,对颜渊要求"非礼勿视,非礼勿听,非礼勿言,非礼勿动";对仲弓要求"己所不欲,勿施于人。在邦无怨,在家无怨";对司马牛则要求"仁者,其言也讱(rèn,难,不流畅,引申为谨慎)"。

虽然孔子并没有从生命落地角度来谈及怎样让生命更有价值,可是,我们可以感觉到,孔子的五个条件,却是如此之深刻和严肃,警醒着人们必须时刻警惕自己的行为举止。生命应该追求什么样的境界,这是一个人立身于世界必须认真对待的大事。

对照孔子要求的仁道守则，我们有没有可能来一点返璞归真呢？

古人有所谓的"镜"的引申，说的是普通人是用镜子来正衣冠仪容的，人生也可以用镜子来反照自己，或警惕，或效法，或启迪。唐太宗说过一句名言："以铜为镜，可以正衣冠；以古为镜，可以知兴衰；以人为镜，可以明得失"，在魏征去世之后，唐太宗痛感自己失去了一镜。可见，迈好人生的每一步，是一件多么需要用镜子来观照自己的事。小到黎民百姓，大到君王大臣，都逃脱不了镜子的照射。

如果人生"无所畏"，那就很危险了。

孔子曰：君子有三畏：畏天命，畏大人，畏圣人之言。小人不知天命而不畏也，狎大人，侮圣人之言。

"畏"是"敬"的意思，讲的是人生需要敬畏的道理。孔子告诫我们，没有畏惧是不行的。首先要敬畏天命，要有宗教信仰，有所惧怕才会有所成就；其次是要敬畏大人,这个大人,不一定指的是大官人,还应该是指父母长辈及有点道德学问之人,对这些人要有所惧怕,才会有成就;第三要敬畏圣人,四书五经,就是圣人之言,不能有所违反。

虽说孔子的话语里面也存有一些糟粕,可是,从人生哲学观来看,他是在教给我们一种叫作信仰的东西。他说,小人因为不知道天命,所以就不怕,就玩弄别人,对圣人出言不逊,一切都不信任。我想,诚敬是一种道德,也是一种哲学,一种文化哲学。一个有思想信仰的人,一个心存敬畏品性的人,他的生命成就必定是值得人敬仰的,他的生命必定是落地的,而且,他的灵魂必定是站立高处的。

否则,假如没有什么约束自己,就很容易走入歧途,落得个无处着落的悲惨境地。

4. 反思也是一种自我辩护

反思是一种自我检讨,也是一种自我辩护。

辩证地看待问题,这是我们应该持有的生活态度。关于反思的话题,听到的看到的已经太多了,无非要求人们从实践中去分析和评价自己的得失,用一种批判的眼光和态度来对待自己。然而,大家似乎总是认为,反思就是需要检讨和批评,是寻找问题的症结和原因,往往忽略了反思的另一个重要的功能,就是对自我的行为和观点进行必要而合理的辩解和佐证。

无论反思属于怎样的一种状态,都必须客观审视事情的来龙气脉。

所谓审视,就是要认真仔细反复地看自己,从外到内、从正到反、从行为到思想、从过去到现在地反观自照,做一次灵魂深处的检阅和透视。因此,如果没有勇气和毅力是不行的,没有智慧和力量也是不行的。

由于需要反思的问题很多,这些问题又不可能完全暴露和容易分析,所以,需要反思者面对自我沉淀心情,不畏艰难,哪怕在痛苦中也不能自暴自弃。寻找反思问题,目的就是寻找问题策略,让问题不再是问题。

然而,在更多的人强调问题性的时候,有没有注意到,其实很多时候因为问题而忽略了自我的立场和观念。我们曾经拥有的是那么美好和富足,所以才需要在反思中进一步求得充实和自豪。那就是找到那一份正确的理由和事实,找回那一份自信和活力。

生活需要秩序和规范。

反思的时候,是为了自我的坚定和强大,所以就没有必要仅仅是对症下药和有的放矢了。如果能够锦上添花,或者能够画龙点睛,那不是一件同样有意义的人生乐事吗。

说起来,反思其实就是自我澄清的过程,是为自己去辩解和辨析,表明自己的看法、立场、思想或者事实的过程。以澄清为己任,让自己清澈透明,意气风发,意味着去污浊、扬正气、立思想、树形象,为自己提供正能量,实现自我超越。

积极的反思必将获得积极的人生。

积极之中,有着虔诚的信念,有着真诚的情怀,有着坚定的责任。即使随时会遇到困惑的痛苦和无情的折磨,也会义无反顾,忠肝义胆,不颓丧,也不自满。保持坦坦荡荡和潇潇洒洒,抛弃吞吞吐吐和悲悲戚戚,扛一面书写着真我的大旗,与欢笑同行。

反思是一面镜子,镜子里的自我需要微笑。

5. 意识、能动、意识的能动作用

人类的意识是一个心理学名词，它定义为人所特有的一种对客观现实的高级心理反应形式。

一般说来，意识就是认识，是人们的大脑对客观世界的反映。我们看见了冰天雪地，于是就觉得这是一个严寒的季节。所以，存在决定着意识，意识又反作用于存在。

意识有时候是很模糊的、不完整的一个概念，一是世界万物的存在、运动和行为表现千奇百怪，二是人们对事物的认知把握能力千差万别。提升我们的意识层次，其实就是在提升我们的认知能力。

接着来认识一下"能动"的问题。

所谓能动，是对外界或内部的刺激或影响做出积极的、有选择的反应或回答。人类的活动必然有着主动与被动之分，既然是一种主动表现，自然有着自觉主动和自主作用的意义，因此具有一种意识性。

我们常常说要发挥大家的主观能动性，就是需要大家正确认识自我，积极主动地去投身现实，去创造和实现自我的价值。这是一种成长的经历，也是一种发奋的收获，是每一个有志之人积极应对的能力。

举个例子，当面临挑战的时候，是畏难龟缩还是奋勇向前，是胡搅蛮干还是胸有成竹，是心浮气躁还是摆正心态，都需要做出有选择的积极的应对，能动者是不会退避三舍、叫苦抱怨的。

在能动的词义里面，已经意味着意识的能动作用了。

意识代表着人类大脑的活动，是一种自觉性的思维。意识的本质是人脑与客观世界的矛盾，其规律即自觉性。自觉即能动地认识及指导人类的自我自由的实现。从中我们发现，意识具有主观能动性，是一种精神活动。既有自我的成分，又有认知的意义，是主观存在的独特的一种坐标，代表着我们可以认识的存在。意识的能动作用是人的意识所特有的积极反映世界与改造世界的能力和活动。

我们在认识事物和提升识见的过程中，意识具有目的性和选择性，意识又具有指导性和创造性，意识既要尊重客观物质世界的规律，又要发挥对物质具有的能动的反作用，这是一种辩证法。无论是物质决定意识，还是意识反作用于物质，都离不开社会实践，只能在实践中发生，在实践中实现。

平时我们在工作的时候如果三心二意,心猿意马,想入非非,就会让意识处在混沌或半混沌、睡眠或半睡眠状态,意识的主观能动性很单薄或者很软弱,工作就会打折扣甚至出差错。综合来看,意识之中最为重要的就是自我意识,是每一个人对外界的综合的独特的反应。人在成长过程中需要不断总结和反思自己的意识经验,增长自己的生命能量。

说到底,意识的能动作用最关键的是,需要在实践中把观念的东西变成现实的东西。

补笔:意识觉醒与内在精神是一对孪生兄弟

人们经常用一个词:梦醒时分。从词语解释的角度看,说的是刚刚睡醒之后的那一刻。引申一下,就是指可能原先沉醉于某一种记忆或者某一种情感之中,忽然有一天明白过来了,清醒过来了。

这里就有一个意识和意识觉醒的问题。单从意识而言,就是一种认识。在日常生活中,人们在没有认识之前,只存在于生存与经历之中,而一旦产生了经验之后,意识就开始蠢蠢欲动,开始进行自觉的辨别和判断,选择和加工,提炼和概括,甚至走向死亡或者新生,颠覆过去和梦想未来。

意识的觉醒有时候很难避免痛苦的抉择,在迷茫之中踯躅,在困顿之中徘徊,在矛盾之中犹豫。因为觉醒者有着非同一般的体验和体悟,是从纷繁芜杂的局面中看到了光明而清晰的出路,考量着人生对关键事件的反思决策的能力。

未觉醒者生活在梦中,觉醒者已经在经营当下。

所谓梦醒时分,是看到了希望,觉悟到了真理。于是,从看得到的视觉到看不到的视域,从拍得到的胸脯到拍不到的胸襟,从掂得到的力量到掂不到的气量……这个时候与过去有着明显的区别,人们的行为表现不再局限于一个人对于现实世界的表象问题所做出的选择,而是产生出一种内在精神的诉求。

觉醒者开始一种新的谋划,他所看到的一切个体之间有着一体的关系;而那些未觉醒者,往往局限于个体的断裂视觉,即使是一体的关系也在个体上迷惑不清。"在每一个梦醒时分,有些事不必问,有些人不必等",在伤痕累累和万分沮丧的时候,能不能从中醒悟过来,唤醒自我,觉醒自我,不让自我纠缠不休,这是一个梦醒者的本分所在。

每个人都有着不同的背景,每个人都有着不同的境遇,那么,每个人都有着不同的当下和前路,每个人都有着不同的生活和生命。在不同的背景和环境中有着不同的意识觉醒,所融合着的精神世界也为每一个人的风度和气魄埋下了伏笔,留下了空白。

抚慰自己最好的方式,不是斤斤计较,而是豁达等待;不是怨天尤人,而是反躬自问;不是随波逐流,而是道法自然。在反复的意识觉醒过程中,一定会换来逐渐的净化和澄净。培养自己的意识能动力,是对自己的眷顾和关怀,总之可以不再迷失自己和抛弃自己。

一个有着意识觉醒的人是自由的人,也是一个积极的人。

6. 品质

生命之中不能没有品质。

品质是一个人行为和作风所表现出来的思想、认识和品性。拥有美好的品质,是生命的一种幸福。

我欣赏这样一种人,他们身上似乎有一种芝兰之气,无论走到哪里,无论谈吐举止,都有一种淡雅清新之味。宁静的神态里,常常散发出缕缕的书香。你轻轻翻开书页的时候,就会沐浴一阵轻风,舒缓着你的神经和细胞。

也许这就是人们常说的一种淡定的品质。在纷纷扰扰的尘世之中,这种品质显得那么从容自若,悠然自得。他们有着自己的人格操守,绝不妄自尊大,也不妄自菲薄,态度宽容,与人和睦相处。对身外的一切淡然自若,却对渺茫的人生坚守笃定。

淡定弥坚之后,进入一种沉淀的心胸和境界。好比一棵树的成长,枝繁叶茂的底部,必然是越来越深邃的根基。这是一种人生的态度,是对峥嵘岁月的一种反思,是回归生命之后的一种进取。无论在行进途中遇到什么样的疑问,他绝不迷茫,也不却步,而是以一种平和开朗的心态来穿越时空,去画写自己的蓝图。

前行之中,我们逃不过风雨的折磨,也会遭遇到疲惫的寂寞,但是,如果用纯净的心灵拥抱自己,用坚忍的意志鼓励自己,与风雨为伴,和疲惫为友,告别虚无的幻想,就会找到一片属于自己的天地。

人生一旦洒脱,就会给沉静以一个理由。在无尽的喜怒哀乐面前,哭过了,笑过了,你就可以去享受气定神闲的滋味了。闲看花开花落,笑谈云卷云舒。当在汹涌的江河里浪漫遨游之后,当在崎岖的山路上勇攀高峰之后,你是不是觉得,这仅仅是一种插曲和消遣。你怎么可能和山川江河去比辽阔和伟岸,你又怎么可能和山川江河去争美丽和潇洒? 当你牵着恋人的手沉浸在安逸的梦乡的时候,世界已经陪伴着你们翻天覆地;醒来之后,你会发现,你们已经是一对白发伉俪。就这样地悄悄老去,还有什么值得大惊小怪的呢。?

沉静如海,这是一种心灵的自救。这里面,饱含着深刻而纯粹的挚爱,凝聚着倔强而磊落的胸怀。如果你能微笑着走向通往死亡的道路,你就是一个坦然而伟大的人。

我并不反对奔放如阳光般的热情,也不反对粗犷似原野般的赤裸,因为,每个人都会有自己不同的命运。没有梦想和冲动,不可能是一个真正的活着的人。我只是在想,人生欢乐有时只存在于一线天光之中,只有擦亮自己心中那盏明灯,才能给自己一分光明,也才能给他人一分温暖。

我相信,有一种品质是永恒的。那就是,许多许多年以后,你仍然在用真诚的毛线编织着善良的衣衫。这是一种坚持,是绝不容许亵渎的一种高贵的人性。

"真"的可贵,在于真实、真情和真理。希望本无所谓有,也无所谓无,相信自己,直面人生,又何必在乎恍惚的得失与荣辱。

生命的品质,是为了品质的生命。

7. 我们应该向谁致敬

当我们习惯于仰望明星和大师的时候,是否注意到,身边就有着值得我们低下头去重新端正自己人生态度的人。

2009 年 9 月 22 日,香港大学给一位普普通通的 82 岁的老太太袁苏妹颁发了荣誉院士的证书。老太太被安排在压轴的时候出场,在她之前同台领奖的有汇丰银行曾经的行政总裁柯清辉、香港富豪李兆基之子李家杰以及曾经荣获铜紫金星章的资深大律师郭庆伟。

人们惊讶于此刻,人们看到一个走路很慢、弓着背、一副典型的老态龙钟模样的人"神气"地来到了领奖台上。这是一个没有上过学也不知道什么是"院士"一生只会写 5 个字的普通得和我们的妈妈一样的老人,她没有做过任何惊天动地的伟业,她更不可能像杨利伟那样赢得全球人的注目,她只是一个默默无闻却一心一意地从事自己的本职工作的人。

然而,就是她,却以自己的生命影响着大学学子的生命,成了香港大学之宝。是什么使她如此之伟大,又是如此之平凡?那就是,她,44年如一日地为学生做饭、扫地,朴素地和学生聊天,"拎出一颗心来对人",在琐碎而繁复的劳动中用"母亲的心"来对待和照顾一群在大学读书的孩子。她不知道自己到底好在哪里,她也不知道只有社会名流才会有这样被提名的机会,不知道邀请她接受香港大学名誉院士头衔到底是怎样一种礼遇和荣耀。当现场观众之中20多名头发都已经白了的昔日学生兴奋地为她鼓掌喝彩的时候,当典礼人员忙不迭地阻止这些人不要太激动要保持安静的时候,她还是十分平淡的样子却给人以一种震撼。当有人在大街上恭喜她的时候,她还是一如既往地回答:"我的生活没有什么变化"。

我已经到了一个不再激动得会掉眼泪的年龄,我也不再为许许多多星光闪耀的舞台而欢呼雀跃,可是,当我读到袁苏妹的故事的时候,我情不自禁地为她的平凡和平淡而心潮澎湃,我在第一时间里将我的感受向我的朋友倾诉,当时我的心里涌现出一个久违了的标题:我们应该向谁致敬。

我丝毫没有贬低任何伟大人物的意思,我知道伟大人物的背后同样有着不平凡的经历和不平凡的故事,我曾经而且也会继续仰视和羡慕他们,然而,我更加崇敬那些不说他(她)根本不像他(她)说起他(她)还是那个他(她)的人。在他们的身上,有一种潜伏在记忆深处的精神,一种历久弥新的陈酒味。他们自己不知道好在哪里,却让所有人都感受到他们无时无刻的好。也许这就是一种中华文化的血脉,哪怕只是一个只会写自己名字的人。

"人"的写法只有两笔,可是,每个人在书写的时候,却是如此的不同。

我惊叹于香港大学的做法,更惊叹于袁苏妹这样的人。

补笔:真我与忘我

爱丽丝在给小女孩洗脸的时候,突然涌起一股强烈的感激之情,她感觉到上帝已经无声无息地来到了自己的面前。这一刻,爱丽丝明白了一个真理,只有在忘我的世界里才能表现真我的人生,是一种能通过触摸小姑娘脸上的疮疤与上帝息息相通的人生。

爱丽丝的志愿者经历记录了她成为一个优秀的教育工作者的故事,特别让我感动万分。在《我的教学勇气》里,虽然还有着更多的生动感人的故事,可是,唯独这个故事让我难以忘怀。

生命之中,真正能够享受到忘我的那一刹那,必定是遭遇到了一种可以和生命一起呼吸的乐趣,而这种乐趣必将让你沉潜下去,于是,超越了内心深处的一切享受,趋向于一种平静的神圣和纯洁。

爱丽丝面对的是小姑娘脸上的疮疤,那种惨不忍睹的景象。然而,她却因为有了这样一次机会,可以为小姑娘洗脸服务,于是有一种笼罩全身的满足感,一种幸福的感激之情。

谁能够享受这样的幸福呢,是小姑娘,还是爱丽丝。其实,更值得我们惊叹的是,爱丽丝从中获得的忘我的体会就是用大爱做小事的感悟。

人都会老去,人都有不幸,也许有一天,你会突然发现,其实有过很多次可以让我们获得忘我的机会。蓦然回首,真正失去的,不是有没有赢得热闹的掌声,而是有没有品尝到真诚的温暖。

人生,应该为自己寻找忘我的境界。无论何时何地,只有心无旁骛,以真我态度来对待,哪怕为此而走向孤独,甚至可能的窒息,也应该无怨无悔。因为,这就是置于现代世界的人生的必修课,是让心灵得到慰藉的良方。

谁都不可能逃离现实,在每一个人的精神行囊里,背负着漫长的念想和困惑,一如爱丽丝曾经放弃过讲台一样,不必为此而寂寞不堪,反而需要感激这样的遭遇哺育着我们的良心。

留下善良的品德,上帝与我们同在。

8. 为什么说人是一种文化存在

有了人才有文化。

文化有两个层次,一是人化,二是化人。先把自然世界化作人的生存世界,再把人的生存世界化作人的精神世界。

文化的本质是一种生命的存在,文化的价值是一种生命的自觉,也就是说,人是一种文化存在物,是与自然世界和精神世界打交道的那个存在。

在文化建设的过程中,必须突出人与人之间、人与世界之间的各种生存和发展、探索和思考的实践特征,形成一种追求自我实现的严密而规范、良好而认同的行为规则,并以此来约束、改造和提升人本身的道德、信仰、人生观,从而完全发挥出文化的力量。

人是文化的生产者,也是文化的享受者。自然世界只是一个没有人的自在的世界,而在人类诞生之后,自然世界就开始发生了变化,很多地方便诞生了文化世界。文化世界是人的自为世界,人类在世世代代的积累和传承中出现了一个个民族的生存世界。一部民族的发展史就是一个民族文化的发展史。

人是一种文化的存在,既创造了文化,又被文化创造着。

置身于文化的领域和诉求之中,随处可见以文教化的魅力,一切正面的积极的文化现象,都是人们经过长期努力才有可能演化而成的行为习惯,它既有水一样的灵动,又有山一样的沉稳,在互动互通的过程中成为一种文化基因和意识形态,体现出文化价值指向的本质意义,让每一个人都知道自己向往的地方在哪里,也让每一个人都知道自己要怎么走。生活在这样一种氛围中的人,往往具备了两种品质,一是坚持守望着自己的职责,一是坚定眺望着自己的事业。他们已经不再困守在繁杂零碎的事务之中,而是享受着快乐工作的幸福感受。

每一个人都是一个具体、现实、整体的人,如何满足社会的发展需要,就要考虑如何满足人的发展需要;要满足人的发展需要,就要通过教育使人的发展成为可能。在人的发展中,马克思说,人"具有自然力、生命力,是能动的自然存在物,这些力量作为天赋和才能、作为欲望存在于人身上。"教育首先要看到人的可发展性,把人的发展视为一种自然的天赋和生命力,这是教育必须遵循的一条原理。

基于此,文化是一种生存世界,人是文化世界的一种存在,那么,教育是一种人的文化生命的过程,是人的文化存在的重要形式。

补笔:人是什么?

人是什么?人就是人。

人本自由,人的欲望把人束缚在自己的牢笼里,使人失去了自由。

人在文化中生长,也在文化中湮灭。

人不断地创造着未来,未来又不断地向人发出挑战,人与未来始终进行着一场你死我活的战争。

要想解放自己,首先解放自己的思想。

如果连自己都爱不起来,怎么可能用自己的心灵去爱你所爱的人?

思想是生命的标志,没有思想的灵魂意味着失去了生命存在的意义。

最先看到美丽的是眼睛,最先看到丑陋的也是眼睛;最先传递幸福的是眼睛,最先传递伤痛的也是眼睛;最先享受阳光的是眼睛,最先享受黑暗的也是眼睛。

不要以为人人都有一颗善良的心,也不要以为人人缺失一颗善良的心。

听到别人赞美你的时候,尤其需要保持高度的警惕。

当你面对面地汇报你的思想的时候,你不要去想对方是否真的在听你的思想汇报。

人生难得一知己,茫茫人海,百世沧桑,假若幸遇千载缘分,千万珍惜彼此情谊。

草木无情,四季轮回,山河虽相依,年年苦相望。人与人,或照面,或离分,存在心底的,是永恒不变的真诚与信念。

最伟大的真理往往是最朴素的语言,最崇高的形象往往是最平凡的行为。

人的残疾有两种,一在外形,二在心灵。

当镁光灯在明星面前闪烁的时候,殊不知,那强烈的光亮也在一瞬间消失。

把对方看作是佛的人,自己心里有一尊佛;把对方看作是一堆烂狗屎的人,自己心里有一堆烂狗屎。

渴望是人的本性。

为了渴望,人类逐渐使自己变得聪明。

当现实已经满足不了渴望的时候,人类开始践踏圣洁的智慧,于是诞生了邪恶。

邪恶的渴望让人变成了魔鬼。

爱不需要什么理由,爱就是最神圣的理由。

人没有了爱,就没有了精神,没有了魂灵,没有了生命的价值。

去爱吧,爱你所爱,让爱为你作证。

爱无罪。

第二章

文学阐释论

第一节　读者意义:基于前理解实现一种新的理解

加达默尔:"艺术作品的存在就是那种需要被观赏者接受才能完成的游戏。所以对于所有文本来说,只有在理解过程中才能实现由无生气的意义痕迹向有生气的意义转换。"①

一个文学作品的诞生是作家思想过程的产物,但是,这个作品如果没有读者的阅读参与和理解响应,那就永远只能属于静态而潜在的艺术世界。

接受美学认为,作为解读对象的文学作品,不是由作家单独创造的,而是由作家和读者共同创造的。作品中的审美现实只有在读者的解读接受过程中才能实现,所以说,文学创作的过程并不是以作品的完结为标志,而是以读者的解读接受为终结。真正的作品不只是作家个人的,也是读者参与再创造的。文学作品的意义是作品与读者之间相互交流和开放产生的结晶,读者对作品的理解过程是一个不断生成和不断发展的动态过程,作品只有在与读者的相互敞开中才能得到不断的揭示。

一、激活:每一次读者理解都带着期待视野去透视文本

在海德格尔看来,要弄清理解的前结构,先要弄清理解的原意。"在他看来,理解并不是人们所具有的主体性意识,而是人处于世界中的方式,即人的存在模式。理解正是作为一种存在的模式,才成为一切解释活动的基础。存在或世界指个人生活于其中的境况,人生来被抛置于其中。无论人是否理解这一点,事实是他已在理解着,并以理解的方式展示他的存在。这就是人的前理解。"②简言之,理解的本质是什么,就是作为此在的人对存在的一种理解。理解不再作为一种认识的方法,而是作为此在的存在的本身。读者在阅读文学作品的时候,理解不可能是一种完全客观的见解,不可能不受前理解的影响。一切解释往往由前理解开始,解释的目的就是为了达到一种更新的理解。

加达默尔秉承海德格尔的思想,不仅肯定了前理解的存在,而且把这种前理解发展成为一种前判断和成见。他认为读者在一定历史条件下的已有认识对作品具有明显的判断和倾向性,是理解的前提和认识事物的基础。这种成见既是对传统的保存,又是对世界的开放,是开启世界的先入之见,是构成读者诉说的条件,也是对意义和真理的预期。所以,加达默尔肯定了成见的合理性,认为成见是理解作品的先行指向和动力。

接受美学中的"期待视野",实际上就是对"前理解"和"成见"认识的衍化,是指读者在阅读文本前所拥有的指向文本及文本创造的预期结构,也就是说阅读前所拥有的生活体验、文化修养、思想倾向、审美经验及能力等方面的存在。任何理解都是读者个人主观的带有偏见或成见的理解,本质上通过前理解而起作用。阅读理解就是读者在文本的挑动下让前理解去冒险的过程,是进行创造性理解的一种力量。

诚然,读者在理解之前就情不自禁地加入了自己的"先入之见"或"传统偏见",前理解无论正确与否必然会影响到理解的走向,"谁试图去理解,谁就面临了那种并不是由事情本身而来的前见解的干扰","如果它们引起了误解——那么在没有相反的看法的地方,对文本的误解如何能够被认识呢?文本应当怎样先行去避免误解呢?"[③]加达默尔早就意识到了这一点,他认为,解释虽然开始于前把握,但是在理解过程中可以被更合适的前把握所替代,于是在不断进行的理解筹划过程中构成一种理解和解释的意义运动。他告诫每一个读者在阅读著作的时候,不是忘掉所有关于内容的前见解和所有我们自己的见解,"我们只是要求对他人的和文本的见解保持开放的态度。但是,这种开放性总是包含着我们要把他人的见解放入我们自己的整个见解的关系中,或者把我们自己的见解放入他人的整个见解的关系中。"[④]对他人的开放性至少包含着这样一种承认,即读者必须接受某些反对自己的东西,即使没有任何他人要求我们这样去做。我们可以明白这样的道理,我们阅读作品就是要在读者的期待视野和作品的作者意图之间进行碰撞和沟通,接纳前理解远未包括的文本之中的广阔的意义世界,在理解之中进行自我的反思和批判,从而清理随心所欲的偶发奇想和未曾注意的误解偏差,不断丰富和更新读者的理解世界,释放读者的主体精神。

加涅在谈到人的先在经验时提到,人的先在经验并不是确定的具体化的内容和形式,而只是一个比较抽象的图式结构,具有丰富的学习经验的学习者会拥有许多的图式,而图式是物体、事件及行为背后的一般观念,意味着这种图式和结构为新的信息联系留有相当的"空位"。⑤这种虚位以待的框架,相当于诠释学认为的"前见"或"前理解"结构,是需要每一个读者通过阅读和理解去激活并提取已经获得的认知结构,与新的学习内容形成互相参照和联系,进而去填补和充实自己的审美经验,建立自己的审美坐标,实现期待视野的超越。

每一个读者都带着自己的期待视野去透视文本,尽管读者的受教育情况和所处的地位境况有所不同,认识水平、阅读素养、审美情趣与生活经验存在差距,但这种认知结构在阅读过程中常常决定着阅读的指向与需求、速度与水平,如何迅速加以选择、分析、推理、判断、归纳、综合,这正是我们需要加以激活和敞开、补充和修正、反思和探究、再生产和再创造的主题。阅读是一种参与,就像是参加一场游戏一样既要遵守游戏规则,放弃那些与作品不相符合的有碍理解的主观因素;又要不放弃自我,通过作品的不确定性和空白来寻找和完善作品的意义,达成一种充实和扩展的阅读境界,赢得自身的完全价值。

二、响应:每一个理解过程都在发生着解释的循环运动

任何文学作品的存在本身不是客观不朽的封闭的文学样式,也不是作者思想意志的物化形式,而是一个蕴含着未定性意义的"召唤结构",是一个多层面而未完成的图式框架,具有很多的"空白点"。这种未定性和意义空白成为连接作品与读者的桥梁,激起并召唤读者以相应的艺术感觉和不同方式进行交互活动,一方面表现为让作品为读者提供文学形象、时代文化和各种经验,一方面表现为读者对作品意义的实现,让作品的空白状态转换成一种具体化的理解现象。当读者把自己独特的审美经验和人生体验注入作品,对作品的空白结构加以想象性填充和建构的时候,作品就成了一种现实化和具体化的存在,作品的艺术世界就成了读者的生命世界。

召唤结构所蕴藏的一个个动态的开放的无限意义,如同一条无形的链条一样将读者和作品牢牢地维系在一起。读者将作品自身的内在的联系予以具体化和现实化,只有当作品的未定性和空白处获得填补的时候,文学的意义才能呈现出来,最终形成一个完整的作品。阅读就是读者生命意识的自由抒写,是个体精神的独特启示。读者在面对作品的不同材料和纷繁芜杂的语言符号时,需要一个整理和加工的心理过程,伊泽尔把这个过程称为"一致性构筑",它是读者在综合材料的过程中形成的"一致性阐释",也就是一种"格式塔"(完形)。这种格式塔是作品与读者之间相互作用的产物,既不能单独追溯既成的作品,也不能单独追溯读者的意向。它是读者介入作品的基础,是作品意义得以实现的一个条件。作为一种重要的阅读环节,表现为读者对作品的构筑过程,在这个过程中格式塔得以不断地建构、破坏和重组。读者的阅读理解,必将经历熟悉的和不熟悉的经验冲突、前理解和后理解的交互融合,于是冲破现存的格式塔形成新的格式塔。这也就同时说明了读者的阅读理解已经进入作品之中并被作品内容深深感染和打动的原因,是实现自我理解的一个关键。

"从根本上说,理解总是一种处于这样循环中的自我运动,这就是为什么从整体到部分和从部分到整体的不断循环往返是本质性的道理。而且这种循环经常不断地在扩大,因为整体的概念是相对的,对个别东西的理解常常需要把它安置在愈来愈大的关系中。"⑥这种典型的思辨相对性与其说是一个基本原则,毋宁说是关于理解过程的一种描述程序。加达默尔反复强调,理解的运动经常就是从整体到部分,再从部分到整体,读者的任务就是要在这种同心圆之中扩大被理解意义的统一性。一切个别的与整体的一致性是正确理解的合适标准,正如个别的词句从属于上下文语句一样,个别的作品也从属于作者作品的上下文之中,而作者的作品又从属于相关的文字类以及文学的整体之中。而且,我们从这些原理出发,作品作为作者的某一个创造瞬间的表现又从属于作者的灵魂整体,读者也只有在这种客观类型和主观类型的整体之中才能实现自己的理解。

当我们试图理解作品的时候,对作品理解的循环运动是否可以真的把读者置身于作者的灵魂中呢?实际上,读者的理解行为是在作品文本的意义领域之中运动,是对作品意义的一种参与和分享,在作品的召唤结构的"召唤"下发展为一种相互的积极响应活动。王岳川教授在分析解释的循环时指出:"就文艺作品而言,解释的循环包括互相依赖的三种关系:单个词与作品整体之间的关系;作品本身与作者心理状态的关系;作品与它所属的种类和类型的关系。"⑦这就是我们常说的阅读理解中必须考虑的词与句、句与篇、部分与整体的相互作用,依靠作品意义来联结这些关系,从而保证整体的意义由部分的意义所构成,部分意义的内容由更大的部分背景来支配的道理。作品整体中的每一个部分之间互相联结和制约着,它们给整体以生命和存在的价值,一旦部分脱离了整体,任何一个部分和要素都会失去其存在的意义。立足于对作品的整体观照,遵循完形法则,把作品作为一个有机体去阅读考查和解析品味,就能够揭示出作品整体系统中的深刻意义和艺术魅力。当我们为精彩的片段喝彩的时候,并不在于这个片段本身特别的精彩,而在于它在这个整体关系中看起来特别的精彩。只有融合在作品的整体之中,片段的生命才能彰显出精彩的价值。

文学的空白结构是唤起读者参与必不可少的条件,它通过语言的象征、暗示、比喻、省略、断裂等方式诱发读者去完成作者尚未完成的创造,去拓展作品的审美空间,丰富作品的艺术意蕴。在建构文学意义的时候,由原先的作者与读者之间的不对称性激发着读者的建构能动性,作者的作品图式又刺激着读者自己去建立与此相关的意象结构,读者通过"整体—部分—整体"和"综合—分解—综合"的方式在螺旋式循环中推进对作品的理解,这是深入理解作品必须遵循的一条基本规律。

三、揭示:每一种意义建构都从寻求理解走向自我理解

阅读从寻求理解和建构意义出发,向自我理解和建构自我努力。阅读文本就是在阅读自我,理解文本就是在理解自我。文学接受的目的告诉我们,阅读不仅仅是理解作品,而且是通过理解来发现自我和否定自我、调整自我和塑造自我。如果读者只是被动接受作品和作者的经验,只是成为作品和作者的奴隶,不能结合自己的经验来思考和发展文学的价值,那么,这种阅读就不是真正的接受美学。

到底在阅读建构中怎样才能实现自我理解呢?加达默尔说:"理解一个文本就是使自己在某种对话中理解自己","解释学过程的真正现实依我看来不仅包容了被解释的对象,而且包容了解释者的自我理解"。[⑧]在阅读处理文本的时候,只有从文本所说的东西那里找到读者自己的解释和表达,才会发生阅读的理解。这种理解从读者的阅读视野出发,从文本中建构一个自我的世界,从而在文本面前接受一个放大了的自我。这就是阅读中的自我理解,完全赋予了读者的自我意识和自我情知,是在文本之"你"中重新发现的读者之"我",是对自我灵魂的一种揭示,是人生存在方式的一种透视,也是主体精神和生命意义的一种投射。

"一部文学作品的历史生命如果没有接受者的积极参与是不可思议的。因为只有通过读者的传递过程,作品才进入一种连续性的经验视野。在阅读过程中,

永远不停地发生着从简单接受到批评性的理解,从被动接受到主动接受,从认识的审美标准到超越以往的新的生产的转换。"⑨接受美学认为,文学与读者之间有着美学的、也有着历史的内涵。当一部作品被读者首先接受的时候,就已经包括了同曾经阅读过的作品的比较,而且在比较中就包含着对作品的社会价值的一种检验。在整个作品的一代又一代的接受之链上,一部作品的历史意义越来越得到充实和丰富,审美价值越来越得到确定和证实。读者在作品经验的刺激下既接纳文本的经验,又跳出自己的经验,完成对过去的经验一次又一次的反思和整理,于是一次又一次地产生和发展新的经验。在创造一部作品的意义过程中,在被动接受与积极理解、审美经验的形成和新理解的产生之间的转化进程中,不仅实现了作品意义影响的延续性,而且激发了读者向旧我挑战、向作者挑战、向作品挑战、向世界挑战的勇气和信心。

由于在作品之中发现了自我,读者也就不自觉地进入了作品,达到了自我世界与作品世界的一体化境界。也正是这种一体化促使读者在感受与想象中摆脱掉混沌的原始的烦恼与庸俗,陶醉于陌生而自由的精神世界。这一种阅读的历练让每一个读者获得了审美情感的体验和陶冶,变单一的感受为丰富的情趣,变无聊的状态为多彩的欢愉,变肤浅的认识为深刻的享受,阅读成为一个再认知的过程,理解成为一个再认知的事件。

加达默尔说:"理解必须被视为意义事件的一部分,正是在理解中,一切陈述的意义——包括艺术陈述的意义和所有其他流传物陈述的意义——才得以形成和完成。"⑩理解的对象虽然是确定的,但处于不同历史时期和不同背景中的理解者都可以对之做出不同的理解,所以理解不再仅仅是对对象的破译,而且包含了自我的理解,具有明显的历史性和相对性。在任何情况下,每一个对作品具有前理解经验的读者都必须把这种经验整个地纳入到他自身的理解之中,只有在这种自我理解之中,这种经验才能对读者产生事件意义。所以,"一切理解归根结底都是自我理解,但并非是一种事先具有的或最终达到自我占有的方式的自我理解。因为这种自我理解总是仅仅在对某件事的理解中实现,并且不具有自由地自我实现的性质。"⑪整个自我理解的过程,包容着解释和揭示、开放和应用、矛盾的冲突和沮丧的归顺,哪怕是在晦涩的艰深的作品面前也必须做到主动地关注和积极地参与,将作品摄入到理解之中,以更多的精力和思考来求解和把握作品的意义,才能获得更丰富的自我精神。

"文本的意义超越它的作者,这并不只是暂时的,而是永远如此的。因此,理解就不只是一种复制的行为,而始终是一种创造性行为。"⑫诠释学过程的真正实现,不仅包括了被解释的作品对象,而且包括了解释者的自我理解,通过作品、作者、读者的对话交流,读者在作品的未确定因素的引导下参与作品意义的生成与理解,伴随着理解活动使作品意义具体化,感知作品的形象、情感、意义,从而达成作品意义的自我化,实现作品由无生气的意义痕迹向有生气的意义转换。所以说,只有重视了读者的解读过程对文学作品的意义建构和创造作用,才能赋予作品以活力和生命,揭示出作品潜在的全新的存在意义。

注:

①③④⑥⑫[德]汉斯－格奥尔格·加达默尔.真理与方法:哲学诠释学的基本特征(上卷)[M].洪汉鼎,译.上海:上海译文出版社,2004:216.345,347.347.247.383.

②严平.走向解释学的真理——加达默尔哲学述评[M].北京:东方出版社,1998:125.

⑤[美]加涅.学习的条件和教学论[M].皮连生,译.上海:华东师范大学出版社,1999:166.

⑦曹明海.语文教育解释学[M].济南:山东人民出版社,2007:005.

⑧⑩[德]汉斯－格奥尔格·加达默尔.哲学解释学[M].夏镇平,宋建平,译.上海:上海译文出版社,2004:058,059.217.

⑨[德]H.R.姚斯,[美]R.C.霍拉勃.接受美学与接受理论[M].周宁,金元浦,译.沈阳:辽宁人民出版社,1987:24.

⑪[德]汉斯－格奥尔格·加达默尔.诠释学Ⅱ真理与方法[M].洪汉鼎,译.上海:商务印书馆,2010:161.

第二节　视域融合：穿越时间距离的阅读理解

　　姚斯："在艺术的历史传统中，一部过去作品不断延续的生命，不是通过永久的疑问，也不是通过恒久的回答，而是通过疑问与回答、问题与解决之间的动态的阐释，才能够激发一种新的理解并允许重新开始过去与现在的对话。"[①]

　　任何文学作品的阅读，每一个读者都必然会卷进两个不同的历史时刻。一个是阅读之中的读者处在某一个特定的历史时间，我们叫它为"读者时刻"；一个是作者作品诞生的历史时间和作为作品延续存在的历史时间，我们叫它为"作品时刻"。两个"时刻"之间不可能处在同一个历史时间，于是它们之间不可避免地存在着"时间距离"。从表面来看，"时间距离"造成了阅读的诸多障碍，尤其是久远的历史遥不可及；然而，加达默尔对此提出了反对意见，他说："重要的问题在于把时间距离看成是理解的一种积极的创造性的可能性。时间距离不是一个张着大口的鸿沟，而是由习俗和传统的连续性所填满。正是由于这种连续性，一切流传物才向我们呈现出来。"[②]

　　一部文学作品在其出现的历史时刻，对于它的读者的期待视野究竟是失望还是满足、质疑还是认同、追随还是超越，几乎决定了相互之间的审美距离和视界结构。作家方方说："我觉得一篇小说不可能只有一种解读，因为作家写完小说只完成了作品的一半，另一半需要读者在阅读中完成。读者怎么理解作品，又全然与他的个人经历以及性格和成长背景相关。"[③]文学作品与读者之间的关系，并不仅仅是每部作品都有自己的特性，它历史地、社会性地决定了读者；而且每一个读者也同样依赖于他的读者的社会环境、观点和意识，读者的接受可以通过对熟悉经验的否定或者通过把新经验提高到意识层次，形成一种个性化的存异和求同、体悟和觉醒。事实上，当文本上升为主体之后，文本与读者的关系就是一种主体间的交互作用和视域交融的关系,而且,文本的意义是永远不可能穷尽的,读者的意义也就一直处在不断地对话和建构的过程之中。

一、唤醒:任何阅读理解都植根于历史的情境之中

由于作者创作的情境已经不再存在,留下来的是由文字符号所构成的作品文本,因此文本也就成为一个自在的世界,是阅读交流的另一个主体。这个时候,作者已经退居其后,失去了对它的控制,强烈呼唤着读者主体的阅读参与,它的开放性和未定性,恰恰是能否成为真正作品的一个关键。时间距离之中的历史不仅不是读者理解的障碍,反而是读者产生新理解和新意义的源泉。当作品脱离了那种当时环境而产生现实性的时刻,就造成了一种开放的积极的阅读条件,读者的角色就可以以各自不同的方式来实现文本的意义。这种实现过程是一个读者进行选择的过程,文本的任何具体化都可以根据其他具体化的背景来阐释,这种背景潜藏在读者角色的文本结构之中。这个概念存在着两个基本的相互联系的方面,一是作为一种文本结构的读者角色,一是作为构造活动的读者角色,每一个文学作品都表现出一种由作者收集起来的关于世界的观点,正是这种世界构造方式造成了作者的意向视野,于是就为读者的阅读指明了一条道路。

伊泽尔指出:"读者的角色是由三种基本内容预先构成的:在本文中表现出来的不同视野,读者综合这些视野所由之出发的优势点,以及这些视野汇聚到一起的相遇处。"[④]这就表明了由读者响应的结构组成的一种网络只有在读者那里引起构造性活动时,它才可能完成理解和解释的任务。"最成功的阅读是这种阅读,在这种阅读中,作为被创造的自我,作者和读者能够发现他们之间的完全一致性。"[⑤]历史虽然在不断地发生着变化,但是无论何时何地的作品与现在时刻的读者之间,仍然存在着一种不可阻碍的绝对的同时性。作品的艺术表现力不可能被严格地控制在自己的那一段历史时刻,当它被读者从历史角度加以理解的时候,当它并不可能以一种绝对的在场呈现的方式出现的时候,它就允许有任何形式的理解,一方面可以考虑它的历史性,一方面也可以考虑它的现时性,因为两者的自然融合而产生出永久的艺术价值。

"也许艺术品创作者所想的是他时代的公众,但是,他作品的真正存在却是他能够说的意义,这种存在从根本上超越了任何历史的限制。从这个意义上可以说,艺术品具有一种不受时间限制的当下性。"[⑥]虽然作者的思想并不是衡量一部作品的意义的绝对尺度,但是,阅读文学作品却绕不开一个阅读的话题——唤醒和再现。所有的"唤醒和再现"首先都是一种理解和解释,只有当写在文字中的内容获得解释的时候,文本的历史遗产才会得到明确的证实,作者的生命意识、情感体验、审美境界才会从一个生命传导给另一个生命。由于不同的读者对同一作品会有不同的理解,同一读者在不同年代不同境遇不同心态下也会有不同的理解,所以,作品的召唤结构本身并没有统一的现成的答案,需要读者自己去回应作品的问题,这个过程是没有止境的,也是需要从遮蔽的静止的作品中去克服种种误解的过程,是不断敞亮和捕捉作品历史意义的无限过程。

作品作为一种存在方式虽然已经脱离了作者的意图和写作的情境,但是读者阅读时仍然有必要重新建立起阅读的历史与现时的语境关系,在开放的语境中开始获取文本信息,建构和生成新的阅读信息并作用于文本,给文本信息加以再组织和再加工。再现的本质在于在艺术世界中促使读者的灵魂和作品的灵魂产生共鸣,促使真实的境况清晰地呈现出来,从而让读者个体感受到情感的冲击,涤荡生命的意义,完成一种前所未有的温爱、良善、使命式的浸润和救赎。文学是人学,是对人生和人的存在的描述和思考,体现着作者全部的生命体验和人生开悟,凝结了作者的情感、想象、认知、思索、意志等各种因素的生命体。给读者以生命的熏陶和启迪,是文学的使命。作品以一种图式化框架和召唤结构激发读者的阅读,读者以自己的知识背景和人生经历对文学作品进行阐释和重组,于是,我们就不仅成为一个作品意义的共同创作者,而且成为一个历史进程和时代活动的开拓者。

二、发现:在活化文本意义之中建构效果历史事件

任何理解都是处在历史之中的理解。读者在理解文本对象的时候都是一种历史的存在,文本意义和读者一起处在不断的形成之中,这种过程表明理解本身具有一定历史的实在性和有效性,在真正的诠释学中这就是"效果历史"。理解意味着面对陌生的不熟悉的文本,在解释活动中消解作品与读者之间的陌生感和疏远性,缩短时间间距和历史情境的差距,发生相互作用和相互融合的"效果历史事件"。

"真正的历史对象根本就不是对象,而是自己与他者的统一体,或一种关系,在这种关系中同时存在着历史的实在以及历史理解的实在。一种名副其实的诠释学必须在理解本身中显示历史的实在性。因此我就把所需要的这样一种东西称之为效果历史。理解按其本性乃是一种效果历史事件。"⑦在此基础上,加达默尔提出了"效果历史意识"的概念,他认为,效果历史意识首先是对诠释学处境的意识,并且以处境意识、视域意识来解释这一概念。任何作品或历史流传物一旦存在,就必定处在一种特定的效果历史之中,因此对任何作品和历史流传物的理解,都必定具有效果历史意识。读者与文本总是处在一种历史的互动关系中,我们从自身的现实情境出发和历史给予我们的流传物发生摩擦和交融,从历史和传说之间的朦胧地带摆脱出来让它的意义得以清晰地呈现,这种效果历史的探究是理解文本的一种方式,而且在对历史意识的彻底反思中总是会受到效果历史的种种影响。只有在效果历史之中我们对某个文本或某个历史事物才能有所理解,"它不仅使那些特殊性的前见消失,而且也使那些促成真实理解的前见浮现出来"⑧。

效果历史概念同样揭示了诠释学的另一个重要功能,也就是应用的功能。加达默尔在浪漫主义诠释学只有理解功能和解释功能的基础上,强调了应用的根本作用。读者对任何文本的正确的理解,就一定要在某一个特定的时刻和某一个具体的境况里对它进行理解,理解在任何时候就包含了一种旨在过去和现在进行沟通的具体应用。"理解本身就表明是一个事件",理解本身的这种效果方式同样表明是一种实际的应用,诠释学就是一种现实的实践的哲学,是理解和达到理解的艺术,或者说,理解本身就是一种效果。效果历史意识具有开放性的逻辑结构,开放性意味着问题性。我们取得了问题视域,才能理解文本的意义,而且这种问题视域本身必然包括了对问题的可能解答。

虽然我们知道每一个读者的能力和水平都存在着历史的局限性,文本的意义由于读者的前见和期待的视域问题而受到相对的削弱,而且文本被创作的当下情境已经不复存在,并不可能进行面对面的话语答复和交流,但是,我们能做到的就是尽可能地把完全的理解和精确的表述相互结合在一起,在灵魂和自身之间开展内心的对话,从而克服文本过去的文化以及时代和读者本人之间的历史距离,同化和活化文本的意义使之成为自己的意义。在读者与作品之间构成一种艺术的张力,在思考作品的时候一方面将自己的经验作为一种背景和前理解的框架带入阅读的前景,一方面让作者的态度和作品的思想同时占据自己的位置和自己发生较量,这样促使诞生于历史的作品和理解者形成一种时间超越和视野超越,在作品中读者感受到阅读的快感和审美的愉悦。

当阅读理解缩短了与作品的距离之后,读者的阅读期待就会不断扩大,理解的反应事件随之会不断出现。读者将发现自己过去未曾发现的问题和意义,对作品的重新解释又发现了作者可能未曾意识到的意义。读者一旦拥有了发现的眼光,过去的文学作品就会呈现出全新的面貌。

三、对话:经验的开放性不断丰富读者的审美理解

在阅读作品的时候,读者既是一个提问者和思考者,也是一个回答者和解释者。这种正在理解的读者同自己进行的对话似乎是一种单向的交流,表面来看,作品并没有直接回答读者的提问,也没有刻意理解如此这般存在着并被人讨论的事物,然而,当读者试图理解作品的时候,我们就必然把自身植入到作品的文字之中,分享着作品充满神秘的灵魂,和作品进行着心灵的对话和意义的创造。"谁想理解文本,谁就得准备让文本讲话。"[⑨]读者阅读的过程,已经将自己和作品处在一个平等的交往位置。在相互对话中构造出一个共同的视角,不是以自己的意见反对别人的意见,也不是以别人的意见反对自己的意见,而是相互讨论引起一种共同性解释。把这种共同性建筑在自我理解之中,形成一种相互补白和相互提携的境遇。

姚斯在谈到文学作品的生命力时指出:"假如文学文本首先需要成为一种回答,或者假如后来的读者首先在其中寻找一种回答,这绝不暗示着作者自己已经在其作品中给出了一个明晰的回答。"[⑩]他认为作为过去的文学作品和它后来的读者阐释之间有一种历史的关系,也是一种结构模态,并不表明作品自身有着一个永久的恒定的价值。所以,作品的未定空白好比一个个因时因地因人的问题一样,可以改变审美经验的程度,便于激发读者的积极想象和理解。一个文本在回答读者的问题的时候,就会对读者产生反弹式问题,只有当文本被当作对某个问题的回答时才能被读者所理解。这一个过程是读者经验的变化过程,是经验的不断累加和重新构造的过程。伊泽尔在阐述经验问题时指出:"新的经验从对我们曾经储存过的经验的重新构造过程中显现出来,这种对旧经验的重新构造对形式赋予了新的经验。但是,只有当过去的情感、观念以及价值被唤起并且和新经验一起出现时,在这个过程中实际发生的东西才能再一次得到人们的体验。"[⑪]读者对文本的经验储备随着文本阅读的进程而发生波动变化,现在的文本和过去的经

验之间的相互作用就会越来越明晰。虽然旧经验或多或少地制约着新经验的产生,但是,摆正读者阅读接受的态度,明确经验的产生并不只是通过认识熟悉的事物的道理,那么,读者阅读的经验结构就会被新经验所打破,新经验在选择旧经验的时候就会对旧经验加以分辨和改组,逐步改变旧经验视域相对狭小和单薄、前理解视域相对滞后和陈旧的现象。

对于读者的每一次阅读来说,每一次作品意义的建构都是阅读经验不断丰富的源泉。每一次作品意义的具体化都会对每一个读者产生充分的审美体验,这种体验永远不可能完全以同一种形式重复。于是,每一次阅读积累起来的阅读经验又会影响到下一次的阅读体验,作品和读者之间就这样被连接在一起,一个渗透到另一个之中。也只有这种经验构成了读者理解意义的基础,作品的意义构造和读者主体的构造才能相互作用以至无穷。作家苏童在回答评论家姜广平关于作家与读者的关系时说:"对于一个作家,你要求读者认识你,这是你的期望。但读者真正认识你,他有一个阅读的过程,对于他来说,有一个经验的完善与补充。作家与读者,你在等待他,他也在等待你。作家与读者的关系,就是一种互相等待的关系。"⑫既然作家与读者之间在互相等待,那么作为读者的角色来讲,就需要认真思考和自己相对的思想主体是谁,作品的潜在意义在哪里,有没有可能和作者的心灵、作品的意义汇聚到一起。

在思考作者思想的过程中,读者会暂时离开他固有的倾向,因为读者面对的是他从来没有接触过的个人经验里陌生的事物。这样,当读者把并非自身经验的文本带进自身固有的经验背景的时候,每一次阅读理解的意义成为读者精神的一次又一次的革命,每一个文本的主题必然与经验的不同背景产生碰撞和沟通,一种隐瞒和揭示、含蓄和明确、偏执和统一的关系在相互之间的作用下获得相应的调动和调节。审美经验的获得是一个历史的过程,因为每一个读者的理解都是有限的。每一个读者都是以有限的经验植根于作品之中,正因为有限所以才能对无限开放。开放性和有限性构成了经验的一般结构,这种经验是读者的存在历史性,是读者理解的历史性,诠释学的经验牢牢地扎根于经验的历史性之中。因为理解同样是有限的而不是终极的,所以每一个读者就承担着理解的历史使命。

加达默尔认为,一切经验都具有问答结构。经验的开放性意味着问题性,我们只有取得了某个问题的视域,才能理解文本和历史流传物的意义。正在理解的读者在回答问题的时候同时打开了问题的视界,打开了作品意义的各种可能性,因而就能把有意见的东西纳入到自己的意义之中,不断进行反思和批判并不断更新自己的经验。"理解一个问题,就是对这问题提出问题。理解一个意见,就是把它理解为对某个问题的回答。""问题的本质就是敞开和开放可能性。"⑬作品有赖于读者与作品的合作和交流,在双方的互动作用中构成一种艺术的张力,读者在思考作品思想时可以暂时把个人经验作为一种背景与框架搁置起来,让作品思想进入阅读视野成为读者关注的中心,然后在新旧经验的对话中做出不同的调整和探寻,经历一场思维和理解的审美活动,发现以前从没发现的作品意义,改变读者的世界观、艺术修养、审美知觉和文化积淀。

四、超越:阅读的过程始终发生着视域交融的活动

哲学诠释学认为,理解作者创作出来的文学作品,不是再生产某种过去的东西,而是共有一个现在的意义。所谓"一个现在的意义",就是读者和作品之间对话双方视界融合的结果。按照加达默尔的看法,前理解或前见是历史赋予理解者或解释者的生产性积极因素,它为理解者和解释者提供了特殊的"视域"。"视域概念本质上就属于处境概念。视域就是看视的区域,这个区域囊括和包容了某个立足点出发所能看到的一切。"⑭谁不能把自己置于历史性视域之中,谁就不能真正理解文学文本的意义。理解者和解释者的视域不是封闭的孤立的,它是理解在时间中进行交流的开放性场所。理解者和解释者的任务就是要扩大自己的视域,使它与其他视域相交融。视域交融不仅是历时性的,而且是共时性的,在视域交融中,历史和现在、主体和客体、自我和他者都构成了一个无限的整体。

"一个根本没有视域的人,就是一个不能登高望远的人,从而就是过高估价近在咫尺的东西的人。反之,具有视域,就意味着,不局限于近在眼前的东西,而能够超出这种东西向外去观看。谁具有视域,谁就能知道按照远与近、大和小去正确评价这个视域内的一切东西的意义。"⑮为此,每一个读者需要明确两个彼此不同视域之间的关系,一个是进行理解着的读者自己生存在其中的视域,一个是他把自己植入其中的当时的历史视域,在面对文学文本向自己提出的问题时需要赢得一种正确的问题视域。在诠释学经验里,问题的本质具有某种意义,这个意义是指有方向的意义。读者把被问的东西转入一种背景之中,开启被问的东西的存在,循着给出的方向做出有意义的意味深长的答复。提问的意义在于悬而未决、开放而不无边际,读者通过思考、质疑和批判走过认识的通道,促使读者的意见暴

露给文本,让文本的意见也暴露给问题,从而完成明确的答复,提升自己的理解水平。

　　阅读是读者向文本的敞开过程,读者把自身的体验融注到文本的情感、心绪、欲望、意指的表达之中。诠释学的"视域融合",从本质上看就是一种视域之间的对话,"诠释学经验与流传物有关。流传物就是可被我们经验之物。但流传物并不是一种我们通过经验所认识和支配的事件,而是语言。也就是说,流传物像一个'你'那样自行讲话。一个'你'不是对象,而是与我们发生关系"。⑯作为读者来讲,我们需要把文本作为一个与"我"发生关系的"你"来对待,它是一个真正的交往伙伴,需要把"你"来经验,对"你"的经验进入一种问答的逻辑——一种理解的对话之中。读者并不是无条件地服从作品传统,而是通过对话进行反思和审视,既有接纳的丰厚,又有否定的批判,通过对话扩大自己的视野,更新自己的经验。从审美效果来看,就是要让读者在接受当中驻足流连,反复吟咏,在持续不断的视野转化过程中集结那些接受东西的意义,从作品之中品味出"象外之象""味外之味""韵外之韵"。或者说,在作品世界里获得一种艺术的意境效果。在意义阐释之中,读者与作品已经不再是一种对立的对抗关系,而是一种交融的重叠关系,读者借此把作品视作生命的组成部分,浸润其中,产生一种更新的视野。

　　个别的视野片段只有通过与其他的视野片断的相互作用才能表现出意义,读者视野和作品视野(叙述者视野、主人公视野、情节视野、读者位置视野等)都表现出某种特定的成分,最后因为阅读视点的转换和影响超越视野片段的意义。"一旦文本的视野部分被读者联结起来,并且建立了一种确定的联系,那么读者就构成了一个特定的阅读时刻,同样,这种阅读时刻也具有了一种可以识别的结构。"⑰由于阅读视野的不断游移,在每一个特定的阅读时刻就必定处于一个特定的视野之中,读者的注意中心集于其上的文本视野部分就成了一个主题。这个阅读时刻的主题对着阅读的推进和视野的变换又变成了下一个阅读时刻的视界,下一个阅读时刻的阅读视界对照着它便呈现出一种现实性。在文本视野之间出现的持续不断的转变过程之中,每一次转变都表现出一个经过读者综合的阅读时刻,一会儿抵消了这些视野,一会儿又联系了这些视野,过去的阅读时刻的视野片段被作为阅读背景保存下来,新的阅读时刻不再是一种孤立的存在,这种阅读视野的交汇和重叠贯穿于阅读过程的始终并对读者产生着回溯和前行的双重影响。

　　读者在阅读探究中会发现,每一个作者所表现的作品之间存在着不同的个性特征和风格类型,这些独特的表现方式往往区别于其他作者而成为读者需要认真分辨和判别的一种对象。作品与作者的生命和思想联系在一起,如果读者不能把自身置入到这种历史性的视域中,就不可能真正理解历史流传物的意义;而且,因为作品的意义永远不可能获得穷尽,所以视域的相遇和交融运动便永远不会停止。读者的阅读角色说到底是在自觉和不自觉地进行着自我的对话,所有的阅读理解和解释无非是在和文本的语言交流中获取信息,并最终深化自我的人生认识和心灵境界,这就是我们需要在诠释学视域中予以高度重视的读者意义。

注:

①⑩[德]H·R·姚斯,[美]R·C·霍拉勃.接受美学与接受理论[M].周宁,金元浦,译.沈阳:辽宁人民出版社,1987:88.87.

②⑦⑧⑬⑭⑮⑯[德]汉斯－格奥尔格·加达默尔.真理与方法:哲学诠释学基本特征(上卷)[M].洪汉鼎,译.上海:上海译文出版社,2004:384.387.386.487,387.391.391.465.

③⑫姜广平.经过与穿越——与当代著名作家对话[M].桂林:广西师范大学出版社,2004:235.152.

④⑤⑪⑰[德]W·伊泽尔.审美过程研究——阅读活动:审美响应理论[M].霍桂恒,李宝彦,译.北京:中国人民大学出版社,1988:47.49.179.271.

⑥[德]汉斯－格奥尔格·加达默尔.哲学解释学[M].夏镇平,宋建平,译.上海:上海译文出版社,2004:098.

⑨[德]汉斯－格奥尔格·加达默尔.诠释学Ⅱ真理与方法[M].洪汉鼎,译.上海:商务印书馆,2010:75.

第三节　审美思维:文学阅读的一种理解方式

席勒说:"美虽然是一种形式,因为我们观赏它;但是,美同时是一种生命,因为我们感觉它。总之,一句话,美同时是我们的状态和我们的活动。"①

文学作品是作家刻骨铭心的审美体验,也是独特深刻的心灵参悟,寄寓着一定的社会理想和人生信念。文学教育是让读者在作品接受的过程中引发精神的愉悦和陶冶,提高文学阅读的审美鉴赏能力,其中离不开一种积极介入的审美思维过程。审美思维作为一种文学阅读的理解方式,通过阅读者对作者作品的审美欣赏活动,寻找到文学作品的气脉、神髓和意境,达成作者作品和读者自我的双重发现,实现文学作品的精神传递和生命升华的审美价值。

审美思维是文学阅读的能动反映,一方面在文学作品中体认审美对象,在文学作品中找到作者思想;一方面在审美欣赏中领悟审美价值,在文学作品中生成读者意义。面对文学作品的审美思维,是一个从感觉和心理的受动性到思维和意志的能动性的过渡过程,是一种从审美感性认识走向审美理性认识的理解与解释活动。

一、观照与体验:审美思维的情感属性

审美情感是推动审美思维的原动力,既表现为对作者作品的情感把握,也表现为读者感受的情感投入。在文学阅读的过程中,读者的情感倾向对审美思维的选择、判断和鉴赏具有决定性意义,从迷乱疑惑走向清醒开朗,从形象观照走向意象体验,从感性思维走向理性思维,最终把自己发展成一个精神自主之人。

1. 观照感知:审美思维反映情感趣味

所谓审美观照,就是对文学作品所描摹的形象世界进行的注视、沉思和期望。

它不是消极被动的感觉,而是积极主动的感受,是既有思维又有情感的反映和认识,并由这种认识产生情感上的满足和愉悦。审美观照是文学阅读活动的必要过程,是审美主客体之间发生实践性和活动性的一种特殊方式,也是与直觉、想象、联想、移情等有着密切联系的一种审美经历。

朱光潜先生说:"所谓美感经验,其实不过是在聚精会神之中,我的情趣和物的情趣往返回流而已。"②美感经验首先是一种形象直觉,美就是作品呈现形象于直觉的感知特质。读者面对文学作品中的人物形象、自然环境、结构章节等要素,不仅将自己的性格和情感移注于此,同时自己也吸收作品的姿态和意蕴,在作品与读者的共同存在之中达成审美观照的境界。

作家在创作文学作品的时候,"情感是生生不息的,意象也是生生不息的,换一种情感就是换一种意象,换一种意象就是换一种意境"③。读者在观照文学作品的时候,"通过审美活动,人逐步在头脑中储存了审美信息,经过加工整理,即理性认识,这些信息形成某种审美习惯和思维定式"④。文学作品是作者的情感艺术,文学阅读就是读者的情感观照,虽然美感直觉似乎只在一瞬间发生,其实质是经过了长期的观照实践之后形成的一种审美经验的反映。它经历了联想和想象的补充和融解,从文学作品的语言表现之中获取感知对象,在读者原有的阅读经验前提下进行储存、分化和重组,形成对美的对象的新的审美知觉。美感和作品的微妙关系以读者情感为核心纽带,美感其实就是一种情感。

如何发挥情感的驱遣作用,怎样实现形象观照的意向理解,要求阅读者在直觉和心灵的互动关注上加以具体化。因为感知是感性的、直观的、符号性的心理思维,如果没有阅读主体的情感参与,就有可能只是获得零散的、局部的、片面的感官印象。所以,文学阅读的审美观照包含着三层意思,一是以宁静的心态来晤对作品中的一切内容,二是以心物感应的方式获得心神的贯通,三是将人情化的形象凝合成一种理想化的生命。一篇优秀的文学作品是一个完整的有机体,每一部分的内容哪怕一字一句都可以见出全篇的精神,审美思维能营造出一种丰富的情趣生活,是一种情趣的艺术化。

2. 体验感悟:审美思维走向理性欣赏

什么是体验?"如果某个东西不仅被经历过,而且它的经历存在还获得一种自身具有继续存在意义的特征,那么这种东西就属于体验。以这种方式成为体验的东西,在艺术表现里就完全获得了一种新的存在方式。"⑤在文学阅读的过程中,审美体验以情感活动为中心，直接参与作品的经历，产生美丑、善恶、崇高与卑下等各种情感的经验，体现一种价值性的认识和领悟，直接指向"以身体之"和"以心验之"的理性价值。

文学与人的体验有着特别密切的联系，其本身就是对人的生活与生命的叩问，是情感领域世界里的艺术。童庆炳先生认为："经验是体验的基础，没有经验，或没有起码的可供想象发挥的经验，就谈不上体验。但体验则是对经验的意义和诗意的发现与升华。"⑥无论是审美的经历还是经验，都表现为对作品意义的审美思维性和情感性，反映读者心灵自由的一种潜能，在产生新的情感的时候产生新的理解，在欣赏具体形象的时候生成新的深刻意义。

文学是创造出来的，有了具体的意象才能蕴藉深切的情感；文学欣赏也是一种创造，审美思维就是一种创造式的欣赏，是从作品的意象世界和语言符号中进行的情感解码和信息重构。既然文学作品从根本上说是为接受者而创作的，那么，读者的接受注定是一种能动性的理解和解释，文学作品只有在审美欣赏的过程中才是真正的审美对象。审美欣赏无疑具有感性的特征，但又绝不止于感性；它不可能是无意向性的泛览，必然灌注着阅读者的心灵知觉。我们不能简单地将感性的感知理解为审美的欣赏，因为"感性的精神化，它的提炼和高尚化才属于审美"⑦，"因为感知可以分成两个方面，一方面为感觉，另一方面为知觉，感性与快乐相联系，属情感性质；另一个方面知觉与客体相联系，属认知性质"⑧。审美的体验感悟是一种认知与情感的活动，它的思维分析和判断越是深刻和透彻，读者的人格力量就越是鲜明和豁亮。

只有当文学作品的形象生命在读者的感觉里存活下来，才能在读者的知性世界里形成美的品质，感知的因素上升为理智的精神，这是审美的完整意义。审美知觉更加关注阅读欣赏的协调和完成，从矛盾向和谐、从片面向整体、从浅薄向深刻，从情感的审美趣味趋向于理智的审美自由，感觉体验与思想感悟随着感性本能复归理性本能，活跃的纯粹的情感与理智的精神的思想在审美接受的经历过程中融为一体。

二、期待与融合：审美思维的理解艺术

文学阅读的理解是审美心理的要素之一，是对文学作品的一种心智思维。只有理解了的东西，才能更深刻地感知它。作为审美心理的理解，不仅是对作品的文化背景、象征意义、主题思想、表现手法等的理解，而且由于理解努力表现出一种精神自由的状态，是读者期待和作品意义之间的存在方式。

1. 阅读期待：审美思维唤醒生活经验

文学阅读是一种特殊的接受过程，它将读者带入一种特定的情境世界之中，唤醒读者的情感生活，激发读者的阅读经验。任何一部文学作品的出现都带着特有的历史时刻，期待视野与作品历史之间存在着审美经验的自然距离。在任何情况下，每一个对文学作品具有经验的读者无疑会把这种经验纳入到作品解释之中，纳入到自我理解之中。

审美经验是读者在阅读文学作品的过程中所产生的一种审美的心理体验，是读者内在的心理生活与审美作品之间相互交流相互作用的结果。有时候，审美经验是在更深刻更普遍的意义之上对已有认识对象的不断认识，是阅读主体基于自身的情感趣味和阅读感受所获得的一种既成的思维指向和观念结构。这就是文学阅读的期待视野，是对文学作品的一种预先的估计和期盼，是由阅读者的人生经验和审美经验转化而来的关于作品形式和内容的定向的心理结构图式。

姚斯说："一部文学作品在其出现的历史时刻，对他的第一读者的期待视野是满足、超越、失望或反驳，这种方法明显地提供了一个决定其审美价值的尺度。期待视野与作品间的距离，熟识的先在审美经验与新作品接受所需求的'视野的变化'之间的距离，决定着文学作品的艺术特性。"⑨从文学阅读的意义上来说，阅读期待构成了我们整个经验能力的先行指向，成了一种开启文本世界的先入之见和积极判断。尽管每一个读者的生活经历、文学趣味、认识水平和文化背景等都不一样，但只要参与到阅读理解之中，就必须通过自己已有的认知结构加以选择和分析、推理和判断、补充和完善，通过作品的不确定性和空白来寻找和充实作品的意义，获取一种新的阅读经验和价值。

当我们带着对文学作品的某种特殊意义的期待去阅读文本的时候，"解释开始于前把握，而前把握可以被更合适的把握所替代，正是这种不断进行的新筹划过程构成了理解和解释的意义运动"⑩。所以，谁想理解文学作品，谁就会不断地通过期待视野去谋划，不断地使自己的审美经验保持开放的状态，包括把他人的阅读见解放进自己的阅读经验之中。一方面无须丢弃自己内心世界已有的前理解而直接接触文本，一方面明察内心已有的前理解之根源性和正确性，在和文本的对话中逐步建构新的理解经验。只有打开了作品封闭的背景领域之后，阅读者才能把每一个理解片段整合成一个作品的世界观,接受自己原先不熟悉的作品视野,感受到文学作品的艺术魅力。

2. 视域融合:审美思维贯通时间距离

文学阅读会遭遇到两个彼此不同的视域,一个是进行理解的读者生存于其中的当下视域,一个是读者置身于文学作品的历史视域,审美思维把两者之间的时间距离拉拢在一起。加达默尔再三强调:"解释者和文本都有其各自的'视域',所谓的理解就是这两个视域的融合。"[⑪]这就是文学阅读的视域融合,是在积极期待的情况下,以读者的前理解为出发点所发生的历史与现实、作品和读者、自我和他者之间的融合。

文学作品只有在不断的过去与现在的对话中发生意义,也只有在不断的视域交融中延续生命。一部作品既可以证实由它引起的阅读期待而实现这样的理解视域,也可以通过作品与期待之间制造的时间距离而使得期待落空。能不能把时间距离看成是一种积极的理解可能,让读者真正走进作者作品的历史世界之中,那就必须从作品中寻找到一个个明晰的回答,为过去的作品和后来的阐释提供一种历史的联系。决定文学阅读的审美效果的程度,是因为读者一方面拥有一种虔诚的心态,打破现时阅读的情感界限;一方面采取循环阅读方式,跨越视野变化的时空距离,促使审美思维作为一种阐释方式进入意义建构之中。

文学作品以文字形式建构一种意义域,每一个阅读者在阅读理解的时候就同时参与到这个意义域之中。不同的文学作品反映不同时代所特有的现实性,审美思维并不仅仅是推知作品以往的历史内容,看到日常生活之中并不能看到的现实,更重要的是参与到作品当下的视域之中,超越他们特定的真实的生活情境并卷入到作品的意义之中。读者的阅读视点随着阅读理解的变化而变化,文本视野同样随着阅读理解的推移而成为前一个理解的背景和前提,被读者回忆起来的阅读理解作为一种回溯表现影响和联结着不同的审美体验,构成一种整体性的真知灼见。

文学作品本身是一个图式化的结构,存在着诸多的不定点和空白。"作品的召唤结构本身并没有统一的现成的答案,需要读者自己去回应作品的问题,这个过程是没有止境的,也是需要从遮蔽的静止的作品中去克服种种误解的过程,是不断敞亮和捕捉作品历史意义的无限过程。"[⑫]对于读者的每一次阅读来说,都意味着"谁不能把自己置身于历史性视域之中,谁就不能真正理解文本的意义"[⑬]。

当作者的主观精神和经验与读者的现实生活和体验发生具体的、历时的、活生生的视域交融活动的时候，就是一种穿越时空的文化对话活动，每一次阅读理解积累起来的阅读经验又会影响到下一次的阅读体验，作品和读者之间被相互接续和相互渗透起来。所以，审美思维就开始拥有"一个现在的意义"，作品的艺术表现力就不再被严格地控制在自己的那一段历史时刻，而是产生恒久的历史影响。

三、自在和自为：审美思维的读者响应

每一部文学作品的审美思维，都发生在作品结构和作品接受者之间的相互作用之中。伊泽尔说："更有启发的是分析欣赏者阅读文本时所实际形成的东西，因为正是在这个时候，文本才开始揭示它的内涵；文本正是在读者那里获得了生命。即使'意义'的历史已经变得十分悠久与我们已经没有什么关联，这一点仍然适用。"[14]只有当读者在阅读的过程中对作品意义予以参与和响应，在充满未定性的文学作品艺术极之中进行读者审美极的具体化，文学作品才有可能获得一种现实的存在。

1. 自在透视：审美思维再现文本世界

阅读文学作品是一种特有的实现意义的进程，所有阅读的理解都是一种审美的思维和解释。加达默尔告知我们，"理解的任务首先是注意文本自身的意义"[15]，"对于理解文本意义的真正诠释学经验来说，重构作者事实上曾经想到的意图乃是一项还原的任务"[16]。每一个文学作品都有一种潜在之美，实现每一次的理解意义首先要从作品的语言世界里去体味和欣赏，因为作品语言渗透着一种精神的力量，每一个作者的作品语言代表着每一个作者的风格和世界观。

作品中的每一个语词和每一个句子都是作者经验世界的产物，表现着一个又一个的现象和事件，存在着许多的空白和暗示，也为理解和解释的展开提供了无限的可能。"能被理解的存在就是语言"[17]，和作品语言打交道，就是在相互的对话交流中形成一个生命共同体，读者的响应过程成为一种独特的经验过程。这种阅读是读者对作品试图传递的意义进行透视和再现的过程，所以是一种真正的审美思维的语言活动。读者并不简单地把作者创造出来的艺术形象进行被动的赞美或哀叹，而是想象出未经作者处理的原生的艺术状态，将原生的语言情境和艺术形象加以对比和分析，从矛盾和差异中享受审美的意境。

"所有的再现首先都是解释，而且要作为这样的解释，再现才是正确的。在这个意义上,再现也就是'理解'。"[18]读者的阅读理解是进行的一种再现行为,期间努力让自己适合于作品的暗示和指示,既不能随意地将作品现实化,也不能完全受作品的约束,而要在作品生动的材料之中创造性地进行体验和具体化,于字里行间补充和确认作品的语境意义。不同的作家作品有着不同的文化背景和历史经验,因此有着不同的表现方式以及风格特质。每一部作品都是一个完整的有机体,整体和部分息息相关,不能稍有疏忽和增删移位。"正如个别的词从属于语句的上下文,个别的文本也从属于作者作品的上下文,而这作者的作品又从属于相关的文字类即文学的整体。但从另一方面来说,同一文本作为某一瞬间创造性的表现,又从属于作者的内心生活的整体。理解只有在这种客观的和主观的整体中才能得以完成。"[19]虽然读者与作品之间的历史距离造成了位置上的矛盾,但是只要每一个时代的读者都能遵循作品构成的审美感觉、节奏韵律的暗示尽可能地体会揣摩语言世界,从整体到部分、再从部分到整体地加以循环运动,在反思性还原的情况下进行梳理和归纳,就能打破现实读者阐释的距离和障碍,就会明晰地解释历史的视野问题。

读者的自在透视,是对潜在的文学作品进行的明辨和深思。审美思维作为一种心灵的存在,当读者把作品从头至尾地予以阅读透视的时候,总是从一个时间外观之中来审视和理解作品的内容。这个时候读者的角度、态度与正在阅读的作品的部分应该是一致的,作品自身跨越的历史越长,具体化作品的时间透视就越丰富。随着作品事件的情节进展,读者也在不断更新自己的透视方式,作品正在阅读的部分的具体化很大程度上取决于已经读过部分的具体化方式,对一部作品的完全理解也只有通过这样的理解透视才能实现。

2. 自为开悟:审美思维再造读者世界

审美思维是面对文学作品的一种能动思维,也是再造文学意义的一种创造思维。"文本的意义超越它的作者,这并不只是暂时的,而是永远如此的。因此,理解就不只是一种复制行为,而始终是一种创造性行为。"[20]文学作品不仅仅是一种艺术形式,更是一种精神性的产物,所有的理解性阅读都表现为一种创造性的解读精神。在文字的理解和解释中指向一种理解的意义,原本陌生的静止的语言变成了绝对亲近的动态的东西,以至文学作品就像是在对我们陈述一样。因此,阅读理解的能力,善于理解文字的审美思维,就像是一种隐秘的艺术,促使读者将无生气的意义痕迹转换成有生气的意义精神。

姚斯说:"一部文学作品,并不是一个自身独立、向每一时代的每一读者均提供同样的观点的客体。它不是一尊纪念碑,形而上学地展示其超时代的本质。它更多地像一部管弦乐谱,在其演奏中不断获得读者新的反响,使文本从词的物质形态中解放出来,成为一种当代的存在。"㉑正因为每一部文学作品都和人类活动的其他产品一样有着一系列的特性和要素,阅读理解也就会在读者的传递过程中出现一种从被动接受到主动接受、从简单解读到审美解读的连续性变化,甚至在与阅读过的作品进行比较综合中接受其他阅读意见,构成读者丰富而充实的经验视野。由于读者的个人经验、心境、文学修养和文化背景不一样,可能导致读者角色以不同的理解方式去开悟文本的意义。这个实现的过程是一个读者选择的过程,任何一种理解的具体化都离不开具体化的背景。读者在接受作品信息的时候和自己的理解构成呼应,读者和作品之间的交流成为一个能动修正的过程,阅读理解就成了一个阅读事件。

作者往往以自己独特的审美方式在现实中寻找文学的材料或者可以加工成文学的内容,将历史、文化、道德、政治等因素凝聚于审美价值之中,在审美理想的照耀下融化成文学艺术的对象和内容。童庆斌先生反复强调:"文学的特质首先根源于现实的审美之中。文学既然是审美价值的凝聚化和物态化,那么他的特质就是审美。"㉒文学阅读唯有在审美状态中才能让读者挣脱时间的束缚,才能深刻地打动读者的人性。"如果我们把感性规定的状态称为自然状态,把理性规定的状态称为逻辑的状态和道德的状态,那么,我们就必须把这种实在的和主动的可规定性的状态称为审美状态。"㉓我们只能在审美的心境中去接受文学作品馈赠给我们的精神,在作品中获取作者的情感与个性、观念与精神,从而陶醉于审美思维的生命自由之中。

读者的自为开悟,是一种开智明理的审美思维。整个审美思维的过程,不仅表现为把审美对象情感化的感性自由,更表现为把审美对象认识化的理性自由,它是一种灵魂与自身的对话,在通向思维品质的路上不断进行着自我的超越。因为内心世界充满了期待与光明,文学阅读就从寻求理解出发向自我理解努力,因此,只有积极的文学阅读才能发现和重构文学作品独有的结构和丰富的意义,也只有积极的审美思维才能证明和实现文学阅读独到的理解和美的创造。

注：

①㉓[德]席勒．审美教育书简[M]．张玉能,译．南京:凤凰传媒集团译林出版社,2012:83.63.

②③朱光潜．朱光潜讲美学[M]．南京:凤凰传媒集团凤凰出版社,2011:19.56.

④凌继尧．美学十五讲[M]．北京:北京大学出版社,2003:88.

⑤⑩⑮⑯⑲⑳[德]汉斯-格奥尔格·加达默尔．真理与方法:哲学诠释学基本特征:上卷[M]．洪汉鼎,译．上海:上海译文出版社,2004:79.345.483.484.376.383.

⑥㉒童庆斌．文学审美论的自觉[M]．北京:北京师范大学出版社,2011:189.27.

⑦⑧[德]沃尔夫冈·韦尔施．重构美学[M]．陆扬,张岩冰,译．上海:译文出版社,2006:14.15.

⑨㉑[德]H.R.姚斯,[美]R·C·霍拉勃．接受美学与接受理论[M]．周宁,金元浦,译．沈阳:辽宁人民出版社,1987:31.26.

⑪⑱[德]汉斯-格奥尔格·伽达默尔．诠释学Ⅱ:真理与方法．洪汉鼎,译．北京:商务印书馆出版,2010:137.557.

⑫⑬储建明．视域融合:穿越时间距离的阅读理解[J]．黑龙江教育学院学报,2012,(5).

⑭[德]W.伊泽尔．审美过程研究——阅读活动:审美响应理论[M]．霍桂恒,李宝彦,译．北京:中国人民大学出版社,1988:25.

⑰[德]汉斯-格奥尔格·加达默尔．真理与方法:哲学诠释学基本特征:下卷[M]．洪汉鼎,译．上海:上海译文出版社,2004:615.

笔记二：跪学先哲

1. 尼采的话

尼采说：一个人知道自己该怎样生活，就可以容忍任何一种生活。

读到这句话的时候，一时想不明白其中的深意。

我知道自己现在的生活现状，而且，我也知道这样的生活必须用心去调理；可是，我无法从生活之中获得释放，至少，从生活的束缚之中可以求得一种自我的安慰。

朋友告诉我，你是自己的主人。是啊，一旦失去了自己，又如何潇洒地生活。

生活的意义，如果仅仅满足于身体发肤之间的感觉，那就很可能丢失了心灵的精神。其中的幼稚，往往导致找不到归属的路。

于是我说，要喜欢自己喜欢的，我是属于我自己的。

即使饱尝痛苦的滋味，也是从自己的内心深处给你带来的真实的回忆，这何尝不是另一种幸福的享受呢。

我们生活在一个需要开辟自我新天地的世界里。

有一句名言是这样的：有的人活着，他已经死了；有的人死了，他还活着。

人，不能没有依靠。这种依靠，也许是物质的，也许是精神的，最要紧的，是生活的主心骨。

一次课题评估，有一个是关于德育回归生活的主题。我说，对于德育来说，因为违背了生活，所以要回归生活，要找出其中的问题原因，可以去观察生活、欣赏生活、分享生活和创造生活。

无论生活是什么，只有快乐地修饰它，生活才不会欺骗你。

生活其实也简单,做回自己,就什么也不遗憾了。

我们常常为自己寻找生活的理由,结果把生活搞得一团糟。因为,没有正确的生活态度,又怎么能满足生活的渴望。

看到一则教学案例,说的是美国的一位物理教师讲授浮力定理。教师先把一团橡皮泥捏成一团,结果沉到了水底;再把橡皮泥捏成一只船,结果浮在水面上。在讲授完物理原理之后,老师问学生得到什么启发。学生说,每个人在生活中,都可能沉入水底或者浮在水面上,这完全取决于你的生活态度和方式。然后教师把水底的一团泥放在船上,进一步启迪学生,当你是一只船的时候,别忘了要帮助水底的别人。原来,生活的态度决定生活的品质。

不能只想到自己,而且,要有你的同伴,你的亲人,哪怕,你并不认识的陌路人。

我并不苛求生活的崇高,但是,我必须善良地对待自己的生活。

也许,吃饭是为了生活,但生活不仅是为了吃饭。精神生活永远引导着我们迈向生活的目标,那么,我们还有什么理由不把爱升华成一种慈悲和眷顾呢。

对任何人,对任何事,对任何处境,对任何经历,能不能合起自己的掌心,以心比心,彼此取暖呢?

最动听的声音,或许是最温柔的阳光。

最诗意的生活,或许是最真诚的春天。

于是,生活的意义还在于,为了当下的存在,为了将来的留念。

知道生活是啥样的,还要知道如何去生活。你想请人吃饭,可是别人并一定愿意来;你想不再沉闷,可是偏偏有许多不如意;你想驱车前往,可是轮胎瘪了漏气。一切,你不一定顺心顺意。怎么办?唯一的法子,只有你自己去承担。只有让自己充满信心,善待自己,继续尝试,说不定会峰回路转,梨花满枝,希望可能就在前面。

生活的真理,不在乎焕发灿烂,而在乎轻松自在。颓丧和消沉,只是为了说明一个事实:和生活争吵,吃亏的永远是自己。

把自己装裱起来,你欣赏一下,是不是很水墨呢?

2. "一切认识只有作为再认识才叫认识"

柏拉图说：一切认识只有作为再认识才叫认识。

我们在经历过程中，总是以认识事物为方向，以解释事物为过程，以确认事物为结果。每一次认识的经过，就成了一个过程之中的螺旋结构，翻来覆去，以至无穷。

其实这个过程之中包含着一个很重要的哲学原理，因为任何认识总是需要理解和解释的。当理解的对象进入我们的认识对象的时候，于是就发生了从陌生到熟悉、从隐然到显然、从新到旧的交织关系，既包容了过去，又突显着现在，更预示着未来。本来，认识并不可能像一览众山那样一目了然，也不可能雾里看花那样缭绕纷繁，当第一次认识开始，便必然走向一个崭新的思维和解释状态。

一种事物的诞生和发展，本身就有着不确定性。如果尚未被预见和了解，那就极有可能在后果还没有出现的时候，成为认识的终止障碍，或者说，成为一种局限性认识。

如果照着这样的思路下去，我们就会发现，所谓的理解和解释存在着同样的道理。每一次的理解和解释为下一次的理解和解释做下铺垫，在继续理解和解释的过程中发生了循环，下一次的理解和解释是对前一次的理解和解释的补充、修正、扩展、延伸，在理解和解释的对象之间产生主体视域的交叉和融合。

如果要使我们的认识不断进步，那就无论如何要继续探究和深思。再认识之后，才会有新的发现，有新的收获。人们习惯用创造来衡量一个人的成就，说到底，就是看这个人的再认识能力是否为他赢得了卓越的本领。有人能从一般的问题意识中发现特殊的问题价值，有人能从熟悉的事物关系中找到深刻的事物本质，一个很重要的结论就是，他们从普遍的世界之中进入异己的世界，并且孜孜以求，赢得了丰富的世界经验。

无论传统还是新奇的世界，一切都只在再认识之中。任何现象和事物的认识和研究，都是在一定的方法论指导下才有可能获得进展。我们在反思我们的认识活动的时候，就需要看一看是如何去认识的，如何去改变的，如何去创新的。方向和方法之间，有没有统一起来；理解和解释之间，有没有循环起来，这是一个基本的原则问题。

我们都知道，一切认识都是与历史、情景、经验和文化、地域有着不可分割的联系。如果能够在这些视域之间找到融合的点,推动研究的关系,或许,一种新的认识就会呈现出来,我们的境界也会豁然开朗起来。

需要补充一句,认识,再认识,都是需要不断历练的,否则,就会有失偏颇,甚至倒退。

补笔:谁是我们思想的使节?

每个人的生理发展过程都有一种规律,每个人的思想发展过程同样也有一种规律。

存在在人们意识之中的内容不可能仅仅是极端的片面的临时的无可控制的瞬间作业,因为一旦让意识存在起来,必定经历过斗争、矛盾、冲突、竭力撕扯和切身体验的过程。

意识为思想站稳脚跟做准备,但并不是所有的意识都可以发展成为思想。

这里不能不说关于灵魂的问题,因为灵魂常常与动机联系在一起。

最为致命的是,动机的纯粹性和复杂性、纯洁性和卑鄙性、纯情性和多元性之间的纠缠不清,在生活的长河里谁都很难让自己一如既往和一以贯之。于是,动机就会引起灵魂的混乱,灵魂不再虚无和缥缈,变得实在和明晰。一旦把握不住,灵魂就会偏离人生的初衷,有时难以捉摸,有时衰亡桎梏,有时摇摆不定,有时死灰复燃。

既然动机是一个十分关键的因素,可不可以让动机成为人生的使节呢?

动机必然会随时随地产生,随着境遇和状况的不同,动机的潜意识是无法预测的。如果没有摆正自己的位置,让秤砣发挥应有的作用,那么,动机的可变性随时会毁了你的人生,哪怕一时的左右逢源。

接下来不得不说动机与思想的关系了。有人说,思想的复杂性来源于动机的复杂性。这话似乎有点道理,谁又能否认,因为动机的不纯而锒铛入狱的必然关联呢。

问题是,思想的复杂不仅是动机的单方面呈现。每个人的思想发展史,究竟有哪些因素可以直接促成和形影不离呢。

首先,是不是每个人都能够成为思想的主体。我以为,任何人都会有思想,只不过站位的角度和层次决定着思想的高低和厚薄。不要以为老百姓就没有思想,恰恰是他们奠定了伟人们的思想基础。草根的才是本色的,本色的才是永恒的。其次,是不是每个人的思想都能够确立起来? 这是一个很难区分的问题,尤其是在思想世界里更不容易去判断。有一点似乎是可以肯定的,思想的建立必然有着一种修辞学上的概念,思想还是需要某种语词加以表述的。当思想发生犟劲的时候,也许思想发生了问题,因为思想无须偏执,只需要人们去认识和体悟。第三,是不是每个人都能够让思想一成不变呢? 这同样应该用发展的眼光来看待,毕竟思想的确立有一个过程,甚至一生都不能真正建立。但是,思想过程随时会发生变化,有谁能够一条道走到黑呢? 在复杂的生活中,单纯者以简单为快乐,辩证者以思辨为快乐。不同的人生有不同的活法,谁说得清楚谁的人生更精彩呢?

也有人说,根本问题是思想认识问题。说的就是一个人有没有一种作风的准则和为人的态度,有没有判断是非的标准。净化思想,让人生变得有意义,看来需要从源头上下功夫。源头在哪里,在人生态度上。它表现在对生活所保持的一种稳定的心理素质和基本意愿,是一种信念,一种责任,一种价值观。世界上难以回答的问题有很多,关于思想与人生的问题,恐怕只有这一个问题是最难回答的:你想怎样活着?

有一句话是这么说的:人生就像一本书,傻瓜只是走马看花地随手翻阅着它;聪明的人却用心阅读着它,因为他知道这本书只能读一次。于是,我们就难以割舍思想的使节了。因为到这个时候,我们会发现,要让自己的思想有点意义和价值,要想赢得人生的意义和价值,不单单是过好每一天那样说说就能够过得去的。

因为信念的不同,思想也就会不一样。

积极与消极、多与少、幸福与苦难、悲观与乐观,都是一个相对的词眼,不能说谁好谁坏。但是,要是把思想的使节扎根在信念世界里,动机和灵魂也就不会有啥问题了。

水果需要阳光,也需要寒露;人生需要欢乐,也需要磨难。

现在最常见的官方话是:解放思想,统一思想,或者,深化思想认识,提高思想觉悟。我想,思想之统一也好,解放也罢,全在于能不能让思想认识成为一种根深蒂固的立场信念,否则都是纸上谈兵,说说而已。

找到了思想的使节,就能找到人生的方向。

3. 美、艺术与人生

　　什么是美？每个人都有自己的解释。毕达哥拉斯的美是事物本身的美，苏格拉底的美是事物适合使用者的美。前者是自在之美，后者是自为之美。前者是绝对之美，后者是相对之美。而柏拉图则认为，美是理式。美的理式具有永恒性、绝对性、先验性和相对性。亚里士多德否认理式的孤立存在，承认现实世界的真实性，在事物本身中寻找美的根源。他认为的美产生于数量、大小和秩序，

　　我国蔡仪先生的典型说、李泽厚先生的客观性与社会性的统一说、朱光潜先生的主客观统一说成了三种美学观的代表。阅读一些名家名说之后，在美的认识上不是越来越清晰，而是越来越糊涂。作为一个美学门外汉，我也曾多次以审美精神等话题谈论语文学科精神，可是在接触到基本美学观的时候却常常一筹莫展和束手无策。

　　在我看来，美首先是一种自然而然的事物现象。青山绿水是美的，姹紫嫣红是美的，小桥流水是美的，看得舒服就是美的。这种美是一种意识形态的美，是从自然之中产生的美感之美，所以，说是自然之美，其实是意识之美，只要说出来是美的，那么就是一种主观意识的美。但是这种美往往是生态的，是客观的，是自然存在的美。其次，美是一种巧夺天工的艺术创造。赤身裸体可以是一种美，锦帽官衣也可以是一种美，后者是一种修饰之美、创作之美。文学、书法、美术、音乐、雕刻、建筑之美，更多的在于移情于物，以语言、线条、浓淡、色彩、旋律等等的表现来书写作者的胸臆和精神，于是物我同一，诞生了艺术之美。第三，美是一种"不

用之用"的人生作品。无论是非善恶、崇高卑劣、愉快悲惨，都是属于一种精神世界的审美命题，是人生世界的艺术情趣和生命价值的解读。即便是悲剧命运，同样有着悲剧快感，祥林嫂、阿 Q、于勒、葛朗台，一系列悲剧人物的身上，无不镌刻着美学情怀，有着别样的生命意蕴。能够体味生命意蕴的人，必定是有着丰富情感世界的人，是懂得美的人。

执着于生命意蕴的人，他的生命也必定是本色的生活，是至情至性的生命艺术。不是生活没有诗意，而是没有诗意生活的情操。真正的存在，必定是以诗意栖居来抵拒刻板和碎片的生活，因为人不再是一种冷血动物。

外在的自然山水和内在的自然情感相互交融和谐渗透，可以造就不一样的人生。为什么净化可以升华，为什么观照可以快感，为什么破涕可以为笑，一切属于精神世界的美感可以喧泻和涤净不良习性，可以改良和治愈精神的病患。艺术的美感作用是巨大的，对美的探索可以导致真理的发现，可以获取哲理的启示。所以，美学是愉悦的源泉，是源于生活又高于生活的诗。

从感觉的美到知觉的美，从现实的美到抽象的美，美感和艺术在微妙的想象和联想中生成。李泽厚先生对内在自然的人化和外在自然的人化进行了辨析。"内在自然"指人的感官以及情感、需要、欲望等，"内在自然的人化"是指在社会实践过程中，生理性的、动物性的内在自然变成人的内在自然；而"外在自然的人化"指人在长期实践中改造了的自然，是创造之后的自然世界，是打上了人类烙印和力量、智慧之后的自然。前者是美的本质，后者是美感的本质。漫长的社会实践所积累下来的文化，必然是长期审美经验积累的结果。

人生似乎与艺术无关，现实有着太多的无奈。然而，没有了审美的愿望，没有了欣赏和尊重，没有了崇高和伟大，那么一切都会黯然失色。对于人生，对于社会和自然，如果没有了真善美的态度，怎么可能享受得了自我的人生，更何况与之密切相关的社会和自然呢。朱光潜先生"以出世的精神，做入世的事业"，那是他为人和治学的最基本的原则，我们在景仰的同时是否感到无比的羞愧？我们确实很难做得到，我们确实也就是天地之间一凡人，可是，我们能不能稍稍用审美的眼光去寻找美呢？去感受和享用美的世界呢？哪怕一丁点，也是受用的啊。

《红楼梦》中妙玉问宝玉：你从何处来；黛玉"葬花词"说：天尽头，何处有香丘？一个问生从何处来，一个说死到何处去。人生三部曲：过去（诞生），现在（生活），未来（死亡），我们从哪里来，我们是谁，我们到哪里去。对生命的考量，不就是人生的艺术吗?

"美不自美,因人而彰。"柳宗元没有说美学到底是如何的深刻丰富,但是这八个字却是审美的精华。每天都能澄怀味象,何愁达不到心灵愉悦的境界?

《美学十五讲》,一本普及美学常识的著作,作者凌继尧,东南大学艺术学院教授、博士生导师。

4. 审丑情结与艺术

在文学作品中,有一类作品描绘的对象特别引人注目,然而却往往很难进行阅读着的"审美"。比如闻一多的《死水》,以一个死水潭为对象来渲染和批判现实的丑恶。

初读的时候,虽说有非常强烈的情感和非常独特的想象,却好像并没有给读者以美的形象和美的激情。但是,再读的时候会发现,这些"绝望的死水"有时候会发生联想上的变化,"也许铜的要绿成翡翠,铁罐上锈出几瓣桃花。再让油腻织一层罗绮,霉菌给他蒸出些云霞。"奇特而微妙的变化构成了一种双重的联想和正反的交织,原来这样的句子同样可以表现美好的情感,同样可以写得很浪漫。

以丑为美,审丑艺术成为审美艺术的一个崭新的阶段。

丑普遍存在于自然、社会和艺术领域,是一种特殊的审美对象,它唤起人们一种否定性的审美体验。以丑为美,从丑化到美化,写丑恶,然而写得很美,这是一种非同一般的文学艺术。

情感需要感动,也就是先要情动,再要感动。许许多多的文学作品成为抒情作品,就是因为有了真情实感。即便写的是丑恶的现象和生活,丑恶的人类和自然,也充满着作者真挚而深沉的情感思想。

然而,我们确实读到一些作品,作者没有去美化和诗化对象世界,没有用现实的情感来打动读者,而是大胆假设不动情感甚至采用冷漠和无情的手段去书写作品,本来并不丑陋的对象却成了丑陋的事物,于是,丑并不重要,关键是无情的丑陋,无动于衷,极端之丑,这个时候,审美领域之中就多了一个名词:审丑艺术。审丑成为人类心智成熟时期对自身活动结果进行审美的有益补充,是一种无情之丑,艺术之丑。

小说《红高粱》之中,其独特的艺术特点表现在美与丑、高雅与粗俗的掺和与对立。莫言抹平了崇高与卑鄙、高雅与下作、美丽与丑陋间的界限,将畸形掺入优雅,兽性合进灵智,肉体赋予灵魂。小说之中的屎、尿、尸体乃至活剥人皮等等直接诉诸文本,在莫言笔下,审丑已经成为挖掘和展示民族劣根性的一个重要手段。所以,有评论家说,莫言以敏锐的艺术感觉痛快淋漓地描绘丑陋、肮脏与邪恶,并通过艺术途径化丑为美。

《官场现形记》之中的社会丑恶现象,《三国演义》中火烧赤壁死伤无数的惨烈场面,《金瓶梅》中的西门庆无恶不作而步步高升,《阿Q正传》和《狂人日记》之中的民族劣根性等等,这种审丑潜流弥漫在作品之中。曾经的伤痕文学,后来的寻根文学,都有着审丑的内涵和情结,残雪、余华、苏童的小说世界里,充满着独立的丑恶的现状。读过《妻妾成群》,印象中许多的女人"吊死"在一个男人的脖子上。还有《许三观卖血记》,血淋淋的现实遭遇让主人公的命运坎坷起伏。

高中课文《今生今世的证据》是精神流浪者的反思,刘亮程的情感深藏不露,而在他的笔下所描绘的村庄和家园已经今非昔比,现代进程和传统文化的矛盾已经日益尖锐,奇特的乡愁在废失的家园面前无能为力。

长期以来,人们把丑恶排除在审美范畴之外,其实是一种误读。文学作品之中的审美艺术,丑恶现象常常以本真和极端的形态走入视线,作者与读者之间构成了一种虚拟而假定的境界,形成另一种默契。其实,丑化是一种表层现象,它是另一种深化和美化,以丑衬美,化丑为美,从自然丑到艺术美,这是文学艺术的另一种风格。

审丑能够帮助读者更完美地审视作品和明辨社会,更透彻地反省自己和反观现实,审丑其实也是审美,它让审美走向了全面和深刻。

5. 让孩子自己教育自己

1912 年,玛利亚·蒙台梭利的《蒙台梭利教学法》在学前教育和小学低年级教育掀起了革命。儿童应该自己教育自己,而不是像传统意义上的由教师来教育孩子,这种教育观成为蒙台梭利教育法的思想基础。在采用这样的教育法的课堂环境中,老师给学生提供大量的材料和活动,学生通过与材料、教师和同伴的互动,自由探索事物之间的关系和意义。蒙台梭利认为,课堂的结构和秩序只是保证学生自由学习的手段,在教学中,学生是比教师、学校以及学校管理更重要的基本元素。蒙台梭利说过:"学校应该是学生自由享受生活的地方。""新式学校不应该只是传递科学知识;它应该以让学生过上更幸福的生活为目标;当一个个美好的生命在老师眼前铺展开去时,老师才会获得真正的快乐。"

杰克·坎菲尔德是美国著名儿童心理学家。他有一次谈到教育孩子的问题时,讲了三个故事。

第一个故事与他的女儿有关——有一次,他和妻子、女儿一起出去吃饭。席间,7 岁的女儿碰翻了装满饮料的玻璃杯。她自个儿把桌子擦干净后,说:"爸爸妈妈,我真想对你们说一声谢谢,因为你们没有像别的父母一样。我的朋友如果犯了这样的错误,他们的父母就会对他们大喊大叫,批评他们做事如何不小心。你们没有这样做,谢谢你们。"

第二个故事:一次,他和几位朋友聚餐。席间,发生了相同的事情。一个朋友5 岁的儿子碰翻了一杯牛奶。孩子的父亲正要出语指责,杰克见状赶忙也故意碰翻了他面前的酒杯。他一面收拾残局,一面自嘲,说自己已经 48 岁了,还是这样不小心,仍然有把东西碰翻的时候。那孩子在一旁露出了笑脸。孩子的父亲也领会了杰克的意思,收住了未出口的指责。

有时候,大人们的确容易忘掉,人生本来就是一个学习的过程。这两则故事中的大人知道,对于成长中的孩子来说,没有所谓的"犯错"、有"经验"。成长是一个"错了再试"的过程,"失败"的经验和"成功"的经验一样可贵。

第三个故事是有关科学家斯蒂芬·格伦的。近年来,斯蒂芬·格伦在医学领域的多个方面均有重大突破。当采访他的记者问,是什么让他具有了普通人不及的创造力时,他提到了他幼时的一段经历:

那天，他从冰箱里取出一瓶牛奶，取出后刚走几步就失手将奶瓶掉落在地上，顿时厨房里狼藉一片。

他的母亲闻讯而来。然而，她没有发火，没有说教，更没有惩罚他。她说："哦，我从来没有见过这么多的牛奶洒在地上，真是有意思啊！好了，反正已经洒在地上了，在我们收拾干净之前，你想玩一会儿吗？我想，玩牛奶说不定也是很有意思的。"

他真的就玩起了牛奶。几分钟过后，他的母亲说："牛奶是你洒在地上的，也应该由你来收拾干净。现在，我这儿有海绵、抹布和拖把，你想用什么？"他选择了海绵。他们一起将地上收拾得干干净净。

接着，他的母亲又说："刚才你拿牛奶瓶失败了，这说明你还没有学会如何用一双小手搬一只大奶瓶。现在，我们到院子里去，我们在一个瓶子里装满水，看看你能不能发现一个很好的搬运方法，使瓶子不会掉落到地上。"他通过反复实验，知道如果他用双手捧住靠瓶口的地方，瓶子在搬运过程中就不会掉下来。这是多么生动而又内容丰富的一课啊！

这位著名的科学家后来回忆说，正是从那个时候起，他明白他无须害怕犯错误。错误往往是学习新知识的开始。科学难题也是经过一次次错误之后最终找到正确的解决方法的。

三个小故事，三种教育的智慧，从"冷淡"地面对孩子的"错误"，到为"错误"解围，再到把孩子的犯错误转化为一次很好的教育契机，这都是在对孩子宽容同时的"爱"。

孩子怎样成长？应该摸索着爬行的啊。孩子在有些方面的理解是不完整的、不准确的，但这不应该是孩子的错，我们应该给他多些谅解和宽容啊！好好学习第三个故事中的妈妈，把孩子"犯错误"过程中的消极因素转化为有利的、积极的因素，多给孩子一些大胆尝试、完善自我的机会，使孩子发生"错误"后获得的不是紧张甚至挨骂，而是在纠正错误的过程中亲历知识生成的经验。

心理学家认为，好奇心是由新鲜事物引起的一种注意，是对外界新鲜事物的探究及反射，提出问题是思维活动的起点，而人的思维活动则是在外界事物的刺激下不断地提出问题、解决问题的过程。随着孩子年龄的增长，他们的阅历也得到逐步的增长，思维能力也提高了，提出的问题也日渐复杂化了。

对孩子的教育,夸奖孩子的好奇心,有助于孩子的想象力和创造力的培养。威尔·卡特在校时候,经常趴在地上聚精会神观察蚂蚁搬运饭粒,有时候还会把一只蚂蚁怎么样一只蚂蚁又怎么样告诉父亲,父亲就会夸奖他观察得很仔细。

老卡特常常把小卡特引向大自然去观察花鸟虫草、阴晴雨雪、满天星星、闪电雷鸣等,保护孩子的好奇心,给孩子带来了无穷的乐趣。

有一天,朋友来家中看到小卡特画的苹果是蓝色的,就问他"画的是什么",回答说是一只大苹果。朋友于是问"可是为什么是蓝色的呢",小卡特说"我认为应该是蓝色的"。于是朋友希望老卡特告诉孩子苹果不是蓝色的,老卡特认为,为什么要告诉他是红色的呢,而且认为画得很好啊,以后说不定真的会栽培出蓝色的苹果呢。

孩子的创造力就是在这样的过程中培养起来的。幼儿的生活充满了情趣性,丰富多彩的大自然是世界上最好的老师,面对大自然和社会中的各种事物和现象,我们要积极引导幼儿去观察、发现、感受、比较、分析、探究,从而获得丰富的情感体验,要抓住孩子的兴趣点,拓展课程的活动范围,让孩子主动参与活动,激发孩子想学、想知道的学习欲望,真正让兴趣成为学习的动力。

耶稣说:"你们如果不回转,变成小孩子的样子,就一定不得进天国。"帕斯卡尔说:"智慧把我们带回到童年。"孩子赤子之心的坦诚、天真、直率……都是我们求之不得的财富。

没有尊重就没有教育。

如果你不能走近孩子,你就不可能成为孩子的朋友。

孩子们喜欢孩子般的教师。

孩子的优势有两点:一是父母自以为的不成熟,如孩子的童真,原生命形态中尚未受到污染的美好品质;二是孩子的成长性,特别是那些符合时代精神的成长。

在现代社会,父母和教师已经不再是知识的权威了,孩子可能每天都会发布一些新知识和新信息,孩子可能会为家庭和幼儿园带来全新的文化风貌,而这些对于成年人来说可能很陌生。与孩子的创新意识和创新精神比起来,父母和教师显然有很大的差距。

我们除了给孩子提供宽松的、和谐的、能让孩子最大化的发展的学习环境之外,我们还应向孩子学习,学习他们独立思考、发散思维和对知识的追问,保持对事物的敏感和好奇心。

让我们的精神世界更丰富,让我们的生命过程更多彩。

6. 一本关于正义与民主的书

曾经接到羊小卞校电话,说是有次课题开题的时候,我推荐了一本《被压迫者教育学》一书之后,学校领导高度重视,在短时间内筹集到了已经很难找得到的这部著作,人手一本。在感慨羊小的教改热情和学习风气之后,便接受了卞校和教师们一起解读这本被誉为"被压迫者的教育圣经,真正革命的教育学"著作的任务。

大概 10 年前,一次偶然的机会我购得了巴西教育家弗莱雷的经典教育作品《被压迫者教育学》,以后的一段时间内我的一些论文引述中常常出现书中的句子,这本书对于本人进一步理解和发展新课程理念有着不可替代的作用。尤其是关于民主、尊严和自由的教育观,以及在课堂上如何运用提问教学开展平等对话,丰富了我的教育认识,也启迪了我的教育智慧。

在重新捧读这本著作的时候,我有了更新更多更丰厚的了解和体会。我发现,许多原先看不懂的内容开始清晰起来,特别是本书关于人性化的思想,在阶级社会中的具体阐述尤为令人惊叹。本书开篇第一句话:"从价值论的观点看,人性化的问题一直是人类关注的中心问题,现在它更是具有难逃世人关注的性质。"一下子将本书的一个中心问题暴露了出来,弗莱雷认为人的使命就是要追求人性化和人道化,只有这样,人们才能逐步完善。紧接着,弗莱雷明确指出,有人性化,就有非人性化。他认为"非人性化是对人成为更完美的人的使命的扭曲",也就是对人性化的使命的扭曲。"虽然人性化和非人性化是两种确实存在的选择,但只有前者是人的使命。"

弗莱雷的整个教育理念都是建立在他的人性化思想基础之上的。他针对压迫和被压迫者之间的关系,鲜明地提出了意识化概念。只有通过唤醒人民(被压

迫者)的觉醒,使他们认识到自己在创造历史与发展过程中的主体性,才能最终获得人的解放。

被压迫者的教育学根基是为自身解放做斗争的人的教育学。弗莱雷提出,被压迫者的教育学必须伴随被压迫者在长期争取重获人性的斗争中一起锤炼,而不应该是替被压迫者锻造好。让被压迫者在斗争中反思压迫及其根源,以投身于争取解放的斗争。由此,解放被压迫者的唯一有效手段是人性化的教育学。

那么,怎样才能使被压迫者批判性地意识到灌输式教育所存在的问题呢?唯一的途径是,摒弃灌输式教育,代之以提问式教育。所谓提问式教育,就是否认人是抽象的、孤立的、与世界没有关联的,也否认世界是脱离人而存在的现实,师生双方处于一种对话的关系之中,从人与世界的关系出发,针对现实中的问题,共同反思,共同采取行动,以达到认识世界、改造世界的目的。

"教育必须从解决教师与学生这对矛盾入手,通过调解矛盾双方,让他们同时互为师生。"对话是教育走向解放的最终落脚点。弗莱雷指出,教育应该具有对话性。对话,不仅仅是交流、谈话。它的精髓在于它的构成要素:反思与行动。"这两方面相互作用,如果牺牲了一方——即使是部分地牺牲——另一方面马上就受到损害。"反思被剥离了行动,对话只会是空话、废话;行动被剥离了反思,对话只会是行动主义。在这两种情况下,对话都不可能实现,教育也就不可能走向真正的解放。

"对话,就像是不同的人在命名世界时相遇的那样,是获取真正的人性化的基本先决条件。"对话教学宣示了教育作为实践自由与解放的可能性。

关于对话理论,这是弗莱雷在书中的又一个重要的教育理念。对话,作为一种与灌输式教育相对的教育方式,不会自然而然地产生;对话,作为一种手段,必须服从于意识化的目的,即培养人的批判性意识。对话是一种创造行为,不应成为一个人控制另一个人的狡猾手段。但是,对话的展开,并不是一件容易的事情,需要一定的条件,即爱的倾注、谦虚的态度、对人的信任、充满希望以及进行批判性思维。对话的目的,是对现实进行不断改造,是为了人的不断人性化。没有了对话,就没有了交流;没有了交流,也就没有真正的教育。

阅读《被压迫者教育学》,有一个道理让人惊醒:"解放就是生育,而且是痛苦的生育。"正如袁振国老师的评价一样,"这本冠以教育学的著作并没有我们熟悉的教育学体系和概念系统,它不是一本一般意义上的学科著作。这是一本关于平等和正义的书,是对处于社会不利处境的人们的悲天悯人的关注,是平等和尊重地对待每一个人的生命呼唤和勇气奉献。"

本书探讨了两套文化行动理论,一是压迫者为了压迫需要的压迫文化行动理论,二是被压迫者为了获得自由需要的一套革命文化行动理论。进而延申出两种教育理论,压迫者以巩固统治为目的的压迫教育理论,革命者以人的解放和自由为目的的解放教育理论。

"被压迫者的教育学"的目标就是解放人民,使人民获得自由。这一主题贯穿全书。在我们的常识里,所谓的"解放"首先意味着革命,意味着暴力,但弗莱雷显然认为这是不正确的。在他看来,通过"暴力"而达到的并非解放,而是另外一种形式的压迫与被压迫关系,只有通过教育才能达到互相解放。

书中对储蓄教育观的灌输行为做了深入的剖析,相应提出的提问式教学表明了解放教育观的深刻内涵。根据弗莱雷的"解放教育观",教育目的是要使人觉悟,要具有批判的意识,要学会学习,学会思考,从而获得"解放"。所以,在"新课改"的今天,同样需要认真学习和领会20世纪70年代的这部当时作者还活着就已经被列为经典的作品。

为了和老师们一起探讨的问题相对集中一些,所以我设置了四个交流话题,一是作者简介,二是作品分析,三是重点问题,四是重要启示。重点剖析作品之中的关于人性化、被压迫教育根源、被压迫教育、教育的解放、对话行动理论,从而让大家对作品有一个比较完整的认识,便于深入阅读和思考。

如果需要进一步读懂和读透《被压迫者教育学》,还需要时间和精力,更需要学问和修养。共勉。

7. 意义与意义阅读

意义是人生的一种精神。

这是一个具有现实意义的命题,也是一个具有挑战意义的话题。其根本在于,意义对于每一个人来说,就是一个信仰和宗教的问题。

意义于人生,是一种方向和精神。在漫漫长路中,要是迷失了方向,失却了意志,丧失了前进的动力,再强壮的身躯也会轰然倒地。我们在为自己面对的对象和事物赋予含义的时候,就是在告诉自己,我应该怎样去活,我必须活在一个怎样的意义里。

这个意义往往是一种思想的表现，可能存在于一种摸得着和看得见的事物。正如伊瑟尔关于读者角色问题阐述的那样，"意义是一种不具有自身实在性的现实，它有待于感知的实现"。当我们从文本的精神形象中获得认识的时候，读者的意义也就在理解阐释之中产生了。

意义阅读的产生过程是通过认知和转化过来的经验，当面对陌生的文本时候，先前的阅读经验自然成为一种参照背景进入阅读过程，读者的角色以自我的方式（取决于个人角色或历史角色）去完成和文本的对话，在问题之中寻求解答，在选择之中获取信息，自觉地将新经验纳入到自我的知识结构之中。

"真实的读者若牺牲自己的信仰，就意味着失去整个历史规范与价值，并失去作为生成与理解的先决条件的张力。"虽然文本具有作者的观点，有着设定的角色制约，但是不可能完全改变读者的阅读经验，因为读者应该具有自己的信仰。只有当在理解活动进行的过程中不断使用读者经验和文本提供的观点去交流的时候，才会组合出新的阅读意义。

作为一种意义阅读，其实是两种读者角色之间的演化和融合。一是作为文本结构的读者角色，一是作为结构活动的读者角色。前者代表着作者创作活动的组织过程中所构成的独特的材料世界，这种艺术世界的构成方式展现了作者的观点；后者代表了读者阅读活动所表现的积极的参与和响应，是将作品的意义不断形成并产生读者意义的具体化表现。

作者创作文本的时候，常常有着一种预期，暗隐着一种结构，它期待着接受者的出现，但是又没有去解释它。于是"暗隐的读者"就自然而然地预先结构了每一位接受者的角色，设置了一个召唤反应的结构。当真实的读者试图去接受文本的时候，就暗合着两种角色的阅读活动，在不断占领有利地形的过程中将不同的阅读视点加以结构和组合。

说到这里，我们就会联想到一个事实，原来阅读过程是产生阅读意义必须经历的一种理解活动。那么，人生的意义自然必须在人生经历之中去加以辨识和确立。

寻求人生的意义是需要哲学的头脑和宗教的情怀的，是需要怀着一颗虔诚的心灵去创造和享受的。阅读的意义由读者去发现，人生的意义由自我去定义。生命本无意义，进化才有意义。生活就是意义的源泉，热爱生活就会产生意义的动力。在失去一切的时候,也不要丧失生命的希望,活着就会有机会。

在为自己圈画意义的时候,我想,还是需要澄清一下意义阅读的原理。"同一文本的不同意义出现于不同时间,第二次阅读与第一次阅读会产生不同的效果。"作为文本的读者不仅需要独立于自身的历史环境,而且需要有很强的现实参悟能力。很多读者意义不可能一蹴而就,也总是在发展过程之中。一次次的阅读会发现一个个的问题,在问题阐释中逐渐建立起新的意义。人生意义同样如此,一个知道为什么活和怎样去活的人是不会因为某一个困惑或纠葛而止步不前或望洋兴叹的,在实现意义人生的旅途中常常是在颠簸中明白,在动荡中明晰,这才是意义。

既然如此,那就一遍遍去阅读人生吧,用自己的理解和阐释来赋予生命的意义。

补白:在很多很多人迷失、迷惑或者迷惘的时候,最需要安静下来做的一件事,就是不要怀疑自己,更不要怀疑自己的信仰。

文献来源:伊瑟尔著《阅读活动——审美反应理论》。

8. 谈谈理性与非理性

(1)关于理性与理性文化

理性是一种精神属性,是一个相当含混的概念。

"人是理性存在物",强调的是人与动物之间相区别的"精神特质"。马克思哲学意义上的"理性"是相对于"感性"而言的认识层次,从感觉、知觉、表象之上提升为概念、判断、推理的认识阶段。所以,理性是一种以理性方式构造世界的认识方式,是一种对经验事实的确认,也是一种带有否定性的批判精神。

理性文化是一种理性主义文化,理性主义崇尚理性,强调理性作用,具有独立的不受环境影响的理性原则。科技文化和人文文化是理性文化的基本内容,科技文化和人文文化的发展是它的基本形态。由于理性文化开启了思想启蒙与人的解放的思想道路,使人的本质力量得到了充分的确证。

理性精神包含:纯粹理性、实践理性、分析精神和实证精神。

要注意的是,如果由于工具理性的泛滥会置人于"理性的非理性存在"的荒谬困境,价值理性一旦湮灭,人便会丧失批判与超越之维,其结果将导致一个病态社会。科技理性的膨胀也会导致异化并引发危机,因为虽然科技本身并无善恶,但是一旦被邪恶利用和占领则会助纣为虐。

(2)关于非理性与非理性文化

非理性否定人的理性力量,宣扬意志、直觉和盲目的力量。

非理性主义否定或限制理性在认识中的作用,它往往将理性用直观、直觉、本能等对立起来。叔本华宣扬意志的力量,断言意志高于认识,意志是第一性的、最原始的因素,是主人;而理性是第二性的,是仆人。人的本质不是理性,而是意志,理性和科学不适用于道德范畴。尼采同样宣扬"权力意志论",鼓吹非道德主义。还有柏格森也宣扬直觉,否认道德规律的客观性。

霍尔在《超越文化》中说:"应对和解释自己和他人身上的非理性并不容易,因为非理性似乎是生活固有的一部分。"他把非理性的形式表现分类为:情景性非理性、语境性非理性、神经性非理性、官僚主义的和制度性的非理性、文化性非理性。虽然我们难以掀开文化过程的面纱,但是人离开了文化也就会成为废人。

非理性的人拥有非理性的力量,而且会有一种积极的力量,这是不可否认的事实。知足常乐,将引出相对论的真相;锚定作用,将产生持续效应;当有了明确的目标和限制之后,能够对任务加以了解而克服拖沓行为;有时候高价意味着更优质。

非理性主义的基本特征是:一是具有强烈的人本主义倾向,以人的本质、人的生命、人的存在为本体,把人看作是哲学的核心问题;二是反对理性至上的理性万能。

(3)关于要理性还是非理性

人是在理性与非理性之间左右摇晃的动物,没有绝对的理性与非理性。

理性是在人类经过审慎思考后(以判断、分析、综合、比较、计算等方式加以推理),推导出结论的一种思考方式,它可以使人类摆脱思维的混沌状态,进入一种澄明的境界。因此,理性的意义在于通过对自身存在及超出自身却与生俱来的社会使命进行负责,去粗取精、去伪存真、由此及彼、由表及里,按照事物的发展规律去发现真理。

很多时候人处在理性状态,能够控制自己的欲望和本能;然而,我们在面对具体的事物和处境的时候,内在的非理性意志往往会冲破理性的约束和禁锢,支配和左右我们的思想和行为。

　　从总体上说,非理性主义是精神危机的哲学,但它把人作为研究的主体和主要内容,高扬主体性,在某种意义上体现了现代人的意义和精神,具有积极的意义。意志对于人的认识和精神是一种重要的推动力量,而且这种丰富的感性动力往往是具有创造力的,它是人类的灵感和创意的源泉。爱因斯坦特别重视想象力,认为想象力比知识更重要,同样说的是非理性的力量。因而,在认识活动中,理性与非理性是相互联系、相互作用的,纯粹的理性与非理性都是不存在的,理性原本就是建立在情感、欲望等非理性因素的基础之上的,偶然爆发的灵感是长期理性思索的结果。同样,想象力再有创造性,如果理性原则一旦过度也会禁锢思想,失却重心,没有严密的逻辑推理是形成不了科学的创作和科学的结论的。

　　既然认识是有理性和非理性工作的作用产物,那么我们没有理由一概而论理性与非理性的力量。正如左右脑的分工一样,科学与人文、理智与情感、数学与艺术之间并不可以绝对地割裂。我们在有目的、有计划、有秩序的过程之中无不渗透着预见、导向、调节和激励的非理智作用。要注意的是在这个过程中非理性的抑制、冲动、偶然和盲目性,一旦出现这种情况需要理智地分析和判断,深刻地反思和引导,纠正偏差和失误,朝着正确的方向迈进。

第三章

教学改革论

第一节　阅读教学碎片化的问题分析与对策建言

　　当前中国社会传播语境下有一种"碎片化阅读"现象,它将原先较为完整的东西拆散成诸多零块,通过零散的时间和零散的方式进行阅读,是在信息传播进入网络时代之后整个社会生活被碎片化或者多元化之后的一种表现。近年来语文课堂上的阅读教学活动也流行一种阅读教学碎片化的倾向,主要表现为教师在处理文本的阅读理解过程中,自觉和不自觉地采用片段阅读、关键词句分析等手法,以对文本内容的切割肢解和松散对话为主要特征,小角度,大容量,快节奏,表面追求一种自由活泼、灵动生成的教学方式,实质造成一种随心所欲、众说纷纭的教学结果。阅读教学碎片化不管是否受到了社会传播发展的影响,至少已经直接冲击和影响着阅读教学的价值取向和行为能力,我们不得不冷静下来思考和分析这种现象所表现的问题情况,寻找合理和有效的对策去正视和改革语文阅读教学。

一、阅读教学碎片化的问题分析

1. 以偏概全,缺乏整体的解读意识

　　一位青年教师执教泰格特的短小说《窗》,课上重点探讨品析小说中的两个人物形象,让学生们任选一位病人说说自己的看法,最后聚焦到"躺在靠窗病床上的病人的美丽的谎言引发的结局为什么却不美丽"的话题。学生们以结论性话语表达自己的基本理解,或贪婪、狭隘、不通人性,或善良、高尚、心胸宽广,缺少了一种整体观照和分析的能力,结果教师在这种左右为难的情况下竟然归纳出一个结论:美丽的谎言的出发点是美丽的,希望激发起对生活的向往;但是无形当中导致了另一位病人的嫉妒,所以这样的方式并不美,甚至板书了"选择正确的方式"。是教师尊重学生的顺势而为,还是教师本来就存有这种思想认识? 这样严重的教学失误会造成什么样的阅读后果,其走向实在令人担忧。追究这种教学问题的原

因,根本的症结就在于没有认真梳理和深入剖析文本的前后内容,缺少对文本精神整体性的把握和深入的体悟。

笔者在这里无须多谈《窗》所揭示的美与丑、善与恶之间的人性较量,也无须多说小说最后呈现的一堵墙以及那简练到极致的标题的含义;只想说,如果教师能从不变的"窗外之景"和可变的"内心之景"的角度去打通小说的脉络,去剖析人性内心世界的矛盾和斗争,去认识人性的现实和真实,或许可以看到小说作者匠心独运的艺术魅力,可以避免因为碎片化的教学而导致的误读现象。虽然我们现在并不提倡一板三眼地进行结构分析、主题辨析和风格解析,虽然我们也提倡一课一得、集中目标和重点突破,但是,阅读教学如果脱离了文本整体的阅读思维和过程,没有对教学内容加以具体化和本质化,仅仅一味凭借着孤立和片段的语言文字的本身进行断裂的、抽象的、苍白的解读,是很难对文本三昧获得清楚、明白的认识和理解的,也就很难在阅读中发现自己、检查自己了。

2. 胡言乱语,忽视文本的深度解读

这方面的例子不胜枚举,最典型的是阅读《愚公移山》,质疑愚公为什么不搬家;阅读《背影》,指责父亲不遵守交通规则。另外还有,教学《哦,香雪》一文,学生认为香雪和《项链》中的玛蒂尔德一样有着爱慕虚荣的心理;教学《鲁提辖拳打镇关西》一文,学生提出鲁提辖以恶制恶的做法是不遵纪守法的表现,不应该受到正面描写和歌颂;教学《最后一课》一文,学生怀疑韩麦尔先生以前是一个不务正业、不负责任的教师;教学《荷花淀》一文,学生反对水生"痛痛快快地死"的说法,觉得这是浓厚的封建思想把女人的贞洁看得比什么都重,诸如此类在阅读教学中出现的种种偏差甚至误读,一方面是在鼓励学生大胆发言、积极参与教学活动时涌现出的课堂活跃现象,一方面又是因为打着个性阅读、多元解读的幌子随性阅读莫衷一是的平面化泛读化结果。

阅读教学确实需要改变传统阅读的一元性和封闭性,寻求多层面多角度的开放性和多元性;也确实需要尊重学生的主体意识,鼓励学生阅读理解的自主性和建构性。然而,阅读理解的过程首先是作者作品个性的理解过程,是基于作品意义和精神的个性阅读,绝不是那种随着读者意志的片面化的节外生枝或者主观判断。如果没有沉潜到作品的语境深处去深刻思考,如果没有在感受中内省在理解中发现在心灵中对话,那就只能满足于表面的七嘴八舌东拉西扯的课堂气氛,只能失去了理性的沉静而牺牲了自己的真正个性。

3. 浅尝辄止,麻痹生命的价值取向

某重点中学在一次全国性的语文公开课活动上以《大地重现》同课异构,其中一位教师设计了整体感知、语段品读、写法探讨、思考质疑和拓展延伸五个环节。表面看涉及文本阅读的方方面面,有一个比较系统的教学方案,好像不缺整体阅读和读写关联,甚至还质疑了 20 世纪 90 年代的欧美文学思潮,并拓展了许多文学名家的阅读名言,但是这种阅读教学仍然逃不脱模块碎片的窠臼,一堂课时间这样庞大的容量又怎么可能将文本精神化解到学生的阅读精神上去,蜻蜓点水走马观花的结果只能是浮光掠影一闪而过。

阅读教学碎片化比较注重感官刺激和实用主义,有时侧重于语言形式与人文内容的分割式教学,或无法摆脱形式的束缚走不进内容,或干脆停留在内容里面出不来。阅读教学在文本世界、现实世界和虚拟世界之间游走不定,而快餐式布点式的教学常常顾了这头顾不了那头,面面俱到却什么也得不到,掩盖了阅读对话的方向性、深刻性和批判性,剥夺了学生思维、想象和创造的空间,无法给学生带来对社会对人生的严肃而深邃的思考,一定程度上降低和限制了学生阅读的价值选择和生命质量。

二、阅读教学碎片化的对策建言

1. 迅速抓住关键词句,实施小主题教学

语文特级、课改新星王君老师在示范教学莫怀戚的《散步》时,从"写人技巧""写景作用"和"文字风格"三个方面的"文本特质"组织学习活动,紧紧抓住了"我们""田野""散步"三个关键词展开聊读式教学,不动声色地将语感培养融合了进去。其间在为妻子设计一句话来对应"我"建议"走大路"的时候,充分调动学生的生活体验和文本感觉,在学生生硬作答的情况下,及时提醒学生琢磨文中"妻子呢,在外面,她总是听我的"的言外之意,正确处理"我""妻子""孩子"和"母亲"之间的关系,终于让学生说出了"妻子说:'这回咱们走大路,下回走小路'"这一文中没有说出来的话。不难发现,教者采用主题型文本教学的形式,在主题理解和语言学用上突出教师主导的教学方式,为学生的语言鉴赏和语言训练提供积极的服务。

阅读是从语言文字之中获得信息和建构意义的心理过程,阅读教学通过读者与文本之间的对话交流去探求文本的意义、体验文本的思想、获取文本的精神。

需要在阅读教学中确认的教学目标有很多,但是,如果能根据文本的特点和教材的编排将之具体化和明确化,阅读教学的切口就容易集中和把握,教学过程中更容易让学生产生新鲜感和兴奋感,轻松地进入文章的语言信息之中。一个非常有语文味的阅读教学设计,只有紧贴文本的语言环境,找出值得品味和回味的关键性语言,才能调动丰富的情感体验,在文本的语言世界和读者的生活世界之间形成一种特别的交往和共融的状态。这样的阅读教学可以开启凝固在静止状态的语言之门,感悟文本语境内含的魅力,拥有语言的美感和厚重的文化底蕴。

2. 充分体现自主参与,关注个性化解读

著名语文教育家陈钟梁先生有一个没有写入教案的课堂讨论,在教学鲁迅小说《药》的过程中,学生对康大叔刚进门就嚷嚷的"吃了么?好了么?老栓,就是运气了你!你运气,要不是我信息灵……"中的"运气"的用法产生了分歧,有的学生认为"运气"一般用做名词,也可用做形容词,而文本之中却用做了动词,好像不妥当。陈先生迅速抓住这个细节,让学生在文中找出其他人的用法,看是不是用错了。于是学生们从花白胡子等人的话语去比较分析,发现了花白胡子毕竟读过几年书不会用错,出卖灵魂的夏三爷同样不会出错,只有"康大叔的左一个'运气',右一个'运气',正暴露了他蛮横无知和目中无人的粗野行径"。更有一位学生说:"在康大叔的口中,是词性的乱用;而在鲁迅先生来说,则是词性的妙用。"课堂上学生为自己的发现而欢悦和兴奋,听课的老师也绽开了满意的笑容,陈先生及时地引导说:"鲁迅先生自己说过,高尔基很惊服巴尔扎克小说里写对话的魅力,以为并不描写人物的模样,却能使读者看了对话,便好像目睹了说话的人。"放手让学生加入辨析对话的交流之中,而且不留痕迹地给人以情感的鼓励和智慧的启示,陈先生这样的生成性教学可谓"大家艺术"。

阅读是一种个性化的思维和情感的活动,阅读教学需要"注重个性化的阅读,充分调动自己的生活经验和知识积累,在主动积极的思维和情感活动中,获得独特的感受、体验和理解。"(《普通高中语文新课程标准》)文本作品是人类生活经历的一面镜子,也是一种文化借以自我传播的基本方法。无论是否阅读教学碎片化,都需要特别注重发挥学生的主观能动性,调动学生已有的生活积淀、文化基础和审美情趣,随时随地地借助文本与作者做深度的对话,开阔阅读视界,释放生命活力,于细节处见精神,表现学生鲜明的解读个性。大力提倡个性化阅读,强调阅读教学不是让学生单方面接受文本的意义,也不是以主观意见去判定文本意义,而是通过对话在文本、作者、教师和学生之间展开智慧和生命的解读理解,才能实现真正意义上的探究性阅读、多元化阅读和自主阅读,体现先进的阅读教学理念,呈现丰富的阅读教学生机。

3. 特别强化整体阅读,注重问题型启发

第七届全国"四方杯"优秀语文教师选拔大赛在江苏无锡召开,执教第一堂课的杨老师带领学生阅读孙犁的《亡人轶事》。整堂课从识人、品文和体情的维度帮助学生鉴赏文章语淡情深的细节美和"似淡实深"的语言美。在"文本质疑,探究人物形象"的教学阶段,教师提出了以下两个问题:一个旧式妇女(亡妻)与一个新式青年(作者)为什么能相伴一生?为什么在妻子亡故后作者还要多次写文章来抒发情怀?可是这两个问题的难度相当高,如果不去化解问题的思路和聚焦文本的细节,就很难真正理解文本的真谛,于是,杨老师分三步和学生一起走入文本。一是从作者忆写亡妻生前事件的四个片段去了解写了什么事,体会文章的匠心布局;二是从四个片段中的细节描写中去理解亡妻的性格,体会字里行间寄托的作者感情;三是思考"我"为什么一直拖延着没有写,是不能写,不想写,还是不愿写,透视作者"不愿写"的真正内涵。问题设计不仅富有逻辑意味,更具有追问和深问的启发艺术,在细节深处读懂人物和品味情感,学生在问题思考过程中获得了强烈的艺术感染力。

陈日亮先生在本届大赛上以"守护语文教学的核心价值"为题做了一个发人深省的报告,他引用了叶圣陶的话——"把学习国文的目标侧重在形式的讨究",针对阅读教学的种种低效现象,提出了要"解形式之秘,破不见之谜"的教育主张,提醒广大语文教师在教学过程中必须有指向重点和难点的激发思考的教学问题。毫无疑问,阅读教学中培养学生良好的阅读习惯,首先要培养学生在整体阅读基础上的良好的问题意识。阅读教学碎片化应该在阅读问题的思考活动中行进,教师在吃透教材的基础上运用启发式教学带领学生一步步走进文本,穿透语言的质地,享受审美的乐趣。阅读教学的实践证明,学生的思维潜力和感悟能力是巨大的,问题设计和相机诱导能让学生碰撞出思想的火花,激发起探究的欲望,进一步产生自己的疑问和自己的想法,为良好的阅读效果打下坚实的基础。

阅读教学碎片化必须遵循化整为零的原则,从制约教学内容选择的诸多因素当中寻找最适合的教学内容,形成文本、单元、课程之间的系列。教师在进行教学设计的时候,不能孤立地分析研究单篇的文本内容,而要从教材内容当中遴选出体现单元主题和课程理念的教学内容,根据不同的学情状况选择良好的教学过程与教学方法。要想发展独立的阅读能力,需要按照《高中语文新课程标准》说的那样:"从整体上把握文本内容,理清思路,概括要点,理解文本所表达的思想、观点和感情。"只有在整体与局部、学习与运用、文本与生活之中循环往复,在动态的阅读活动中共同作用于静态的文本世界,使文本的阅读理解成为一个不断开放和能动生成的过程,才能实现作者、读者、编者和教者之间的深刻对话,养成自觉阅读、反思阅读和创造阅读的综合能力。

第二节　再谈阅读教学碎片化的改革建言

　　阅读是人类社会认知世界、发展思维、获得审美体验的基本方法,让学生学会阅读是阅读教学的基本理念。《高中语文新课程标准》指出,阅读教学要"在阅读与鉴赏活动中,不断地充实精神生活,完善自我人格,提升人生境界,加深对个人与社会、自然、国家关系的思考和认识"。在语文能力的发展过程中,学生阅读能力的培养不仅是语文能力发展的重要标志,而且是提高听说写诸多能力以及提升个体智慧和精神的关键因素。

　　随着语文课改的不断深入,各地阅读教学的现场观摩活动层出不穷,也涌现出一批颇有影响的教学案例。然而,让人不解的是,语文课堂上出现一种阅读教学碎片化的倾向,更多的家常课和教研活动也同样存在这样的问题。许多语文教师在处理文本阅读的时候要么对文本内容加以切割肢解,要么游离文本之外松散对话,常常以偏概全和浅尝辄止,缺失整体解读的意识和深度解读的能力,表面的热闹、活泼、自由掩盖不住实质的随心所欲和没有章法,把本来富有文化意义和诗性情感的语文教学演变成了现代机械和虚空热闹的表演现场,造成了极不应该的低效甚至负效的局面,严重冲击着阅读教学的价值取向。针对这些问题,笔者在大量听课研究的基础上,认为必须从以下三个方面来大力改革这种阅读教学的现状。

　　一、化整为零:阅读教学首先需要明白"教什么"

　　无论什么样的教学,"教什么"和"怎么教"一直是贯穿始终的最基本、最核心的问题,如果连"教什么"都不清楚又如何能开展"怎么教"的活动呢? 由于阅读教学碎片化在教学过程中明显缺乏教学内容的系统性和整合性,对课程、教材、教学内容之间的关系没有足够的认识,无法决定文本内容是否就是教学内容,也无法肯定学生想学什么是否就是教学内容,因此造成了教学内容的茫然随意和放任自流的教学后果。

究竟如何改革阅读教学碎片化,首先需要明确的一条原则是:化整为零,从制约教学内容选择的诸多因素当中寻找最适合的教学内容,形成文本、单元、课程之间的系列。文本是具体教学内容的依托,单元是主题目标组合的参照,课程标准具有明确的指导思想和方法路径。看教学内容的选择,其实是看三者之间如何体现整体与部分、理解与体验、感知与感悟的循环。文本作品是一个开放性结构,对文本的阅读理解也是一个不断开放和生成的过程。教师在进行教学设计的时候,不能孤立地分析研究单篇的文本内容,而要遴选出体现单元主题和课程理念的教学内容,根据不同的学情状况选择良好的教学过程与教学方法。我们不是不要主题思想、写作风格、结构艺术的分析,而是不要采用生搬硬套的程式化手段去"圈养"灌输或盲目接受。要想发展独立的阅读能力,需要遵循《高中语文新课程标准》的要求:"从整体上把握文本内容,理清思路,概括要点,理解文本所表达的思想、观点和感情。"有了这样的基础,语文教师在备课的时候还需要特别关注两个方面,一是基于文本文体选择合适的教学内容,二是基于学生学情选择恰当的教学内容。王荣生教授在一次中学语文"文本解读"研讨会上指出:"好的阅读教学,往往基于合适的文本解读,即依据体式的文本解读""文本的教学解读,要关注学生的学习经验。只有这样,语文教学内容和教学方法,才能实现从'教'的基点——'我就教这些,我就这样教',转向'学'的基点——'学生需要学什么''学生需要怎样学'。"[①]两者的关系说到底是读者和文本的关系,是在两者之间寻找到"我要教什么"和"学生学什么"的最佳教学内容的问题。

要挖掘教材的学科特质,破解文本的空白结构,实现读者与文本的视域交融,必须对教材内容进行加工处理和改编重构,完成课程目标和教学目标的整合和创新,不能随心所欲地确定教学内容。孙绍振先生在《统一高考语文试卷和评价体系问题》一文中炮轰诗歌鉴赏类题目:"把审美价值的体悟,放在标准化的客观化的选择题中,本身就是对于情感价值的粗暴抹杀。"[②]他举出若干年的高考统一试卷诗歌鉴赏题进行批驳,认为"从整体和局部的有机性来说,从全部诗句融入意境的和谐来说,它有一种不可分割的性质"。[③]如果诗歌鉴赏仅仅就某一句某一联断章取义,脱离了文体性质和情感体验,怎么可能会有正确的阅读判断?这里提醒我们反观平时的阅读教学内容,不能主观臆断文体不分,也不能像标准答案上所说的那样把诗歌的时间空间具体明确化,否则会扼杀了诗歌想象的自由,阻挠了诗歌"言有尽而意无穷"的意境,从而混淆了诗歌与散文之间的阅读取向。再比如,有的教师教学《秋天的怀念》,一上课就让学生阅读首尾两段文字,意图让学生抽取重复出现的一句话"你要好好活着",然后就这句关键性话语组织教学。可惜的是,有谁读文本是这样阅读的呢? 这样的阅读教学怎么能符合阅读认识规律呢?

随着阅读教学碎片化的泛滥,在确定教学内容的同时,教师的教学个性与智慧也就成为能否实现阅读教学目标的关键因素。2004 年 12 月 18 日在福州一中,陈日亮与孙绍振、钱理群之间有过一次深度的语文对话,钱理群先生就说过:"语文教育是一门科学,语文教师是一个专家,是一个专业的工作者,要有专门的修养。"④他告诫语文教师在明确了基本的教育理念之后,要有自己的学科知识体系,"每一个语文老师,应该给语文教学课打上自己的烙印"⑤。孙绍振先生还举出了《木兰辞》课例来说明文本分析需要揪住矛盾、"还原""去蔽"的道理,绝不能用简单的动画呈现、模仿表演进而在嘻嘻哈哈吵吵闹闹中丢弃了文本。所以说,一名优秀的语文教师,自己首先能深刻体味和透视文本的内容,必须以自己的心灵图式及情感对文本的意义世界做出深邃的开拓和创构,才能明白如何取舍教学内容整体与局部的关系,才能引导学生去认识文本的意象与意境、风采与神韵。

二、融会贯通:阅读思考必须经历一种精神交流

阅读教学的本质是理解、解释和意义的获取,是一种复杂和动态的思维过程。这是一种体现在文本符号之中的精神活动现象,它借助文本外部的语言信息和读者头脑中储存的思想材料共同参与对话交流,达成读者与文本之间情感与理智的交融与同构。这样的阅读教学需要克服文本所属的过去的文化历史和读者本人之间的陌生与距离,对文本的空白和未定点进行想象性补充、完善和建构,从而成为一种熔铸了读者的生活体验,在感知、理解、想象和感悟等多种心理因素的参与中达到解读的高级境界。

阅读教学碎片化虽然注重问题启发和有机生成,但由于受到平面滑行和浅层对话的影响,容易视自以为是为个性阅读,拿消极批判当多元解读,使得语文教学流于形式上的热闹,缺乏深度。要解决这种阅读困境,必须认真领会朱绍禹先生所说的"语文科是语言学科,同时也是思维学科",在作者体验和读者体验之间消

解"此在"和"彼在"的鸿沟,把彼此隔绝的两个世界豁然贯通起来,从而让读者从现实世界进入艺术世界,构成一个全新的精神世界。

对一个文本,只有读者赋予了自己的感受和体验才能产生生命力,这种体验是源于读者生活经验基础上的深切体悟,是一种使经验得以情感化、生命化和个性化的不可替代的过程。从阅读方式来看,一是指文本语境的文化背景体验,二是指文本语言的心理活动体验,三是指文本语感的审美情感体验。既要深入到文本当中交换角色,对文本内容加以接受和理解;又要展开双向的情感交流,对文本意义加以丰富和内化。以教学《荷塘月色》为例,许多语文教师基本上把该文定位在 1927 年"四·一二"大屠杀之后小资产阶级的彷徨上,因此解读的思维指向总是离不开当时社会现实和文化历史背景的影响,无论朱自清"这几天"到底是如何"不宁静",也无法逃脱对残酷现实的不满,因为自身的苦闷彷徨便祈求在一个清冷幽静的环境中解脱自己,作者的内心情感就表现为淡淡的哀愁之中夹杂着淡淡的喜悦。加上朱自清自己在《那里去》和《一封信》中也有类似的说法,所以这是情理之中的一种解读和体验。然而,孙绍振先生却觉得"文章的要害,是这个时间段的心情,此时此地个性特点的特殊表现,而不是他在任何时间、任何地点、任何条件下的比较稳定的个性"。在《荷塘月色》之中有着两个自我,一个是"平常的自己",一个是"超出平常的自己",文章所写的和文章所要表现的生命恰恰是"超出平常的自己"。荷塘不再是平常的荷塘,它"总该有另外一副样子",作者来到了"另外一个世界";作者不再是平常的自己,在离开了妻子儿女之后享受到了"独处的妙处",妙在"什么都可以想,什么都可以不想"。心情变了,景物也变了,在诗化的宁静的境界里一切都自由了。这就是艺术家超越现实的艺术作品,如果只是局限于政治背景下去辨析和品味,又怎么可能获得如此的审美精神呢。

阅读教学如果不能向学生提出具有启发性和深刻性的阅读问题,不能将学生的表层思考引向潜在的深层思考,那么所谓的体味和回味、感受和感悟都将一事无成。阅读教学的感悟教学是一种体现文本文化特点和语文课程特点的教学方式,是以语言文字为中介的一种认知活动。语言信息只有经过读者主体深层次的吸纳和消化,才能和主体心灵融为一体,显示出真正的个性色彩。著名特级教师洪宗礼先生早年教学《卖油翁》的时候留下了一个著名的阅读问题,在学生们"对译如流"并"欣欣然"的当口,洪老师转身将文本最后一句话"康肃笑而遣之"写在黑板上,笑着说:"请在这'笑'字前面加上一个形容词,把康肃的'笑'具体化。"一石激起千层浪,学生们一下子说出了"大、微、爽朗、友好、真心诚意、虚情假意"等各种形容词,教室里几十种不同的"笑"几乎笑翻了大家。然而,洪老师紧接着说了一句:"陈康肃公不可能同时笑几十回呀,此时此地的陈康肃,他究竟是哪样的'笑'呢?谁能准确地形容一下,要说出自己这样形容的理由。"一时间学生们迸发出思维的火花,思路由表及里、由形而神,思辨有理有据、有分有合,在学生们"礼貌、佩服"、"抱歉、惭愧"、"勉强、僵硬"的争辩声中,洪老师再次笑着问:"作者为什么写康肃'笑而遣之',而不让康肃说几句话再打发卖油翁走呢?"问题寓趣味于点拨之中,寓巧妙于智慧之中,一下子,学生恍然大悟,激动地大喊起来:"他无话可说。""他愣在那里。"洪老师接着学生的话头儿和大家一起说道:"陈康肃公既然无话可说,他的'笑'应该是——无可奈何,尴尬……"亚里士多德说过:"思维是从惊奇开始的。"阅读教学的艺术往往是在学生无疑的时候激发疑问,启动学生的思维机器,把学生引进思考的王国,享受积极思维所带来的趣味、智慧和精神。

三、正本清源:阅读价值指向"培养终身阅读者"

阅读教学是诱导学生参与文本意义的生成与理解的过程,是一个从寻求理解到自我理解的建构过程。所谓寻求理解,就是读者对文本意义的具体化解读,感知文本形象、体验文本情感和领悟文本意义,是一种"读者的文本化";所谓自我理解,就是在解读文本意义的基础上,使得自身体验和文本意义共生同化,化文本意义为自我意义,化文本世界为自我世界,是一种"文本的读者化"。前者建构文本意义,是感悟和体验他人的世界;后者建构自我意义,是感悟和体验自己的世界。因此,阅读教学是在一种特殊的交往方式之中提供可持续化的优质的营养资源,为每一个生命成长寻访出一条充满希望和阳光的通道,实现每一个读者都能成为终身阅读者的梦想。

阅读教学碎片化也想在尊重学生主体的基础上开展文本与读者之间的对话教学,然而碎片化的文化理念和人本主义缺乏相应的持久性和扎根性,在读者意义的建构上没有找到具体优化和内化的根本出路,经常出现"用自己的方式朗读课文,你想怎么读就怎么读""用自己的感情体会课文,你想怎么理解就怎么理解"等话语,在伪善的主体尊重和多元解读的幌子下偏离了阅读的主体精神,以致造成了种种误读错读偏读等现象,把当下的取向和主观的取向视为理所当然,蒙蔽了自己的双眼,遮蔽了文本蕴含的人文思想。阅读理解的过程首先是作者作品个性的理解过程，是基于作品意义和精神的个性阅读，绝不是那种随着读者意志的片面化的节外生枝或者主观判断。陈日亮先生就大声疾呼"中学语文实际上不存在那么多的'多元'"⑥，这声音发聋振聩，耐人寻味。真正的"多元"更多的是对"主元"的层层深入的解读，假如连"主元"都找不到还谈什么"多元"呢。如何来正本清源，还阅读教学以本来面目？首先要从教育文化的视角上去考察语文教材给人的文化启示。语文教材作为一种文化的构成，是一种独特的文化存在形态。曹明海教授说，语文"本质上就是心灵之声、生命之声，是人的愿望、情感、思想、意识的直接表达，是人的追求、理想、思维、判断的直接体现"。⑦阅读教学面对凝聚作者人生阅历、生命体验和思想哲学的文本作品，就是要从中充分挖掘出传统规范、价值观念、审美情趣、思维方式和思想信仰等文化因素，在互动交流中让学生更深刻地体认民族文化的精髓，从而得到文化的陶冶和精神的洗礼。

著名特级教师唐江澎先生是国内体悟教学的发起人，在他的课堂上常常给人以惊喜和启迪。他曾经有一堂《像山那样思考》的公开课，以"问题节"的形式推动学生的阅读思考，几乎每一个段落都是采用"提问——交流——解答"的形式展开。很多教学问题都是学生随机的阅读思考，似乎看不出系统和强烈的整体意识，甚至会被听课者贴上碎片化的标签；然而回头品析其中的奥秘，却在这种表面看来几乎"笨拙"的阅读教学中顿感匠心独运的教学艺术。只举一例，文本第一节只有两句话，因为不好理解，所以唐老师让学生提取关键词语来理解作者表达的意思，在学生并不明了核心思想的情况下，先抛出一个关键性问题："这是一种不驯服的、对抗性悲鸣，是对世界上一切苦难的蔑视情感的迸发。"其中"这"字所指的是什么？然后连续追问："这"仅是一种情感的迸发吗？"这"是什么样的悲鸣呢？谁企图驯服它呢？它和谁对抗呢？什么样的情感迸发呢？那么"苦难"来自哪里呢？在来来回回的多次对话之后，不仅让学生在语感表层上获得明白的解释和理解，而且在情感体验上获得独特的深化和开悟。在形象性、情感性、审美性以至浸润性、对话性、召唤性的文化特质上产生一种智慧的唤醒作用，在学生生命存在的精神价值里找到了语言的栖息之地和文化的生成空间。直到教学课时结束的时候我们会发现，学生们在"问题节"的有意无意和自然而然的串联过程中，大家都明晓了"人在对待自然的关系时，不要自觉聪明，人应该向山学习，像山那样思考"的哲理。唐老师就是通过提取每个语段的关键信息让文本精神矗立在阅读精神之中的，这是语言文字阅读方法的教学，更是文化精神阅读价值的教育。

阅读教学必须培养学生的阅读能力和阅读习惯,必须培养终身阅读者,这是语文教师的使命和责任。唐江澎先生认为:"提升一个民族的精神品质,从改变这个民族的阅读习惯开始;优化一所学校的教育生态,从浓厚这所学校的阅读氛围开始;突破语文课程的困境,从为学生大量提供亲近文本的阅读机会开始。"⑧这是他感慨于当今社会阅读现状之后的肺腑之言,也是对阅读教学碎片化中"肢解式""五马分尸式""敲骨髓式"的高度警觉。阅读教学碎片化必须改革,必须整理和明晰阅读教学的理念,必须在网络文化迅猛发展的当口敲响时代的警钟。真正的阅读教学需要通过文本阅读教给学生通往生活和生命境界的钥匙,打开阅读视野和人生智慧的大门,享受自由阅读和审美情怀的力量,让阅读成为自己最基本的生活方式,让大家入驻可以安身立命的精神家园。

参考文献:

①田中老李的博客 http://blog.sina.com.cn/sgldj《教什么:文本的教学解读(王荣生)》2014 年 11 月 8 日。

②③④⑤钱理群,孙绍振. 对话语文[M]. 福州:福建人民出版社,2005:47.55.9.14.

⑥2013 年 11 月 2 日,陈日亮先生在第七届"四方杯"全国优秀语文教师大赛课堂教学比赛期间的讲话,题目是"守护语文教学的核心价值"。

⑦曹明海. 本体与阐释:语文教育的文化建构观[M]. 济南:山东教育出版社,2011:38.

⑧唐江澎. 唐江澎与体悟教学[M]. 北京:北京师范大学出版社,2013:72.

第三节　在语言世界中对话语文

从最基本的构词意义来说,语文就是语言和文字。2011 年版《义务教育语文课程标准》前言部分,连续三次出现了对"语言文字运用"的论述,将语文课程的性质定位于此基础之上,更加贴近了语文的本质,使学科特点更加凸显,课程目标也更加明晰。学习和运用语言的过程,是一个与语言所展现的世界相遇与融汇的过程,是一个认识世界、思考世界和拥有世界的过程。语文课程作为一门培养学生学习运用祖国语言文字的课程,毫无疑义地告诉大家一个真理,语文教学必须植根于语言世界。

一、有语言的地方才有语文的世界

虽然在没有语言之前就已经存在着世界,很多语言也并没有把世界全部描摹出来;但是,当世界进入语言之中之后,世界才表现为我们的世界。世界在语言中现身与驻留,语言是世界的呈现方式,当我们进入语言之后才有可能进一步了悟这个世界,这个世界才能对我们具有现实和博大的意义。

世界上不存在没有思想的语言,也不存在没有语言的思想。语言是有生命的,语言之中必然承载着生活的、民族的、历史的等等复合元素,语言之于人,是一种精神意义的存在,是人的精神本体赖以存在的根。"语言"与"精神"是共同生长的,语言的成长就是精神的成长。语言是人类创造出来的一种特殊的社会现象,是人类文化存在中最为基本的东西,当人类的生命不断成长的时候,语言的丰富性、活动性和创造性预示着人类的生命质量。所以,人类存在于语言之中,语言不仅是人类使用的工具,而且是人类存在的家园。

语言是一种交际的工具,而交际方式之中有一种是在对文本语言的理解中完成的,因为文本是语言的存在。语文教学只有通过语言的学习与体味、感知与领悟、理解与对话才能认识文本,认识生活,进而认识文化,认识世界。用语文的方式认识语文,就是要以语言的方式来展开现实的生活,探究生命的意义。作为个体的生命都是一个有限的存在,为了让生命获取更多的营养,提升生命的无限价值,就需要在语文教学中用一种积极参与和相互响应的态度来面对文本的世界,需要引导启发大家在语言学习的过程中不断扩展和丰富对世界的认识和习得。

因为语言不是简单的模仿和再现,所以语言使读者与世界相融相通。语言开启的是世界的一切,读者就是加以认知和把握这一切。我们知道,所有的文学作品都是语言的艺术,作品所蕴含的内容首先隐藏在文本的语言之中,作家往往根据自己的创作思想和文学风格,借助一定的表现手法与写作技巧进行语言构造,在一定的语境下对语言进行灵活的变异和创造,打造出一条条熟悉而又陌生的文字隧道,形成语义层面上的一层层阶梯,使语言世界异彩纷呈。

在语文教学中如果忽视对作品语言的学习,忽视了语言能力的生成与转化,那将是语文教学极大的失误。文本作品作为语言性的艺术品,正是在摹写生活世界的同时使它得以在语言中存在,并在语言中得以表现、扩充和继续存在。文本作品中积累了大量丰富的语言内容,而且作品语言丰富的情感基础以及良好的语感习惯都得到了极大的张扬。它不仅对语言的学习和积累具有重要的作用,而且对学生的语言思维和创造力的培养也大有裨益。对于一个理解文本的读者来说,一方面可以求助于作者的心理因素和作品的文化背景,一方面可以自行开启一个由语言表现所呈现的完满世界。读者对文本所表现的世界与存在的感悟,就是对文本真理的获得。

语言的世界是奇妙无穷的。作者留下的语言世界和读者思想的语言世界,以及教学之间的语言世界,相互之间都有着千差万别的特殊性。然而语文教学就是要把它们共融在一起,使得语言世界成为一种特殊的交往形态,成为一种特殊的教学艺术。文本在读者理解的过程中,会受到当时的语言环境、理解者和文本本身的影响,理解的过程就是相互之间的融合过程。加达默尔说"能被理解的存在就是语言"[①],正好说明了语言是理解作品的一条基本途径。我们对文本意义的理解过程,说白了就是对文本语言的不断介入过程,是从语言中唤醒凝固在语言中的意义。在这一过程中语言始终贯穿在文本与理解者之间,当语文教学找不到语言乃至语境的联系时,就会丧失语文的魅力,就会失去语文的世界。

语文教学好比是一场语言游戏,游戏在语言之中进行,一方面是既成的文本语言,是作家的语言,是语言之后的作品存在;一方面是教学之间的语言,是读者的语言,是教学过程之中的互动语言。只有参与是不够的,必须互动起来;只有互动是不够的,必须建构起来。文本的理解是语文学习的本质性的学习活动,文本的接受能力和理解能力是在学习过程中发展起来的。接受也好,理解也罢,是以语言为信息媒介的。语文教学既反映了人与世界的语言关系,人以语言的方式去拥有世界;而且揭示出语言的学习与运用是人的一种基本的生活方式,是人精神生命的一种重要根基。

语文教学的品质就是要引导学生正确理解和熟练运用祖国的语言文字,无论是吟诵还是品味,无论是想象还是体悟,都离不开语言的平台。我们既要与文本沟通,还要与作者沟通,既要与其他读者沟通,还要与背景文化沟通。要在教学中让我们的语言能力获得长进,就要在语言中不断地去历练,用尽一切的语言方式为语文教学服务,用语言的方法寻找语文的家。

二、阅读活动是一种语言交流活动

阅读活动是一种语言的参与活动,读者的理解与作品的意义同时构成了一种语言意义的存在。文本作品的语言本身蕴含着遮蔽和解蔽的张力,真理存在于文本之中,吸引着许许多多的读者去揭示它的意义。作品所隐藏着的我们的生活世界与存在的真理,是任何现代科技手段和方法都无法显现出来的,只有通过读者的阅读理解来让沉默的文本开口对话,经由语言活动自身的力量才能够得到彰显。作品的语言为读者能够参与对话预留了空间,双方将在对话中激发出新的东西。

语文教学的对话并非仅仅表现为师生之间作为读者层面的问答交流,更重要的是作为读者和作者作品之间的视域交融。在加达默尔看来:"在理解中所发生的视域交融乃是语言的真正成就。"[②]这既是一种对话,也是一种理解,是打开思维大门的语言活动。这种对话是作品视界和读者视界相互之间的视界融合过程,在这个过程中,理解是基础,是与文本、他人和自我展开对话的核心。作品的语言形式作为一种召唤结构和一种意义存在,对语文学习主体的解读参与和意义阐释发出了邀请。语文教学的关键在于有没有抓住语言之根本去启发和开放读者的理解力和想象力,在召唤结构的召唤下,去填补未定性和空白,去完成作品的意义建构。

诠释学的"视域融合"，从本质上看就是一种视域之间的对话。"诠释学经验与流传物有关。流传物就是可被我们经验之物。但流传物并不是一种我们通过经验所认识和支配的事件，而是语言。也就是说，流传物像一个'你'那样自行讲话。一个'你'不是对象，而是与我们发生关系。"③作为读者来讲，我们需要把文本作为一个与"我"发生关系的"你"来对待，它是一个真正的交往伙伴，需要把"你"来作为经验，对"你"的经验进入一种问答的逻辑——一种理解的对话之中。读者并不是无条件地服从作品传统，而是通过对话进行反思和审视，既有接纳的丰厚，又有否定的深刻，通过对话扩大自己的视野，更新自己的经验。

当作家在用不同的语言结构和语言形式来反映特殊的思维现象和思想世界的同时，读者的阅读体验就成了人生生命活动的一部分。读者是具有心智能力的，在阅读作品的时候，我们会从自己的前理解记忆里调动许多生活经验和知识经验，根据作品语言的信息加以融会贯通，产生一种新的理解。这种理解力促使读者在发现作品语言意义的过程中纳入个人的思考和解释，建构出自己的理解意义。

由于理解往往与先在经验联系在一起，所以，需要每一个读者通过阅读和理解去激活并提取已经获得的认知结构，与新的学习内容形成互相的参照和联系，进而去填补和充实自己的审美经验，建立自己的审美坐标，实现期待视野的超越。存在决定着意识，存在是第一性的，是意识的前提和根源；意识是第二性的，是存在的内容和反映。有什么样的作品存在，就会有什么样的读者意识。然而，读者的理解又反作用于作品，由于理解程度的深浅、能力的大小和水平的高低，作品被读者化的现象又反映出另一种倾向，作品意义的呈现便随之发生更具个性的变化。

理解是一个问题发现的过程，是在寻求意义过程之中的问题解释过程。当静态的作品在读者那里生成作品解释的时候，读者与作品的对话也就自然而然了。伊泽尔指出："文学文本使它的读者能够超越他们所特有的真实情境界限；它不是对任何给定的现实的反映，而是对读者固有的现实的扩展，或者说是扩展这种现实的过程。"④在真正的理解过程中，文本和读者之间的对话双方超越了各自的视域而进入一种探寻的过程，这种探寻活动充满着未曾预感和未曾发现的发展动态，可以理解为一种正在发生着的更具生动性的历史性事件，是在读者时刻和作品时刻的交融中发生着的解读视域和文本视域的交融。

　　语文教学往往从语言世界中寻求理解和建构意义,不断地进行着读者、作者甚至编者之间的对话交流,向着自我理解和建构自我的方向去努力。阅读文本就是在阅读自我,理解文本就是在理解自我。文学接受的目的告诉我们,阅读不仅仅是理解作品,而且是通过理解来发现自我和否定自我、调整自我和塑造自我。如果读者只是被动接受作品和作者的经验,只是成为作品和作者的奴隶,不能结合自己的经验来思考和发展文学的价值,那么,这种阅读就不是真正的接受美学。

　　通过理解,心智和存在才有了联结,理解就变成了存在的一种表达形式,随着理解的进一步发展,作品意义就不断地被解释和揭露。理解让读者更加贴近作品,更加感知到自己心智活动的那个存在。于是,理解的过程便是自我发现和自我了悟的过程。一旦深入到作品的语言本身,其实就是读者意义得到建构的那一刻。

三、语文阐释基于作品语言的意义

　　一部作品本身就是对某些问题的回答,读者只有理解了这些问题之后才能真正理解这部作品。虽然我们把文本看作是阅读交流活动的另一个主体,但是,文本毕竟是静止存在的另一方,所以在对话过程中,读者自然要发挥自己的主动参与作用。如果读者一方出现了封闭与失语的情况,就会造成双方理解的障碍与隔阂。

　　语文教材所遴选的作品是千百年来的人类文化的精华,有着无限的潜在的精神意义。在审美接受过程中,自然有着读者接受作品的审美活动,姚斯从宏观角度提出了作品意义的解释可分为三个步骤,我们也可以认为这是对作品语言的意义建构的具体过程。

　　"初级阅读经验是审美感觉范围内的直接理解阶段,反思性阐释阶段则是在此之上的二级阅读阶段。"⑤也就是说,初级阅读是在审美的感觉视野和感觉过程内进行的感觉式阅读,是对作品的词汇、语段、节奏、韵律以及包含的情感进行的直觉把握,对作品完整形式产生的认识。这个阶段最直接最根本的前提是需要在语言的感知层次上加以联结,读者通过对语词片段的审美感受,获得对文学文本的初步理解。而二级阅读是在初级阅读形式的完成而非意义的完成情况下进行的一种反思式阅读,这一个阶段带着初级阅读的期待视野,带着阅读问题做出深入的思考并对作品形式有了真正的认识,从语言文意走向艺术意味,从形式感知走向韵味体验,通过这些来寻找和建立尚未完成的意义,从而获得对整体语言的深入解释建立,起意义层次上的完成体。

作品文本通过自身的语言组织向读者开放自己和表达意义,读者在对文本语言的阅读过程中解读意义和反思自身。在不断地阐释与被阐释的过程中,文本以其自身独特的内涵不断地验证、丰富读者的认识。语言的情感性更突出地表现在作品的审美情感上,它不同于日常语言的一般情感。日常的情感虽然真实自然,却往往流于直接的宣泄,表现为一种情绪化的现象,很难具有美感的艺术。作品的语言是活生生的生命的吐纳与留痕,任何语言形式的背后都是鲜活的情感生命的律动和折射。所以,语文的阐释不仅是倾听和叩问语言信息的过程,还是一种体验和感悟语言情感的过程。

一般来说,审美活动的理解与阐释就蕴含于以上两个阅读阶段,一是审美感觉范围内的直接理解,二是在此之上的反思性阐释。读者在不断发展着的审美感觉的视野中接受一切,进而作为阐释的反思视野而清晰地表达出来。进一步阅读会发现,在第二阶段的阅读中,作品的意义整体还存在着可变性,或者是发展性和不完善性,甚至可能会陷入片面的语言阐释的局限之中。读者在通过阅读理解和阐释的过程中,从始而终、从整体到局部去建立完整的意义,在暴露阅读问题的时候试图通过二次阅读来把个别的意义加以整体的组合,期望通过视角的选择并从意义的个别因素中获取整体的意义阐释。我们发现,如果仅仅这样来完成语文的阐释是很不够的,没有第三级的阅读是很难完成这个任务的。

"历史视野的问题就应运而生。历史视野构成作品生成和效果的条件,再次打破现时读者阐释的局限。于是,第三级的历史阅读便成为研究中一项必不可少的任务。"⑥在接受阅读的过程中,接受视野包括需要考察作品产生的背景和传统、作者本人的理解和本次阅读之前人们所赋予的作品意义的整个历史过程,这个阅读阶段称之为历史性重建的阅读,是最近乎"历史—哲学"的解释学。

所有作品的审美特征首先跨越的是时间距离,它使阅读的理解成为可能。因此,审美欣赏必须作为一个阐释的前提进入阐释的活动之中。在阅读的过程中,读者并不仅仅局限于对作品语言的解读,而是以作品为中心对语言背后的各种历史、背景、文化、社会等方面的各种资料予以解读,读者对作品的每一次阅读都是一种不断建构作品整体意义的历史性阅读。作品意义的具体化是一个历史进程,由于读者的历史背景不同,读者的阅读距离也不同,于是审美感觉和审美效果都会不同。通过对过去的作品与现时的作品的区别和联系,通过对语言的风格和创作的思想的比较和判别,在变化之中观察和建构作品的完整性意义。所以,语文教学面对的所有作品的意义有着一种无限的可能性,每一个拥有作品语言的读者同时拥有了语文的世界。

我们可以这样认为,初级阅读为后二级的阅读起到了启发和奠基的作用,更显示出语言的本质力量。初级阅读经验成为二级阅读的视野,进而言之,阐释也就成了应用的基础。语文阐释的三级阅读,是一种基于作品语言所进行的理解、阐释和应用三个瞬间过程组成的统一体,它们把语言现象看作是存在的房产一样,当读者不断去阅读理解和积极响应的时候,才表明读者开始真正入住了这个存在的家园。

注:

①[德]汉斯－格奥尔格·加达默尔. 真理与方法:哲学诠释学基本特征(下卷)[M]. 洪汉鼎,译. 上海:上海译文出版社,2004:615.

②③[德]汉斯－格奥尔格·加达默尔. 真理与方法:哲学诠释学基本特征(上卷)[M]. 洪汉鼎,译. 上海:上海译文出版社,2004:490.465.

④[德]W·伊泽尔. 审美过程研究——阅读活动:审美响应理论[M]. 霍桂恒,李宝彦,译. 北京:中国人民大学出版社,1988:107.

⑤⑥[德]H·R·姚斯,[美]R·C·霍拉勃. 接受美学与接受理论[M]. 周宁,金元浦,译. 沈阳:辽宁人民出版社,1987:178.183.

笔记三：求索教育

1. 教育的本质是什么？

教育是具有永恒性的事业，它在历史和时间的流淌中永远在路上。无论人类如何生活，无论社会如何发展，也无论文化如何进化，都无法否认教育在其中做出的努力和贡献。然而，教育作为人类社会的一种特殊现象，究竟有着怎样的本质属性，如何看待它在社会存在中的特殊地位和作用，这是需要我们在确立教育信念之前必须加以澄清的一个现实问题。

雅思贝尔斯说："教育是属于人之为人、归属于人的事业。"基于此，要正确回答"教育的本质"问题，首先需要弄明白的一个问题是，人是什么。

先哲们关于"人是什么"的问题有过许多精辟的阐释，狄尔泰明确强调："人是什么，只有他的历史才会讲清楚。"他告诫我们只有把握了人的全部文化历史才能全面理解人的意义。卡西尔并不赞成思想界关于"人是理性的动物"的论断，他把人定义为符号动物，人通过劳作产生文化结果，集中表现为一系列的符号形式，符号思维和符号活动构成了人类生活中最富有代表性的特征。而帕斯卡尔在他的《思想录》中用诗性化语言说："人只不过是一根苇草，是自然界最脆弱的东西；但它是一根能思想的苇草。"由此可以看出，人的自然天性是脆弱的，但在文化创造上是伟大的，"思想造就了人的伟大"。

在人类思想史上，马克思第一次科学地破译了"人是什么"这一恒久而弥新的"斯芬克司之谜"。马克思认为，"人的本质不是单个人所固有的抽象物，在其现实性上，它是一切社会关系的总和。"人区别于其他动物和其他存在物的最本质的规定性，在于人总是现实的人，是在历史中行动的、从事实践活动的人；而且，人的实践不是一般意义上的活动,而是"人的类的特征",一种带有自由自觉的创造着人自身的活动。马克思更为精妙地论述说,人是"使自己的生命活动本身变成自己意志和自己意识的对象"的生命,前后几次出现的"自己"的意义完全不同,前一个"自己"是后两个"自己"的对象,因而人是"有意识的存在物",可以"把人的活动本身理解为对象性活动",这是对"人是什么"的最根本性解释。

教育是面向人的一项社会性事业,是人类社会特有的现象,教育是什么? 杜威说:"教育即生活""教育即生长""教育即经验的改造或改组"。杜威强调了教育的生活属性和生长特性,解释了教育是基于人的发展趋势而存在的一种特定的活动,标明了学校教育是一种特殊的社会生活;而且,在这个基础上,杜威又从学习的经验角度对教育做出了专门定义:"这样我们就得到一个教育的专门定义:教育就是经验的改造或改组,这种改造或改组,既能增加经验的意义,又能提高指导后来经验进程的能力。"虽然这些解释也存在着相对片面而非整体的局限,但是对我们认识教育的本质问题有着很重要的启示作用。毕竟,教育作为一种人际交往的生活,需要在不断地学习过程中进行有意识的帮助和引导,在经验的改造和改组中走向生命的生长。

教育以人为活动的对象,教育面对的就是如何让人成为人的根本问题。作为一种社会实践活动,它综合了人之为人的所有根本特征,包括自由、创造性、社会性、超越性、目的性等;同时,教育实践又是一种特有的存在方式,它以自身的活动赋予社会以意义和价值,实现人与自然、人与社会和人与自我之间的创造和再创造。

任何社会都需要按照一定的要求来实施教育,促使受教育者获得一定的文化知识与能力,形成一定的身体素质和道德品质。雅思贝尔斯明言:"真正的教育应先获得自身的本质。教育须有信仰,没有信仰就不称其为教育,而只是教学的技术而已。教育的目的在于让自己清楚当下的教育本质和自己的意志,除此之外,是找不到教育的宗旨的。"教育这种社会现象的本质特征,就是要为这个社会培养和造就各种人才,"将新的一代带入到人类优秀的文化精神之中,让他们在完整的精神中生活、工作和交往"。因此,教育的根本属性决定了教育的社会地位,教育的社会功能决定了教育是一个永恒的社会性命题。对于教育工作者来说,只有了解了教育的本质,树立起正确的教育观,才能在教育过程中坚定信念,持之以恒,去完成历史和社会交托的重任。

既然人可以以自身生命为对象,通过自己的意识和自己的意志作用于自己,在有意识的作用中生产自己和发展自己,那么,教育的本质内涵就是要帮助每一个人在人生路途中去获得新的生命,促进每一个人的自我完善和自我发展。

补笔:杜威关于教育的第三种解释

约翰·杜威(1859－1952)是美国著名哲学家、教育家,实用主义哲学的创始人之一,功能心理学的先驱,美国进步主义教育运动的代表。19 世纪流行的是殖民时期沿袭下来的旧教育,再加上 19 世纪后期从德国传入的赫尔巴特教学方法逐渐刻板化,使得当时的学校陈陈相因,缺乏生气。教育家杜威大力提倡从儿童的天性出发,促进儿童的个性发展,是当时传统教育的改造者,是新教育的拓荒者。

杜威在《民主主义与教育》中提出了一个基本观点,"教育即生长"。他说:"教育即生长,除它自身之外并没有别的目的。"他认为学校教育的价值在于能否运用适当的方法为学生创造不断的"生长欲望"。基于此,他提出了"儿童中心主义"的教育原则,强调教育在儿童本能生长方面的本质作用,提倡教育要遵循儿童生长规律,顺应学生发展的需要。

在杜威看来,儿童的生长是在生活中进行的,"生活即是发展,发展、生长即是生活,没有教育就不能生活"。因此,杜威的第二个观点就是"教育即生活"。他指出,教育就是儿童现在生活的过程,而不是将来生活的预备。提倡教育要与儿童当下的生活融合,教会儿童适应眼前的环境,过好当前的生活。

由于生活就是生长,儿童的发展就是原始的本能生长的过程,因此,杜威又强调说:"生长是生活的特征,所以教育就是生长。"在他看来,教育不是强迫儿童去吸收外面的东西,而是要使人类与生俱来的能力得以生长。

如果从生活的纵向面来看,即从生活的历程来看,可以说教育即生长,教育即发展。如果从生活横向方面看,即生活各个方面的内容来看,可以说教育即经验的改造。

因此,杜威对教育的第三种解释是,"教育就是经验的改造和改组""教育是属于经验,由于经验和为着经验的"。杜威认为,教育与经验的联结是教育的潜在力量,一切真正的教育都是来自经验。"就人类来说,信仰、理想、痛苦和实践的重新创造,伴随着物质生存的更新。通过社会群体的更新,任何经验的延续都是存在的事实。教育在它最广的意义上就是这种生活的社会延续。"教育扎根于人类的共同经验,同样也植根于个人经验之中。在教育的实施过程中必须以儿童的经验为基础来重构新的经验,形成新的知识结构。只有经过经验土壤的教育才是真正的教育,才能获得智慧的力量。

杜威认为,教育必须以学习者已经具有的经验作为起点。"以经验为基础的教育,其中心问题是从各种现在经验中选择那种在后来的经验中能够丰富而具有创造性的生活的经验。"这样,教育是联结现有经验和未来经验的桥梁。教育不仅要找到儿童的具体经验背景,认识到哪些环境有利于引导生长的经验,还要坚持把这种经验背景当作开辟新经验的动力和媒介,绝对不可以将所找出的具体经验当作固定不变的占有物,这也是由经验的连续性原则决定的。

杜威提出连续性和交互性是检验经验标准的两个原则,"它们是经验的经与纬的两个方面"。连续性原则可以促使先前的情境东西传递到后边的情境之中,在一种情境中学习到的知识和技能可以成为有效地理解和处理后来的情境的工具。经验的交互作用则是指任何正常的经验都是经验的两个因素即客观的和内在的条件的相互作用。

杜威认为只有当人们把活动和活动的结果联系起来之后才产生经验,经验才具有教育价值和意义。具有教育作用的经验既不同于机械活动,也不同于任性的活动。它能增加控制后来经验的能力,它是日后新经验的基础,又是解决未来问题的方法。当新问题得到解决,经验的内容也因之增加,也就是原有经验就会得到改造或改组。经验的特性就是这种前后连贯的不断改造。杜威指出经验的改造可能是个人的,也可能是社会的。个人的成长处于不断变化的环境之中,所以经验的改造或改组也不可能是一蹴而就的,需要一个不断持续的过程。这个过程应该是一个一生的过程。

杜威反对把教学方法和教材割裂开来的做法,认为教学方法和教材必须统一。它强调,要从经验的种种情况之中提出问题,并且这种问题是在学生的能力范围之内的,这些问题能够激发学生自觉探索知识,产生新的观念。可见,经验是确立教学方法和教材的重要基础,离开经验去谈教学方法或教材就会导致两者的分离,必须重视经验从而实现两者的统一。

"每种经验都是一种推动力",教育者的任务就是要看到经验所指引的方面,经验的价值必须根据经验的推动方向和结果去判定。杜威以经验为坐标来定位和考察教育,对我们教育者来说具有相当现实的指导意义。

《经验与教育》(1946)是杜威晚年一部重要的教育著作,是实用主义、进步主义教育受到其他教育思想流派的挑战和非难而写的。在分析了"传统教育"和"进步教育"的特点之后,他认为问题不在于"新"和"旧",而在于对经验须有正确的理解。于是,他进一步阐明自己所坚持的教育哲学是"属于经验、由于经验和为着经验",是以经验哲学为基础的。杜威十分重视经验在教育中的作用。他认为,在全部不确定的情况当中,有一种永久不变的东西可以作为我们的借鉴,即教育与个人经验之间的有机联系。教育是在经验中、由于经验和为着经验的一种发展过程。

2. 儿童、教师、教育

1923 年,爱尔兰诗人、诺贝尔文学奖获得者叶芝留下一句警言:"教育不是灌满一桶水,而是点燃一把火。"

教育不是灌输知识,而是激发学生对知识的兴趣;教育的目的不是把人变成被动的容器,而是在学生的心里播撒可以燎原的生命火种。

既然教育需要承担点燃的责任,那么,我们应该去点燃一把什么样的火,怎么去点燃这把火,教师到底是一个什么样的角色,教师应该去做什么样的事? 有一个至关重要的核心问题:一切的起点在哪里?

一切需要从儿童出发。

只有读懂儿童,才能成为儿童的伙伴,和儿童一起成长。因此,发现、引导、发展儿童,做一个长大了的儿童,这是教师应有的角色和责任。

杜威说过:"如果不引导好奇心进入理智水平,那么好奇心就会退化或消散。培根说过,为了进入科学的王国,我们必须变得像小孩子一样。"

夸美纽斯说过:"如果我们想进天国的话,就要变成儿童。"

《马太福音》18 章第 3 节说过:"你们若不回转,变成小孩子的模样,断不得进天国。"

由是而言,当每一个教师成为一个长大了的儿童的时候,教师的责任首先是用自己的大爱大智去从事圣洁的儿童教育,从儿童的特点出发,将教育的内容儿童化,采用儿童的教育方法,将教育内化为儿童的自我教育。

怀特海说:"教育的本质在于它那虔诚的宗教性。""宗教性的教育是这样一种教育:他谆谆教导受教育者要有责任感和崇敬感。""教育的全部目的就是使人具有活跃的智慧。""风格是智者最高的德性。"

教师的专业发展。实际上是实现人生价值和人格价值的一个生命过程。

一名教师的专业发展,是在实现儿童教育的过程中成就儿童和成就自己的过程。这个过程一方面表现为对他人和社会的存在价值,一方面表现为自身存在的价值。要想让自己的人生价值得以完美体现,就要不断完善自己的内在结构,其本质是一种文化意义上的构建和人生意义上的抉择。

任何一名教师要想成就自己,他应该是一个思想者,要有自己的教育主张和教育自觉;是一个智慧者,在反思性的实践过程中为智慧的生成而教育。

杜威说:"对于儿童来说,教师的人格和课业的影响完全融合在一起。"

苏格拉底以道德实践为其哲学智慧的峰巅。这是他的"知即德",要把所有的知识导向德行。智慧的意义在于:会用常识才是知识,会用知识才是智慧。科研可以造就智慧,而智慧以美德为前提。人类的情绪是人类智慧、道德与自尊的基础,认知与情绪的协调可以决定人类的性格与气质。

我以为,智慧的教育应该启发学生最大的潜能,鼓励积极地参与,找到自己的兴趣去自主发展。

怀特海告诫我们:"教育需要解决的问题是使学生通过树木看见森林。"真正的有价值的发展是一种自我的发展,所以,我们不得不自我告诫,只有自我发展和自我教育得越好,才能胜任儿童教育,才能让教育成为一种智慧的艺术,才能让学生通过树木看见森林,实现精神意义上的自主发展。

每一个教师,要有一种虔敬的教育之心。

成尚荣先生如是说:"儿童的发展是现代教育的核心价值定位,儿童立场是现代教育的立场。"

教育应站在儿童的立场上,这是现代教育必须认识的一个真理。

教育之于人,在乎心灵、精神,在乎人的自我觉醒和自主生长。雅斯贝尔斯说过:"教育活动关注的是,人的潜力如何最大限度地调动起来并加以实现,以及人的内部灵性与可能性如何充分生成。换言之,教育是灵魂的教育,而非理智知识和认识的堆集。"教育者,当顺其天性,启其智性,扬其个性。教育的过程,是顺乎自然,发乎潜在,醒于心而成于行的过程。

许慎在《说文解字》中注曰:"教者,上所施下所效也;育者,养子使作善也。"教育应该立足于儿童,从儿童出发,去发现和引领儿童。

皮亚杰的《儿童心理学》中对于儿童认识发展有一个主要观点:儿童心理发生与发展既不是先天结构的展示,也不是完全取决于环境影响,而是内外因相互作用的结果。在相互作用中,儿童心理不断产生量变与质变,不断向前发展。

所以说,教育引导儿童从感性生活走向理性生活,在学习的道路上既要重视学生的体验性,更要将接受的东西转化为灵魂的东西。因为,雅氏说过:"所谓教育,不过是人对人的主体间的灵肉交流活动(尤其是老一代对年青一代),包括知识内容的传授、生命内涵的领悟、意志行为的规范,并通过文化传递功能,将文化遗产教给年青一代,使他们自由地生长,并启迪其自由天性。因此教育的原则,是通过现存世界的全部文化导向人的灵魂觉醒之本源和根基,而不是导向由原初派生出来的东西和平庸的知识(当然,作为教育基础的能力、语言、记忆内容除外)。"

蒙台梭利说:"儿童是永恒的。"我的理解是:

儿童具有的可能性是永恒的。人的最伟大之处,就在于巨大的潜在性和可能性。发现可能性并引导其发展可能性,这是教育的重要责任。

儿童具有的探索性是永恒的。蒙氏认为,儿童是上帝派来的密探。探究是儿童的天性,它将使儿童有着无限发展的可能性。

儿童具有的自由性是永恒的。只有把儿童作为一个发展主体,尊重他们的基本权益,积极了解其发展中遇到的困难,帮助他们自行探索、主动学习,才能让儿童精神自由起来。

最后再说一句;顺应儿童的天性和能力去因材施教,唤醒儿童的自由精神,让儿童在优秀的文化精神中学习、生活、工作,这是儿童立场之中的教育本质。

以上引言出处:方卫平《谁能读懂儿童的秘密》;怀特海《教育的目的》;杜威《我们怎样思维》;夸美纽斯《大教学论》;成尚荣《故事中的儿童立场》;雅斯贝尔斯《什么是教育》;蒙台梭利《儿童的秘密》。

3. 读《夏山学校》

近读《夏山学校》,强烈的第一感觉是通篇写着两个字:自由。

《夏山学校》的作者是 A·S·尼尔,20 世纪伟大的教育家之一,是誉满全球的夏山学校的创始人。夏山学校创办于1921 年,被誉为"最富人性化的快乐学校","因材施教的典范"。尼尔主张,"让学校适应学生,而不是让学生适应学校"。在他的一贯努力下,夏山学校突破了传统的教育观念,成为《窗边的小豆豆》的创作原型,夏山学校掀起了全球范围内的夏山热潮。

尼尔,"坚信孩子的天性是善良的而不是邪恶的"。所以在夏山的孩子们都知道,他们是被肯定的。在夏山,孩子们能真正过一种自由的生活,他们完全舍弃了训练、命令、道德与宗教的教育。大人只要让孩子依照自己喜欢的方式去做,依照自己的能力去发展。夏山学校在这样的理念下进行教育,因为尼尔认为与其培养不快乐的学者还不如培养快乐的清道夫。

夏山的自由实在是自由,一个孩子喜欢捣鼓自行车,发展到偷盗自行车,结果学校大会决定惩罚他,给他买了一辆自行车。大家都相信,孩子如果从小培养出来的好习惯是被迫的,长大了也就来不及了。"孩子需要自由,因为只有在自由的气氛下他们才可以自然发展,向好的方向发展。"

自由是单纯的,要让孩子过上自己的生活。"自由的意义是:在不妨碍别人自由的情形下,做你自己喜欢做的事,因此你能完全自律。"孩子们幸福与快乐的程度,全靠我们给他什么样的爱和赞许。"我们一定要和孩子站在一起。"这样的一种爱,不是一种占有的爱,也不是一种不理智的爱,而是要让我们的孩子们感觉到这种爱的里面不仅是你爱他,而且你也赞同他的一切行为。

在夏山没有孩子犯错,因为这不是孩子的错。哪怕孩子在较远的休息室里将核桃木壁炉架烧个洞,他也不是故意的,因为这样的行为不在孩子的意识控制范围之内。说谎也不是不诚实,孩子多半因为恐惧而说谎;即使真有孩子犯了小偷毛病,也需要老师用自己的辛苦与耐心去帮助孩子,甚至其中的一位孩子是在长达 4 年的时间才改过来的。我们常常会发现,母亲会说即使给她世界上所有的金子,也不会出卖孩子;可是当孩子打碎了一只杯子的时候,你就会对他大发雷霆甚

至要揍他。我们要知道的是,不可以拿孩子与金钱相比较,孩子毕竟是孩子。

来夏山的孩子也有厌学的、自卑的、叛逆的,是家长和老师眼中的问题孩子。可是,当他们来到这里之后,却会发生翻天覆地的变化,他们能自觉学习、独立生活,他们有了自信、有了爱心。这里没有说教和管制,只有和孩子一起跳动的脉搏,一起成长的快乐。事实上,这是一种哲学层面的精神,是人性意义上的爱。

在夏山学校,孩子成了天堂的主人,但是这种自由绝不是一种放任和放纵。夏山是以民主方式进行自治的学校,一切有关集体和生活的事情,包括对违规者的惩罚都由星期六晚上的学校大会投票处理。每一个孩子和教员都只有一票,校长也没有权威。有一次,尼尔提出来十六岁以下孩子不能抽烟,因为抽烟会上瘾,对身体有坏处,结果投票下来校长以失败而告终。但是,有一位十六岁孩子主动提出十二岁以下不准抽烟,提议却获得了通过。夏山的自治没有官僚作风,每次开会都由新主席主持,而且,夏山的孩子对自己的民主十分忠诚,没有怨恨和恐惧。尼尔说:"孩子的正义感永远使我佩服,他们的行政能力很强,自治在教育上实在有无穷的价值。"

尼尔相信:"如果将一个孩子所受的道德教育去掉,他就会变成一个好孩子。"也许我们暂时很难接受这样的观点,但是从书中我们切实感觉到,一个被教导不自私的孩子,他会不自觉地把自己真正的愿望——自私——隐藏起来,性也是一样的道理。小孩的道德观念不要也不应该得到催促,要有耐心,要让孩子在自己的生活中、在自己的经历中、在适当的时候学会分辨好与坏、真与假、美与丑。

"自由本身便可治愈孩子的多数不良行为,不过那必须是真正的自由,不是放纵的自由,也不是感情用事的自由。"尼尔遇到了一个从外地转来的"骗子"学生,他与这位孩子进行了一场被骗、被庇护、被感化的游戏,让这位孩子体会到赞同也是一种爱的精神。

尼尔把读书放在游戏之后,把运动放在教育之中,为孩子提供一个愉悦的生活环境,在兴趣和需要的前提下让孩子享受生命的喜悦,贮备未来生存的能力。

自由的基本含义,是一种无拘无束的状态。它是一个政治哲学概念,意味着人类可以自我支配,凭借着自我的意志去行动,并为自身的行动负责。我们在解读自由的意义的时候,往往强调前者,忽视后者,于是出现了只要自由就是天马行空、无所畏惧、我行我素、放任自流;忽略了康德先生一贯主张的自律意义下的自由,是一种社会人的社会自由。

尼尔的自由教育，是让孩子自由发展的教育，是让人快乐地工作积极地生活的教育。这样的自由，是一种人性的自由，是一种精神的自由，也是一种社会的自由，一种思想的自由。

补笔：请问，教育是什么？

一位语文教研员去一所小学听课，进门的时候，门卫很认真地问他：请问，你说教育到底是什么？

还没等教研员反应过来，门卫自管自地说，教育就是为了孩子的未来。他还说，现在的教师，不知道是不是明白这个道理。

先不说门卫说的是否有道理，也不说教师是否明白这个道理。先说说这个门卫，一个不到30岁的大小伙子，据说还没有对象，平时对门卫工作很热情也很负责。一位副校长曾经问他，假如学校里突然发生了意想不到的情况，比如有人攻击学校，但是这个时候学校领导都不在，你怎么办？他不假思索地说，我就跟他们拼命。副校长一方面肯定他的学校荣誉感，一方面告诉他，首先要报110。

这是一位很坦率又很礼貌的门卫，平时进出门的时候，无论他是否熟识，只要是客人，他都会敬上一个并不标准的礼。现在，他给教研员出了一个史上很难回答的问题，许多教育家、文学家、哲学家都曾回答过，可是，给人们留下印象的、引起世人警惕的指导教育工作的回答又是那么少。

我记得特别深刻的是爱因斯坦说的，把学校里的教育的东西都忘记了，留下来的就是教育。对这个解释，最早的时候也很迷糊，因为，毕竟，在学校里学习了那么多的知识，怎么可能全部记下来呢；既然记不起来了，怎么又会留下什么东西呢。现在想来，是啊，无论小学中学大学，好多好多知识都已经消失殆尽。然而却清清楚楚地记得，中学时期的两位语文老师的讲课风度，记得大学时期的张老师考究学问的专注与执着……于是，在我的灵魂深处，似乎懂得了一个真理，想让自己有所长进，有所求索，那么，还是要学习和用功。

是的，留下来的，也许是曾经教育过自己的，但更多的是一种精神给养，是情意和意志。如果没有这种人格上的烙印，那么，教育就失去了意义，失去了教育的意义。

回头再看门卫说的教育意义，他说，教育就是为了孩子的未来。这一种朴素的认识里包含着多么伟大的真理。教育，就是要让孩子们在学校的教育过程中获得未来的人生基础,就是要为孩子们的终身发展奠定基础。这样看来,教育就不仅仅是传授知识的问题,而是要让孩子们获得全面发展和个性发展的能力问题了。

周国平认为,人生最值得珍惜与追求的两样东西,一是生命,二是精神。要让生命充满幸福,要让精神赢得优秀。所谓精神的优秀,就是要拥有大爱和大智。大爱无疆,大智有道。真正的教育,不仅追求快乐的学习,而且追求自主的学习。如果让每一位学生都能充分享受学习的乐趣,做学习的主人,教育也就成功了一大半。

所以说,教育不能只盯着眼前的考试,不能把学生囚禁在教室里拼命地做习题,一个人没有心灵的自由绝对不可能正常地发育。每一个从事教育工作的人,如果都能真诚地面对学生,视学生为一个个活生生的、完整的、有意义有人格的人,用尊重和启迪的态度来实施教育,那么学生们就会在知识的海洋里遨游,既获取人类的知识财富,又丰富内心的精神世界。教育,既要蹲下去平视学生,又要站起来引导学生,这是知识与能力、过程与方法、情感态度价值观的综合体现,是让学生走出学校之后成为有用之人的教育之道。

为了孩子的未来,我们不得不认真思考"教育是什么"的问题。一个门卫尚且有这样的觉悟,难道从事教育工作的人们就不能反省一下自己是如何从事教育工作的?

几年之前,我去南京讲座的时候就将一些名人对教育的解释进行了汇集,联系自己的教育经历和教育感悟,我说过一句话:教育是一种爱,一种精神的捐献行为。任何教育行为,都应该是一种情感教育,一种心灵教育,一种人生教育。它蕴含在各种学科的知识教育与生活教育的行为之中,是让学生在人类文化世界中不断获取进取之心的品质之路。

教育应该是一件快乐的事情,它可以激发生命,充实生命;可以焕发精神,塑造精神。所以,教育者永远是可以值得尊敬的人,因为,他们懂得教育的意义,又因为,教育永远是一件千秋大业。

谢谢那个不知道姓名的门卫小伙子。

4. 面对教改,自由是什么?

教改教改,说到底就是要在改革上做文章。

在改革过程中一个关键词时不时会冒出来——自由。自由是对改革主体的一种尊重,也是对改革方向的一种明晰。

自由,意味着要将改革的主动权交给改革的主体。主体是谁?是教师,更是学生。进行改革的课堂,是师生们共同焕发生命活力的地方。可以这样说,大家发自肺腑地投入到学习之中,不分彼此,没有距离。心贴着心,眼对着眼,手拉着手,互相之间可以质疑问难,可以自主探究,可以发散思维。之所以要讲以学定教,因材施教,就是因为一切都要为了促进学生的生命成长。这里是知识的海洋,更是生命的舞台。如果能够自由完善,共同参与,那将是多么富有诗意的享受。

自由,同样意味着灵动而不呆板、生动而不僵滞、互动而不霸道的教学气氛。这一种气氛的来临,是颠覆陈旧的教条主义所产生的新气象。那种灌输式的、专制式的、单一式的教学,完全是扼杀生命的行为,是一种精神的掠夺。任何一种教学方法,最关键的是能够激扬起课堂的活力,那是弥散在空气里的积极的情绪和起伏不定四处蹦跳的问题。

自由,还意味着一种真诚的对话。对话过程,本身就是一种信任和谦虚的态度,是一种联合的反思和行动。对话建立在爱的基础之上,所以,无论对话的双方有着怎样的背景世界,互相之间只是存在着不可分割的心灵默契关系。没有了对话,就没有了交流;没有了交流,就没有了真正的教学。对话是一种人性化的体现,也是一种教学的批判性方式。对话之中,恰恰可以反映出对每一个个性的尊重,因为这种对话可以培养每一个独立思维的人。

自由,毕竟需要一种信念,一种对教学规律和对教育本质的把握。

自由式的教改,不是云里雾里天马行空,而是满怀希望纵情挥洒。优秀的教师,能够让自己的心和学生一起跳动,在学生心灵深处留下深刻的烙印。那种试图在混沌和繁杂的教学环节和方法面前快速获取教学质量的企图终究会以失败告终,那种试图在教学中设计出让每一个学生都能整齐划一并高效发展的教学方案不过是一种空想罢了。

所以,自由的教改是一种文明的表现,是遵循科学发展原理的一种教学理念。

真正的自由,是人性的解放。只有这样,人的生命才有意义。

补笔 1：个体的自由与不自由

读《自由学习》一书，读到了一个逆反观点：个体是不自由的，个体是自由的。

先看书中几个例子：

斯金纳博士曾经对鸽子进行了正确行为强化期待的训练，受条件作用的影响，鸽子通过自己能够的行为期望获得食物的奖励。鸽子发现自己特定的行为可以得到特定的结果，鸽子感觉到自己的行为导致了食物的供给，于是，斯金纳总结出了一个唯一的结果：当鸽子做出正确行为时，它的行为就得到了强化，鸽子会不停地转圈直到食物的再次出现；只有特定的行为才能产生特定的结果，鸽子才能得到食物；事物出现时的滴嗒声和鸽子做出的特定动作的时间有着紧密的联系。斯金纳批评了一些人的推断，因为他们使用了期待、期望、感觉、观察和联系之类的词，这不是他们观察到的结果。

于是斯金纳进一步指出，学生们无疑是报告了他们在相似的环境下，自己的期望、感觉和反应。他说，对人来说，发生在鸽子身上的事情与发生在人身上的不会有什么不同，唯一的区别在于"期望、感觉"等词在日常生活口语交流中被强化了。

斯金纳告诉我们的是，正强化对于我们的行为有着明确的作用，而且，在这种情况下，人们仍然感觉到自己是自由的。正强化不会让人感觉到沮丧和反感，这期间通过精心的情境设计控制着动机、愿望等行为倾向。

还有一个例子：四个人在心理学家面前讨论，心理学家对其中一个研究生说，他发言时面前的灯如果亮一下说明发表的观点有说服力，而对其他三个人则说灯亮的时候说明发言说服力不强。结果，那个研究生从原本的最羞涩者变成了小组的领导者，甚至到最后总结的时候，年长的被测试者也说，为什么不由你来总结我们的成果呢，你是最合适的。

这个例子似乎再次证明，人的行为是可以任人摆布的，好像没有什么自由，是不自由的个体。

然而，以下的例子又说明了另一种情况：一个精神分裂者在接受一个多小时的心理治疗之时，一直保持着沉默，然而在站起来即将离开的时候，却笑着说了一句："如果他们能够做得到，那么我也许也可以。"这就是一个普通人的真实想法，没有慷慨陈词，却对改善自己的病情有了良好的愿望。他一直坚持着自己的选择,8个月之后,在他的努力之下康复出院,这种负责任的选择使得这个患者改变了自己。

另外有一个年轻人,是一个女研究生,处在精神崩溃的边缘,问题很严重。罗杰斯在几次访谈之后,发现这个人对没有满足自己的人特别刻薄。最后,她总结说,环境如此,我只能靠自己,依靠其他人是没有用的。然后她又说,只有靠自己去争取。以后,她按着自己做出的重要选择继续探索很快发现,自由选择以及对选择负责任的过程是很艰难的,甚至让人感到恐惧,但是这种体验激发她自己内心的斗志与热情。虽然她仍然感到孤单和缺乏支持,但是,她坚持去做自己认为应该做的事情,她成功了。

自由的负责任的选择,决定着一个人是自由的个体。

任何人都会遇到矛盾和痛苦,都会在前进路上遭遇许多困惑和挫折,怎样选择,怎样坚持,怎样相信自己,这是一个十分重要的不可逃避的人生难题。

教学是否同样如此?如果我们的学生只存在于控制之中,那么他们如何去面对突如其来的选择?如果没有了经验和心理准备,他们的惶恐不安和迷惘无知将使他们成为无益于自己成长和无益于社会进步的人。

我们必须为学生的成长创造一个充满爱和支持的环境,让学生们成为完成教学任务的好搭档,让学生自己学会选择自己喜欢的问题去研究。只有这样,师生联手才能创造出一个健康的学习氛围,才能在任何时候立足于社会,自由地成长和发展。

自由是发自内在的主观的精神态度,"此时此地我可以通过自己的选择来引领自己"。勇敢面对选择,不断重新认识自己,让自己为自己负责,成为一个独特的自己,这个道理我们需要认真学习和不断坚持。

补笔2:人本自由

自由是人类生命的标志,人的自由状态表明了他的生命状态,人对意志的把握力表明了他的生命力。

人的自由状况一般分为两种,一是人的行为自由,二是人的思想自由。行为自由以不妨碍他人的自由为自由,思想自由则无须任何限制。有人反驳说:"自由只能相对于纪律而言。"殊不知,纪律也是为了保障人的自由而存在的规约,在限制人的自由的同时,并不妨碍他人的自由。所以,当纪律对人的自由过多地限制时纪律本身也需要被限制。

于是联想到教育。教育的使命是使人的生命不断获得新生,它的一切合理性均以发展人的自由为前提。

那么,真正的教育就是一种自由的教育,它必须优先关注人的自由。关注自由,必然以自由为生命体,以理解、尊重、关爱为前提,关爱孩子,关爱生命,关爱自由,让孩子对自由有把握力,只有这样,教育才能实现真正的自由教育。

人类的本性到底是什么?求知还是自由?形而上学以"求知是人类的本性"为要义,马克思和希腊先哲则以"自由是人的本性"为真理,两者都是对人的本性观察之后的判断,两者都是人类的需要,求知使人的自由更好地实现,自由则使求知更为有效,人在求知与自由之中得到人性的升华。

形成自由教育有三个条件,一是明白自由与人的关系,二是明白自由与知识的关系,三是明白人、教育、自由、知识之间的关系。只有把人和人的自由紧紧地贴在一起,我们的教育才有希望,我们的孩子才能真正开启自己的生命历程。

人本自由,一是人本来就享有自由的权利,二是人本来就应该有扩展自由的权利(机会)。教育之于自由,在于同时从两方面实现人本自由的活动,让每一个孩子享有并发展自由的自我活动,实现人的解放。只有当孩子们自己去描绘自己的人生蓝图,做自己的人生主宰的时候,教育才具有良知的意义。

只有在自由教育中,我们才能直接看到人,看到人的自由与发展。

读《教育哲学》有感。

补笔3:人们都在说"自由"

最近人们都在说"自由"。

自由,是一个多么富有精气神的词,特别让人崇敬而憧憬。在没有任何阻碍的情况下,无拘无束,自在自为,身心得到舒适而畅快的发展。

问题是,自由仅仅是任性意义上的无所顾忌和放任自流吗?

我们看到一些人无视法律,胆大妄为。有的贪财害命,有的贪腐成性,有的贪图享乐,有的贪赃枉法,最后一个个自绝于人道,有的锒铛入狱,有的遭人唾骂,有的遗臭万年。因为这些人以为,自由就是想说什么就说什么,想做什么就做什么,没有真正懂得自由的真谛。

自由,首先是一种社会法治意义上的解放。人类社会是一个既讲自由又讲法治的时代,需要道德自律和仁义自主,这样才能和谐共存,幸福安康。

自由,还是一种思想民主意义上的解放。既然人的本性是追求自由获得幸福,那么,他就应该有一种确切的光明和梦想,为了真理而不懈努力,允许有自己的信仰,但不能违背人类的意愿。可以百家争鸣百花齐放,但不能百无聊赖和百无一是。更不能空喊口号无视现实,今天看着这边好,明天觉得那边好。

自由,同样是一种人生意志意义上的解放。自由应该成为意志的一个动向,是一种本能的表达。它需要来自自身的力量去驱使自己的行动,有所为和有所不为,坚守自己的信仰,百折不挠,百炼成钢。

自由有着积极自由和消极自由之分。积极自由是一种正能量,是自信自尊自主自能的一种表现;消极自由是一种负能量,是消极对抗消极对待消极对付消极对应的表现。积极自由追求负责任的行动,有着良好的道德约束和道德意志,他获得别人的尊重和敬仰;消极自由反其道行之,没有道德,没有纪律,没有责任,也就没有价值。

自由公民者,是公民自由的模范,首先是遵守公民法则的人。

只有这样,每个人才会有自己应有的权利和义务。他有着自己的爱,自己的梦,自己的价值观。

如果要说教育的自由,课堂的自由,学习的自由,那么,还是陶行知说得好,那就是六大解放:解放眼睛,解放双手,解放头脑,解放嘴,解放空间,解放时间。解放了,也就自由了。

如果说生存的自由,生活的自由,生命的自由,说到底,是意志的自由。那么,需要懂得一个真理,只有这个民族按照它自己制定的法律来行政和行动,它才始终是遵循着自己的意志的。据此,政治的自由也属于自然意义上的自由了。

法国大革命纲领性文件《人权宣言》中,对自由的定义为:"自由即有权做一切无害于他人的任何事情。"(《人权宣言》第4条,1789年)

自由的真谛是,有规则的解放。

5. 独学、对学与群学

为什么在同一个教学班级的两个学生会对同一个教师的教学方式产生不同的学习观点和学习效率,撇开智力情感等因素,极有可能是因为有一个学生的学习方式能够与教师的教学方式产生共鸣,而另一个学生却无动于衷。

课堂教学说是促进学生的个性化学习,其实不可能完全针对每一个学生来设计教学;因为课堂教学毕竟是一种群体性的学习活动,首先要照顾的是大多数学生的学习方式。至于在具体教学过程中尽可能地照顾到每一个学生的思维习惯,尽可能地启发每一个学生的学习热情,这是教学的一种基本常识。

破解学习密码

每个学生的学习个性存在于学生的学习密码之中,这个密码的表现方式更多的是一种"学习的语言"。所有的学习者都有自己的一种"学习的语言",它并不仅仅用真实的语言来表述,而且它还实实在在地体现在学生们的各种行为表现和神态举止当中。这种"学习的语言"一旦形成个性的东西内化为思考问题的看法和习惯,就不单是需要我们去倾听、捕捉、理解的"语言的声音",更需要与之建立亲密的同伴关系,进行行之有效的刺激和交流,"今天的哪些内容有助于大家的学习""在你学习时什么样的学习方式能给你最大的支持",针对视觉、听觉、动觉等各种因素设计相应的问题来组织师生的互动,吸引学生的学习注意力,丰富课堂的学习内容。

学生也有自己的学习爱好和学习个性,研究表明,大部分的学生可以通过特定的感觉与感知的渠道来获得最佳的学习效果,教师如果能比较清楚学生偏好于运动知觉、触觉、听觉或者视觉等哪方面的学习感官,就能及时有效地组织教学活动,展开教学程序,调动学生的学习自觉性,交替运用各种指导策略,让学生更愿意实现自己的学习愿望。一般来说,这是一种互补的教学方法,特别要注意根据不同的教材内容让学生手脑并用地学习,每节课中都可以反复运用和调整以最大限度地适应和满足学生的个体需要。例如,我们可以把信息转换成记忆,针对有些学生喜欢动手的触觉学习方式,合理运用学习的工具;如果有些学生喜好运用视觉的学习方式,就可以通过文字材料和手势语言进行强调和巩固;而条理清晰地表达学习信息对运用听觉学习方式者更为有效。不论学生以怎样的学习方式投入学习活动,都需要我们了解他们的学习个性,对学习方式给予足够的重视,才能建立互动高效的教学关系。

展开对话学习

课堂上在与学生的对话中,必须积极地创造性地使用学生的学习信息,从他们的预习情况、参与意识、表达能力、思维方法等方面保持对学生的期望值,助推学生的学习能力不断超越现在的自己。如果学生的大脑没有处于学习的状态,他们就无法对学习进行认识和理解。所以,对于教师来说,具有挑战性的工作是能否调动起学生的学习激情,用敏感的眼光捕捉教学的机遇,用机智的方法化解教学的问题,把教学引向激动人心、引人入胜的气氛。

课堂教学必须运用独学、对学(两个学生一起学习)和群学(三个或三个以上学生一起学习)相结合的教学方式缩短学习者之间的学习距离,在师生之间、学生之间进行人本对话,一方面与新的知识新的文本之间发生面对知识的动静对话,以动态的阅读心理活动来印证静态文本知识的呈现结果;一方面与他人之间发生人际对话,碰撞出思维的火花,赋予有意义的见解,生成有意义的认识;再一方面与自己的内心之间对话,发现积极的自我意识和自我评价,发展积极的学习期望和学习动力。我们经常看到课堂上的所谓"对话教学",学生只是想教师所想说教师所说,这种一来一去的问答式对话或者满堂问的现象是一种假对话,其实质歪曲了对话教学的本质意义,是我们应该批判的"满堂灌"的翻版。

改变学习方式

要使课堂学习气氛达到根本的改变,绝不是教师单方面的包办代替。学生的学习期望能否得到进一步的发展,关键看能不能转变他们的学习方式。每个学生的天赋与能力是这个班级的学习财富,当每个学生都可以感觉到自己的学习价值并为之努力的时候,教师就应该为他们学习得更好而提供必要的学习机会。教师完全可以利用同伴的力量,强化和刺激学习同伴以多样的视角和方法来帮助他人满足学习的需求,体验同伴的认可或质疑,实现自身的价值。但是,教师不应该只是为了学习讨论而组织活动,应该认真挑选活动内容和(创设)问题情境,既能激发学习兴趣,又能充分表达学习意见。

在课堂上,可以沉思默想,可以对话交流,也可以互相辩论,教师需要特别注意缺乏自信和学习困难的学生,在教学过程中有层次地提出相应的问题,有针对性地揭示教学的观点,让全体学生分享学习和对话的结果。我们的目的在于促进学生积极参与学习活动,在知识共享与实践、提问与质疑之间建立联系,深化学习智慧和形成学习共同体。教师的学习与学生的学习永远是不可分割的一个整体,是课堂文化中的一个重要标志。具体表现为师生之间形成一种教学的默契,大家自由地去探索,去讨论,去挑战人类的文化知识,在教学之路上获得学习的启迪。这样的一个过程,代表着"我们(而不是我)做得怎么样""我们还需要做什么""我们还能怎么做"的道理,每个参与者都为解决学习问题而提出自己的看法,无论相同与否,总是一种坦率的对话与平等的沟通。这种宽松民主的学习氛围,才会勇于表现自我,展示自己的内心世界,提高自主学习的效果。

如何开启学生通向学习成功的旅程,一个特别关键的问题是,要从学生的学习期望出发,运用积极的学习策略实现学习方式的变革,才能引导学生走进更具生命力的学习型人生。

6. 新的基础学力观与认识

新的基础学力观：知识不是一种外在于个体或者强加于个体的被管理被灌输的客观的东西，而是一种可探寻可分析可切磋的动态的探究过程，一种借助于反思性实践来建构的人生意义的活动过程。课程固然包括了"知识"这一个核心要素，但不能简单地归结为课程就是知识。（钟启泉于 2014 年 11 月 21 日"锡山区校园长领导力培训班"上《静悄悄的课堂革命》的讲课内容）

我的认识：既然有新的基础学力观，那么就有旧的基础学力观。一般来说，知识往往是外在于学生、供学生去打开的宝库。过去我们认为，课程就是知识，就是学科，就是学科知识范围内的概念、定义、规律之类的东西。

也就是说，在旧的课程观里，把课程定义为有组织的内容，是书面的学习计划或者是有预期的学习结果，是教学的科目与内容。这是一种把课程理解为名词的知识本位的观念，它强调了学科知识的价值，是经过严格证明的、真实可靠的、能够用文字符号明确表达的认识、信念或者行之有效的做法等。

这种旧的课程观带来的是一种预成性教学设计，体现的是一种静态的、固定的、封闭的状态，定位在以教定学上，表现出我讲你听、我问你答、我说你写的教学方式。

虽然"新课改"已经十多年了，但是由于观念和行为之间的脱节、理论与实践之间的分离、学者与教师之间的对立，课堂上出现了"改来改去改得不像样"或者"改来改去还是那个样"的极端局面。

要么是混乱不堪，表面热闹非凡其实啥也没有，把人心改得浮躁起来了；要么是我行我素，你改你的我做我的，反正最后还不是一张试卷定输赢。因此，能不能真正转变课程观，以新的基础学力观来进行教学改革，敢于挑战学校内部的堡垒，这是一个事关教育大局和命运的大事。

把教室变学堂，首先要确立新的课程观。只有让学生在学习过程中获得有意义的学习经验，包括学习的经历以及从中获得的各种体验与经验，才能确保课程是动词意义上的课程，是经验本位和生成性课程。经验不仅仅是认识问题，它常常渗透了学习者的情感、意志、态度等心理因素。从终极意义上来说，知识本身也是从经验获得的，是从经验中提炼加工的抽象与概括。所以，教学就应该在师生之间的交往互动过程中进行，这样才能真正体现课程的开放性、灵活性和动态性的特征。

以学定教,根据学生的学习需求和学习方式来设计教学,让学习者在学习的过程中支配自己的学习,发展自己的学习力,这是教师的教学原则。好的教学应该是让学生进入自主学习的过程之中,这就要求教的法子根据学的法子来考虑,教学的结构方式以及行为方式都需要有所变革。科学认知和情感意志是分不开的,如果只从简单的知识学习中来预设教学的方案,很可能就把教学局限于知识本位状态,重结论而轻过程,重控制而轻放手,重烦琐而轻简约,以致课堂走向封闭沉闷、繁难偏旧、死板机械。因此,教学方式变革的终极意义是道德方式的变革,是将教学走向教育的变革,是面向每一个学生发展的变革,是发展学力和发展人格同步的变革。

怎么办? 新课程改革主张教学是一种教与学之间的交往与互动,是相互沟通、相互启发、相互发展的一个过程。交流双方的情感体验和价值观念不断得到彼此的滋长,进而形成学习的共同体。所以说,课堂教学只有焕发生命的活力才能赢得教学的相长。

怎么能让信息变为知识,让知识变为智慧,让智慧变为人性(德性),这是新的学力观所带来的启示。

教师不变,课堂不会变;课堂不变,教育不会变。教学即研究,这是一个无法改变的事实。教学研究需要直面很多问题,重建观念首当其冲,方式变革随之而来。理想的教师是反思性实践者,是引导学生进行自主学习和对话交流的导师。如果真正做到变"要我学"为"我要学",真正享受到学习是一种愉快的活动,那么,我们就能做出卓越的教育来。

卓越的教育,是让每一个学生都能达到能够达到的高度。

补笔:我以为的深度学习

如果我们不考虑美国著名的教学改革专家詹森的深度学习策略,仅仅从词面上去考虑的话,那么,"深度"往往与"肤浅"相对应,是一个从狭窄到宽泛、从表层到里层、从单一到多向等方面的过程。

目前我们所接触的深度学习,还很难达到詹森提倡的七个步骤:设计标准与课程、预评估、营造积极的学习文化、预备与激活先期知识、获取新知识、深度加工知识和评价学生的学习,因为这一整套深度学习理论涉及脑研究、深度学习课程和差异学习教学模式等比较陌生的概念。所以,我以为,如果我们只是从国语的层面上去挖掘深度学习的走向,抛开一点美国理论,或许更便于澄清一些认识,慢慢解决我们所需要解决的问题。

目前,我们的教学方式其实还是没有实质性的变化,离自主学习的距离还很遥远。怎么办? 我们首先需要解决的问题是,能不能以学生的生活经验为基础,设计好符合学生认知规律和学科规律的教学过程,扎扎实实地让学生享受学习的快乐,获取真正的学习主体的权利。这是一个先决条件,是通过因材施教的教学观来安排教学的方案,然后不折不扣地予以实施的一种策略。

任何教学,如果不能从生活经验上着手,就是一种目中无人的教条主义。既然把着眼点放在生活经验之上,那么深度学习当然需要让学生通过学习获取更多的生活经验,从而丰富学生的生活积累。课堂上的知识与生活之间,本来就是密不可分的关系。能不能激活学生以前的生活经验,能不能调动学生的学习积极性,就要看教师在预设的时候有没有把学生作为一个重要的(或许是唯一的)要素去认真考虑,一旦激发起学生的学习热情,自觉地将知识与经验、书本与生活联系起来,我想,课堂教学就意味着成功了一半。

教学必然以学科知识为教学的对象,知识的本身就有一个证明和推理的过程。我们的教学理论和实践都充分证明,只有当新知识建立在旧知识之上,而且又高于旧知识的时候,是学生最容易感兴趣和最有求知欲的时候。如果教师能够帮助学生加强新旧知识之间的联系,引导学生不断探求知识背后的规律和模式,解释知识结构之间的联系,从而不断建立新的知识结构,尤其是在学习过程中将知识运用于实践之中,获得真正的能力结构,就会使深度学习趋向现实。

教师要善于启发学生进行思考和交流,提升学生的思维品质。所有教学的核心问题是思维品质的问题,有没有一种良好的思维习惯,取决于教师在教学过程中能不能创造条件让学生多动脑筋,互相交流,运用自己的知识经验去解决未知的问题。这是一个激活、加工、组接、应用的过程,是一个深度学习的过程。

深度学习并非简单指向学习的深度,而是指向学习的发展过程,是建构学生的知识经验、思维习惯、情感投入的综合关系。当学生进入兴奋的学习状态的时候,当学生的知识结构发生根本性改变的时候,深度学习的意义也就自然形成了。

深度学习还需要解决一个学习反思的问题,只有启发学生在学习之中自觉反思,产生问题意识,面对新问题不再彷徨不再退缩而是勇敢面对甚至能自觉分析并解决,深度学习就进入一个更为显著的效果阶段了。

我以为的深度学习,同样是一种建构主义的思想。如果对照詹森的深度学习路线,我们会发现,其实深度学习也就是让学生自己建构知识的网络,去经历从被动到主动、从简单到丰富、从机械到灵活、从封闭到开放的学习快乐。任何一个微小的进步,都是深度学习的一种反映。

当生活经验不断丰富起来,知识结构不断清晰起来,反思能力不断提高起来的时候,深度学习也就不再是一个概念问题了,而是一个现实情境了。

7. 教学是一门愉快的艺术

什么是教学?教学是调动、维持和促进学生学习的一种行为活动。这种活动至少由三个要素组成,一是教师,二是学生,三是教材,把这三者联系在一起,需要调动各种教学手法,于是就产生了教学关系。这样的教学关系一方面以科学性为基本的教学条件,辨明正确的方向和有序的关系,体现的是准确性和真实性;一方面以艺术性为追求的教学境界,使课堂始终洋溢着生机和活力,呈现的是丰富性和有效性。

夸美纽斯说过两句话,一句是,教学是"把一切事物交给一切人类的全部艺术";一句是,"教学是一种使人感到愉快的艺术"。他不仅肯定教学的关系是艺术的关系,而且强调是一种愉快的艺术,所蕴含的意义之丰富与深刻是很难用三言两语来解析的。我以为,关键是要创设愉悦和谐的教学氛围,针对学生的学习心理和教材特点,灵活运用教学手段,激发和满足学生学习的情绪和学习渴望,求得良好的教学效果,达成师生心灵的交融、美感的陶冶和艺术的享受。也是说,教学既然是一门艺术,就要作为一种教学目标不断地去追求。

艺术是什么?艺术是具有创造性劳动的产物,是观念形态性的美。艺术的本质是人对现实的审美观,艺术之美存在于自然之美、社会之美和理想之美之中。我们面对的各种学科教材,其本身就是各类艺术家们所创造的反映科学、自然、生活、历史、现实等的艺术作品,现在需要我们把这些艺术化的作品通过教学的形式让学生学习、体验、获取并转化成另一种艺术的力量,这样的教学才能走向艺术。

教学的艺术必须对教材进行自觉地加工,用生动、丰富、形象乃至个性的方法进行创造性的劳动,这是一种采花酿蜜的过程。齐白石说过"采花辛苦蜜方甜",

这种"蜜",就可以比喻成教学的艺术之美。"采花"的过程是一种"入乎其内出乎其外"的提炼加工过程,需要学习现代教学理论,活用各种教学方法,更要把学生放在心上,教出人格之美和风格之美。

人格之美,反映在教师的内在修养之上。可以从学养、情思和思维三个方面下功夫,形成学问美(学识与文化的修养)、情感美(情操与心灵的品质)、理念美(思维与思想的特色)。风格之美,反映在教学的表现形式之上,可以从特长、特色和特质三个方面形成技术美、技艺美和艺术美。技术美是教学的一种基本功,是衡量一个教师对任教学科的基本内容和教学的基本方法是否掌握的起码标准。忽视基本的技术教学是一种残缺的教学,各学科所揭示的客观知识体系和规律状态,既表现真,又蕴含美,自身就构成了教学艺术的基本特点,教学中必须遵照它的内涵开展活动,诸如文科类的形象化教学和理科类的逻辑性教学等等。技艺美则注重灵活运用教学方法,讲究针对性和启发性,针对什么样的教材什么样的学生应用什么样的教学方法,是对教学方法的合理改造和应用。艺术美特别讲究以独特的方式表现个性的风格,是一种审美创造力的综合反映。在教学中,以教师独特的人格素养、经验感知和审美鉴赏来进行个性化的教学。

风格是人格的外显,人格是风格的灵魂。风格是人的精神个性的外在表现,"风格就是人",这是18世纪法国科学家布封的一句名言。要想真正形成自己的教学风格,就要把自己修炼成一个既是经师又是人师的人。经师是教学问的,人师是教做人的。教师的人格力量,往往是一笔无形的风格力量。教学风格代表着一种教学个性,是多种因素的整体和谐,是思想和行为的和谐统一。

什么是个性?不同的领域有不同的解释。心理学视野中,它是一种心理现象,主要指个人身上经常表现出来的稳定的心理特征,包括能力、气质、性格等。社会学视野中,个性被看作是社会背景的反映,依赖于社会背景,决定人在社会中的角色和地位的一切特征的综合,表现为社会的有效性。哲学视野中,人的个性指个体所具有的相对稳定的区别于他人的独有的特殊品质,是个体主体和客体社会化互动的产物,是个性心理倾向性、个性心理特征和组织系统有机整合的复合体。而教育学视野中,个性是以独特个性的人为对象,教育的目的是促进个性的健康发展,是在一定心理与生理基础之上,在一定历史条件下,通过教育对象自身的认识与实践,形成和发展起来的个体独特的身心结构及其表现。可以这样分析,教学个性,凝聚了教师的生理因素、心理因素和社会因素三个部分,但是,这种个性必须是有利于教学的顺利开展,有利于学生的健康成长,有利于课堂的文化生成。它是创造性地运用教学规律的一种表现,使我们的艺术成为我的艺术。一则教师的教学富有个性风格,能善于发挥自己的教学特长,培养有个性、有创造力的学生;二则学生的学习富有探究精神和自主能力,在教师的启发引导下获得良好的个性发展。唯其如此,教学个性才是教学风格的代名词,才能体现教学艺术的魅力。

教学艺术的第一意义在于让师生双方同时获得精神的享受,教学艺术的第二意义在于让师生双方获得才智的进步。罗丹说:"艺术就是感情。"叶圣陶先生在谈及美读时强调"该激昂处还他个激昂,委婉处还他个委婉",无非告诉我们,教学的时候需要用生命的激情投入进去,在学生的心灵深处引起共鸣,激起学生学习的热情。只有教师洋溢出教学的微笑,才能让学生享受到教学的阳光。现在我们提倡和谐教学,无疑是要注重课堂生活的质量,在课堂教学中实施完整的人的教学,而不是纯粹的知识性教学。在师生的交往活动中,是主体之间的相互交流、相互作用、相互理解、相互沟通的过程,是主体互动的关系,它源自于双方的精神需要,在面对知识传递的来往中,不断展开、发现和发展自我,尤其需要我们端正态度,以平等、真诚、开放的心态开展教学活动,以尊重、鼓励、倾听的方式展现学生的表现,真正实现差异化、个性化的教学。

教学的风格形成,是需要走过一个长期的求索过程的,它是一种个体经历及其体验进程中产生的教学思想,超越于一般的教学经验,反映出完整而鲜明的教学智慧和艺术。它的表现既是个性化的,也是大众化的,是学问与机智、经验与反思的综合反映,具体呈示出很好地说话、很好地行动和很好地思想三个方面。很好地说话是一种语言艺术,它要求教师的教学语言讲出精确、精练和精彩,富有形象性、生动性和启发性;很好地行动是一种行为艺术,或者叫作非语言艺术,要求教师在教学中善于运用各种体态语调动学生的学习注意力,在传神的眼神、精彩的表情、倾听的姿态和生动的举止等行为中和学生一起享受教学的愉悦;很好地思想是一种智慧艺术,要求教师及时利用教学的契机发挥因势利导的教学作用,从思维的强度、坡度、宽度和清晰度等方面激发学生深刻思维、丰富思维和整体思维的品质,体验课堂教学的成功感。

教学的艺术指向教学的风格,教学的风格指向教学的个性,教学的个性指向教学的创造,教学的创造指向教学的开放。开放的教学重视学生实质性地参与教学的活动和过程,是真正意义上的愉快教学。教学艺术行为应该是教师本质力量的显现,任何一名教师来到课堂上,就应该懂得不能满足于现状,要充满创造的思想。"创造是艺术的生命",这是文学艺术特有范畴的道理,同样也是教学艺术的真谛。为此,要让师生享受教学创造的艺术,就要让教师提高自己的审美修养,在努力磨炼和艰苦探索的道路上形成自己个性化的教学艺术。

教学艺术的落脚点在于简约、平凡和普通,因为它是一种美,一种天性自然、一目了然的美,不需要去作秀和粉饰,也不需要去刻意和雕琢。要让教学成为愉快的艺术,更需要我们用平常的眼光对待一切教学问题,携手在学习和反思的共同体之中,做到既广博又专精,既厚积又薄发,既高屋建瓴又脚踏实地,这样,我们的教学才能走向成熟,臻于艺术。

8. "和文本作深度对话,是要有学养做本钱的"

断断续续地阅读《解读语文》,越来越深刻地感觉到三位学者在解读语文过程中所表现的宏阔视野和精深学养。

对于语文教学而言,解读语文文本的优劣往往决定着语文教学的成败。当今语文课堂,语文教师局限于教案教参现象依然是一种普遍现象。有没有可能改变语文课堂中讲与不讲一个样、讲了反而比不讲更糟糕的状况,需要我们好好读一读这本书。

文本解读之有效与无效、低效与错效,就看语文教师在解读首席之中的位置与作用如何了。

孙绍振先生在鸿篇序言中说:"和文本作深度对话,是要有学养做本钱的。"他告诉我们,在阅读的过程中,自发和自觉的主体问题,实际上就是自由思考与学养积累的问题。所以,后现代注重的无条件尊重学生主体对文本多元的独特感悟,是经不起实践检验的。孙先生指出,阅读就是读者主体、文本主体和作者主体从表层到深层的同化与调节。所以他提示我们,经典文本结构需要经过解读的三个层次,一是显性的感知,二是隐性的"意脉",三是文体的流派和风格。

关于"意脉"的特点,孙先生以《背影》分析为例,指出一是连续性中的曲折性,二是情志的深化。这是每一个值得语文教师需要深度领会和具体把握的概念,也是一种解读的方法。为此,孙先生还向我们提出了"还原"和"比较"的分析法,其"还原"解读不同于现象学的去弊,而是为了解释矛盾和差异。书中孙先生对作品的解读,充分表现出他的语文解读既有深厚的理论背景,又有明确的操作路径,睿智幽默而卓越不凡。

同样,钱理群先生的解读充满激情,感性透明;王富仁先生的解读沉稳理性,见解独特。三位大师从不同的角度切入,采用不同的解读方法,纵横捭阖,发人深省,给人以思想上的启迪和行动上的指南。

回头再读读孙先生的《读者主体和文本主题的深度同化与调节》这篇序言,再想想如果没有了理论思想这方面的学养本钱,我们再有十分的热情或者开放的主观心态,又怎么可能读出作品的文化和艺术的奥秘呢。

当今时代,快餐式阅读迎合着浮夸式社会,教条式解读替代着本质的对话。语文课堂无视文本的深层意脉和文体的审美风格,在浅层和表面上滑行,在混乱与纠缠中虚度,思而不学,重术轻道,这是一种可怕的生存状态。

语文教师当惊醒了。

读一读《解读语文》,收获的不仅仅是一篇篇语文解读的范例。

补笔：有一种阅读叫对话

2009年5月4日去省锡中观摩了一个活动，是"江苏省人民教育家培养工程"中学校长组的一个论坛交流活动，主题是"国家教育战略与学校特色发展"。一共有两个议程，一是由中央教科所所长袁振国谈《国家教育中长期规划纲要》制定的一些背景情况并予以解读，二是由中学校长组成员与导师陈玉琨等人的对话，半天的工夫收获了大量的信息，尤其对后阶段的对话产生了浓厚的兴趣。

最近以来，一直在考虑一个问题，我们都在强调阅读对人生的重要性，都以为一个人的精神发育史就是一个人的阅读史。那么，有没有考虑到另一种阅读的方式，那就是，和富有思想境界的人对话，不就是在阅读这个人的精神世界吗？

读书是一种静态状况下的阅读，虽说也有与作家作品的心灵交流，也在进行着二度创作，是修身养性、提升气质的一条通道，但是，这毕竟是学习活动的一个方面。如果能够和大师、专家、思想者有面对面交流的机会，那岂不是更能够获得一种直接的、亲切的、全方位的熏陶，即使只是作为一个观众或听众，同样也能感受期间丰富的学养和智慧，从中获得更为现实、更为精彩的生成内容。

最近连续两次去省锡中参加活动，4月25日聆听了周国平先生的讲课，现场对话之中一些学生和教师与周国平之间就一些特别关注的问题展开了交流，涉及当今的语文教学、课程安排、哲学的唯物与唯心、女强人与家庭温情等问题。紧接着的5月4日，旁听了一些作为教育家培养对象的中学校长与陈玉琨、胡百良之间的对话，特别就学校与校长、教师、学生之间的发展问题、教育之爱与严格要求之间的问题、一般教育与特殊教育之间的问题、如何处理校长自身的业务与管理之间的关系问题等展开了交流。

整个过程充满着思辨性和思想性，尤其是面对当今教育发展遇到的学校特色与国家战略关系时，陈教授强调了特色的三个阶段，一是规范性，二是精致性，三是特色性。认为特色的问题必须符合基础性和普适性，必须让每一个学生都能获得发展的机会。胡百良作为一个老校长，一个富有教育工作成就的导师，越说越激动，他认为既然作为培养对象，就要带领所在学校为了正确的方向而努力，绝不是违背教育规律去追求片面的影响，不要几年之后培养对象成了一个假教育家。

于是，我在反思的过程中越来越清晰地认识到，这样的对话交流，是一种难能可贵的阅读机会。这种面对面的对话，不仅是一种坦诚的胸怀，更是一种敞亮的视界，是在思想困惑和实践矛盾的过程之中消除精神饥饿的一剂良方。面对面、心与心之间,容易发现别人思维的独特和认识的高远之处,容易拨开迷雾修正自己的不足。

进一步思考发现,如果我们的教学能够畅通对话的渠道,在与学生、与文本、与同伴、与人生对话的过程之中,能够不断进行反思式对话,在对话中培养教育自觉和激扬教育智慧,不就意味着朝着专业发展的方向不断前行吗。

对话其实不仅是一种阅读,而且是营构幸福人生的一种修炼。在自我展现的同时,不断分享着互动合作和思想变革的愉悦。对话不仅可以沙龙讨论、问答座谈,还可以专题访谈、论坛研讨,即使是一种私人闲聊,只要是有益于身心健康和进步的,也不失为一种不可多得的阅读方式。在对话过程之中,寻求思想的营养,启迪智慧的火花,获得情感与意志的冲击,何尝不是一种值得推崇的好方法?

据说,省锡中每年都要在学生中举办读书交流活动,有的学生开始研读黑格尔的作品,有的对季羡林大师情有独钟,就是因为学校在活动主题之中穿插了一些让学生感兴趣的特别是让学生获得心灵洗涤的活动,比如邀请作者来到大家中间开展面对面的对话互动,这是一种别开生面的教育,是课堂教学远远不能相比的教育活动。

因此,作为一名教师,一个有着教育理想的人,在积淀人生的旅途中,请不要忽略了对话的意义。

第四章

文本分析论

第一节　召唤与期待：文学阅读的视域对话

——关于《受戒》的接受美学分析

作品的意义是读者在阅读过程中从文本中挖掘出来的，在作品未经阅读理解之前，作品仅仅是一种潜在性文本，有着相当的空白和未定点，这种情况就构成了作品的召唤结构。只有在读者阅读的具体化活动中，这些空白和未定点才能得到补充和完善，才能生成作品的重要意义。

一、召唤·期待

文学作品的真正存在，只在于它被展现的过程，只在于通过读者的再创造或再现来使得作品得到完美的表现。

"文学作品具有两级，我们可以称之为艺术极和审美极：艺术极是作品的文本，审美极是由读者完成的对文本的实现。"[①]从接受美学来看，每一部文学作品的阅读过程的核心，应该发生在作品的召唤结构和读者的阅读期待的相互作用之中。作品的实际位置存在于文本和读者之间，读者将自身置入于文本的历史视域，在阅读理解过程中凭借着自身的思想观念、道德情操、审美趣味、接受能力等期待视野与文学文本展开对话融合，于是，读者对文本的接受过程就是对文本意义的再创造过程，也是文本意义得以具体实现的过程。

文学作品反映生活世界，"生活世界同时是一个共同的世界，并且包括其他人的共在"。[②]这是一个存在着的世界，是在一个真实的无限的历史的世界里被作家创造出来的有意义的世界。在这个世界里，人类的生命存在就成为其中的基本事实，文学的历史性在历时性的交叉点上显示出来，它的过去和它的未来成为不可分割的结构因素，所有的世界都统一在文学期待、记忆和建立作品意义的期待视野之中。

所谓期待视野,就是在读者进入阅读接受之前由于主体和客体、历史和现在、自我和他者等诸多因素的影响,阅读心理已经形成了的某种认知结构和预期认知。这是读者对于作品的预先估计和期盼,是读者原先各种趣味、经验、素养、理想等综合形成的对文学作品的欣赏水平与接受要求在具体阅读中的表现,因此是文学接受活动的基础,常常决定或影响着读者接受的方向和层次、水平和效果,所以也可以把它叫作阅读的前理解。

汪曾祺是一个很早就注意到小说自身主体性开放的作家,20世纪40年代起就开始强调小说“需要足够的空间,好让读者自己去从容来抒写”③。晚年的他更加明确地指出小说作者与读者的地位是平等的关系,读者是自由的,要让读者接近人物,这些主张与接受美学之间形成了呼应与共鸣。“汪曾祺认为作品文本的完成并不意味着创作过程的完成,他相信接受美学,鼓励读者的参与意识,主张文本完成后作者还可以继续想下去,读者也愿意和作者一样继续想下去,这样读者才能既得到欣赏的快感,也能得到思考的快感。”④他在60岁时发表于1980年10月号《北京文学》的小说《受戒》,是一篇引起新时期文坛震动和读者强烈反响的作品,也可以看作是一篇在接受美学“空白”与“同构”理论引导下的力作。

《受戒》表现了一个怎样的生活世界?它描述出一种怎样的人生意境?它又留下了怎样的“空白的艺术”?它的意义到底在哪里?这些问题有没有可能再次引起读者的阅读兴趣,本文试图从接受美学的范畴来加以认识和分析。

二、水乡·民俗·牧歌

汪曾祺说:“小说里所描写的景物,不但要是作者所见,而且要是所写的人物的眼中所见。对景物的感受,得是人物的感受。不能离开人物,单写作者自己的感受。作者得设身处地,和人物感同身受。小说的颜色、声音、形象、气氛,得和所写的人物水乳交融,浑然一体。就是说,小说的每一个字,都渗透了人物。写景,就是写人。”⑤《受戒》的故事发生在一个充满淳朴民风的水乡,人物形象便在水的背景中透露着清静和质朴的气息。

水是万物之本源,人的生命同样离不开水,对水的迷恋就是对生命本源的迷恋,汪曾祺那铭刻于心的水乡情结在作品中得到了充分的释放。汪曾祺在回答安妮·居里安女士的问题时说过:“为什么我的小说里总有水,即使没有写到水,也有水的感觉。这个问题我以前没有意识到。是这样,这是很自然的。我的家乡是一个水乡,我是在水边长大的,耳目之所接,无非是水。水影响了我的性格,也影响了我的作品的风格。"⑥作者的故乡在江苏高邮,水灌注了他的童年。他从小就看运河,看船,看打鱼,与生俱来的水世界成为作者的生命本源,也就自然而然地成为作者作品的生活背景和生命基调。

"美的自然能唤起一种直接的兴趣,即一种道德上的兴趣。在自然的美的形式中发现美,反过来又导出了这样的思想,即'自然创造了那种美'。凡在这种思想引起某种兴趣的地方,就出现了道德情操的陶冶。"⑦自然与人物之间有着一种神奇的耦合性,是作者创作过程中的一种自然造化。我们在发现自然美的同时,恰恰是读者心目之中存在着一种美的秩序与期待。我们是在艺术中发现读者自身,是在作品中获得信息的确认。

《受戒》中的明海要去寺庙当和尚了,舅舅领着他"过了一个湖。好大的一个湖"!再"穿过一个县城""到了一个河边,有一只船在等着他们"。于是,明海和小英子的第一次相遇就在水上。"大伯一桨一桨地划着,只听见船桨拨水的声音:'哗——许!哗——许!'"水的韵律敲击着人的心田,这是一首明亮欢快的清晨进行曲。到了荸荠庵,"门前是一条河。门外是一片很大的打谷场。三面都是高大的柳树"。后来"明子老往小英子家里跑""小英子的家像一个小岛,三面都是河,西面有一条小路通到荸荠庵"。一来二去,明海与小英子之间便开始产生一种"从来没有的感觉"。"明子常搭赵家的船进城,给庵里买香烛,买油盐。闲时是赵大伯划船;忙时是小英子去,划船的是明子。"明海去寺里,小英子划船相送;明海回来,小英子摇船相接。虽然作者每次直接着墨于水的文字并不多,可是依然可见江南水乡的清新自然和平和率性。水的波动生成了两个小主人公爱的涟漪,水的底色成就了生活在水乡人们的本色生命。

常言道,一方水土养育一方人。在作者的笔下,《受戒》中的水乡世界不仅如此之明媚灵秀,而且这里的乡风民俗也是如此之淳朴宁静。本应庄严肃穆的菩提庵如今变成了充满俗尘气息的荸荠庵,本应受着清规戒律束缚的和尚们如今却过着逍遥自在的人间生活。"这个庙里无所谓清规,连这两个字也没人提起。"因为这个地方"人不生病,牛不生灾,也没有大旱大水闹蝗虫,日子过得很兴旺"。庵赵庄的人们世代生活在这种超然世外的桃源似的环境中,悠闲自得,和谐共生,所以,明海在宁静澄明的桃花湖中,在平安祥和的风俗画里,他聪明、洁净而天真地出现在开朗、活泼而勇敢的小英子眼前,生命的活力得到了完全的解放,朦胧的初恋情愫像春天的野草一样蓬勃舒展,又像流水一般水到渠成。人与自然、人与风俗同心同感相融相契,即便是在充满神圣宗教的仪式面前也同样洋溢着本真快乐的人性,清新明丽的水乡风景和恬淡自然的民俗风情构成了一曲悠扬美妙的田园牧歌。

三、诗心·诗语·诗境

当我们沐浴在《受戒》那恬静而清淡、柔美而舒心的语言世界里的时候,我们的心田就会情不自禁地随着那诗一般的语言而陶醉。读到《受戒》的结尾,我们会和当初发现这篇作品的李清泉先生一样击节赞叹,从心底发出"太美了,简直是一尘不染"[8]的赞叹:

芦花才吐新穗。紫灰色的芦穗,发着银光,软软的,滑溜溜的,像一串丝线。有的地方结了蒲棒,通红的,像一枝一枝小蜡烛。青浮萍,紫浮萍。长脚蚊子,水蜘蛛。野菱角开着四瓣的小白花。惊起一只青桩(一种水鸟),擦着芦穗,扑鲁鲁飞远了。

明海与小英子这一对水乡儿女在经历了受戒之后,他们的爱情再也无法遮掩,明海使劲地划着桨,小英子则开始了爱的攻击,从小声的问话到大声的应答再到小声的对白,芦花荡里的景色也随之欢快起来。长短参差,奇偶多变,构成了抑扬顿挫、回环绵长的节奏和气韵。无论是芦穗、浮萍和野菱花的颜色和形象,还是青桩那"扑鲁鲁"的声响,都明白地告诉我们"语言本身是艺术,不只是工具"[9]。《受戒》不仅让我们感受到自然世界朴素的语言所带来的浓厚的诗意,更引发读者充满期待的骚动和预示着主人公命运的生命气息。

汪曾祺的小说里常常充满着诗情画意,崭新的意象之中蕴藉着丰富的意境,这种美学倾向充斥在《受戒》之中。作品不重情节,而重意境;不重人物,而重印象。试看一个场景描写:

晚上,他们一起看场——荸荠庵收来的租稻也晒在场上。他们肩并肩坐在一个石碾子上,听青蛙打鼓,听寒蛇唱歌——这个地方以为蝼蛄叫是蚯蚓叫,而且叫蚯蚓"寒蛇"。听纺纱婆子不停地纺纱,"沙——",看萤火虫飞来飞去,看天上的流星。

这里渲染出的一种情致与气氛,几近空灵而不真实,有一种诗意化的虚幻和真实之间的浪漫和亮丽,同样透露出俏皮的欢悦和美好的心灵体验。

《受戒》几乎是一篇诗化的小说,没有明确的情节,这正是汪曾祺小说从情节模式到情调模式的革命。"作者着力于某种气氛的渲染和烘托,在某种意义上,人和事反倒成了'背景',而背景则成了'前景'。"⑩这种诗化倾向与作者的"气氛即人物"的美学观不谋而合,同时证明了作者"一个小说家的气质也是一个诗人"的理想追求。所以《受戒》的人物刻画往往是寥寥数笔,在特定的氛围中突出表现其赖以生存的文化土壤,使得人物和氛围成为一个整体,有着别样的历史厚重感和生命立体感。

哲学诠释学告诉我们一个真理,能被理解的存在就是语言。《受戒》的行文信手拈来,随心所欲,充满着抒情色彩和风情画意。作品一开头就向我们描绘了江南水乡的习俗与生活,明海出家当和尚,荸荠庵里的经声,庵里和尚的清闲日子和平常生活,年轻和尚的情歌;接着介绍小英子一家的水乡生活,农家园里的勤劳和善,晒谷场上的蛙叫蝼蛄鸣等等,似乎没有一条明显的线索因果的关系,在顺乎自然的情调里充满了生命的平和意境,内在的人物命运与干净的文学语言交织在一起,在表面看来平淡无奇的内容里,有着强烈而冲动的生命力。

《受戒》的语言不事雕琢,没有渲染,接近口语而贴近生活,哪怕是人物的对话也是干脆利落,十分地珍惜。我们来看看明海与英子初见时的对话:

明子听见有人跟他说话,是那个女孩子。

"是你要到荸荠庵当和尚吗?"

明子点点头。

"当和尚要烧戒疤呕!你不怕?"

明子不知道怎么回答,就含含糊糊地摇了摇头。

"你叫什么?"

"明海。"

"在家的时候?"

"叫明子。"

"明子!我叫小英子!我们是邻居。我家挨着荸荠庵。——给你!"

小英子把吃剩的半个莲蓬扔给明海,小明子就剥开莲蓬壳,一颗一颗吃起来。

一个羞涩被动,一个活泼主动,简洁的话语间可见他们的憨厚与机敏、率真与爽直。"以文字形式固定下来的东西就在一切人眼前提升到一种意义域之中,而每一个能阅读它的人都同时参与到这个意义域之中。"⑪在字里行间,读者自然参与到作品的理解之中,极普通的对话如闻其声如见其人,在平常的语言里迸发出超乎寻常的活力和韵味。正因为这样,即使小说情节虚化,语言诗化,却仍然保持着小说丰厚的特质。

四、童话·梦·人性

汪曾祺的《受戒》依照传统阅读的期待,人们自然会联系到既然出家当和尚,就需要遵守和尚的清规戒律,诸如不杀生也不偷盗、不饮酒也不食肉、不妄语也不淫邪等等。可是,小说的生命形态出现了许多的悖论,和尚们的一言一行似乎都在与一切常规叫板。我们无须在这里赘述他们是如何杀生偷盗、饮酒食肉的,即便是淫邪一桩,也是够厉害的。他们不仅准备将来还俗娶亲,还可以在庙里有老婆,甚至善因寺的方丈有小老婆,一场焰口之后还会有大姑娘小媳妇跟着失踪。汪曾祺说:"我认为和尚也是一种人,他们的生活也是一种生活,凡作为人的七情六欲,他们皆不缺少,只是表现方式不同而已。"⑫在他的笔下,一幅幅平和淳朴的生活画面和一处处清新淡雅的自然风景,编织出一个充满斑斓色彩的童话世界,我们所能够感受到的是一种近乎自由和潇洒无拘的生命状态。

姚斯认为:"假如文学文本首先需要成为一种回答,或者加入后来的读者首先在其中寻找一种回答,这绝不暗示着作者自己已经在其作品中给出了一个明晰的回答。这种文本的回答特点,为过去的作品和它后来的阐释之间提供了一种历史的关系,它是一个结构模态——这是从它的接受观点来看的,它不是作品自身中的一个恒定的价值。"⑬上文提及的文章结尾关于芦花荡的描写就是一段不可思议的情境表现,作者用诗情画意的芦花荡来暗示明海与小英子之间的美好爱情,其本身就是对清规戒律的一种否定,是一种自然生命的率真而本性的反映,是一首从"受戒"到"破戒"的生命赞歌。读者所期待的回答或意义,在矛盾与纠结之中获得了一种强烈的视觉冲击或思想洗礼,使作品的未定性决定了审美体验所带来的深刻思考。正因为这样,作品在最后的落款处给读者留下了一个悬念:"一九八〇年八月十二日,写四十三年前的一个梦。"

这是怎样的一个梦?四十三年前的梦是啥样的?现在这个梦有没有得到再现?作者自己说:"四十多年前的事,我是用一个八十年代的人的感情来写的。《受戒》的产生，是我这样一个八十年代的中国人的各种感情的一个总和。"[14]我们无法猜测新时期汪曾祺复出文坛时用《受戒》来投石问路的真正用意是什么，四十多年过去了，这个梦依然存在着，难道仅仅是作者所说的"是我的初恋的一种朦胧的对爱的感觉"吗？据作者自己介绍，他的生活中确实有赵姓一家，小英子后来还曾到汪家当过弟弟的保姆，那么，这种"对爱的感觉"怎么会放置在这样一个背景中描述呢？而且，八十年代的感情有没有发生翻天覆地的变化呢？是怀念抑或憧憬当时当地的生活，还是另有别的企图？这些阅读期待再一次敲打着读者的魂灵。

汪曾祺有了写作的冲动之后，也曾有人问过他为什么要写这样一篇东西，"当时我没有回答，只是带着一点激动说：'我要写！我一定要把它写得很美，很健康，很有诗意！'写成后，我说：'我写的是美，是健康的人性。'美，人性，是任何时候都需要的。"[15]不难看出，即使时光已经到了八十年代，作者的心目中依然保留着少年时代所期盼的没有扭曲、没有束缚、没有压抑的爱和人性。1980年作者已经60岁，四十三年前正好是明海出家四年之后的年龄，这不可能只是一种巧合，而是作者的一种匠心。在天真善良充满太多梦想的年龄，生活总是那么色彩缤纷美丽动人。时过境迁生活命运有没有发生深刻的变化，人们的心灵世界有没有受到外界的干扰和困厄，读者需要去重新认识，而作为汪曾祺来说，他用小说来发掘人身上美的诗意的东西，去肯定人性的价值，这是一种梦中的期盼，也许这正是改革开放所需要的一种思想。在汪曾祺的《受戒》里，不光是荸荠庵的一批和尚那么自由自在，还有小英子一家的生活也是其乐融融，从庵赵庄到善因寺，从尘世到佛门，都表现出情感和欲望的自然宣泄，现世和未来的自在纯粹。这大大丰富了人性的健康与审美的乐趣，人与自然、人与人、人与社会之间的生命境界也就不外乎如此地浑然一体。

加达默尔说："当我们理解某一本文的时候，本文中的意义对我们的吸引恰如美对我们的吸引一样。在我们能够清醒过来并检验文本向我们提出的意义要求之前，文本的意义就已经自己在发挥作用，并自身就已经有一种吸引作用。"[16]作为读者，我们无法摆脱一切的前理解存在下来的认识，但是随着理解的进一步深入，一切的前理解又会发生新一轮的再认识。《受戒》之中明海与小英子之间的爱，在不经意间不着痕迹地生长和发育，终于在"受戒"的故事里释放出"破戒"的渴望，寻找到了一个精神的避难所。在爱的面前，人生命的形态有着原始野性的自然力量和追求生命美的热情勇敢，这是一种圣洁而朴质的生机和活力，是一种自然之美与生命之美的同构和契合。

五、视野·相遇处

伊泽尔说:"读者的角色是由三种基本内容预先构造的:在文本中表现出来的不同视野,读者综合这些视野所由之出发的优势点,以及这些视野汇聚到一起的相遇处。"[17]这里有两个重要概念,一是视野,一是相遇处。文学作品是传达作者思想世界而构思出来的产物,读者在阅读理解文学作品的时候往往接受和交织着不同的文本视野,包括叙述者视野、人物视野、情节视野以及虚构的读者视野等。当这些视野汇聚到一处时,这个相遇处就会产生作品的意义,就能真正获得作品响应的效果。

单纯地理解一篇作品的文学意义是片面而狭隘的,因为每一个读者都依赖于他的社会环境、人生经验和审美体验,而每一部作品又都有其自己的历史意识和社会特性,有作者自己独特的人生经历和作品群。读者既是一个提问者又是一个思考者,更是一个回答者,在自问自答的过程中试图倾听作品的回答。一部作品被读者首次接受,所调动的阅读期待也随着读者的阅读理解不断发生着变化,而一部作品的意义经过一代又一代的接受之链将不断被丰富和充实,它的审美价值同样在读者的理解过程中不断被证实。

所以,汪曾祺的《受戒》一方面是一篇可以完全独立的文学作品,一方面又与作者的人生经历、生活哲学、文学精神、思想作风等有着密切的联系。汪先生的小说从20世纪40年代跨越到八九十年代,在当代文坛上出现了一种"异质"现象,具有特别重要的研究意义,如果仅就《受戒》是难以认识清楚汪曾祺的文学思想和作风的。最基本的事实是,既然作者自己提及四十三年前的梦,那么与他的年轻时代的生活自然有着必然的联系,与他早期的小说《异秉》之间也有着前后的关联。再有,他说:"这篇小说像什么? 我觉得,有点像《边城》。"[18]联想到作者师从沈从文先生,在创作的潜意识里是不是也和先生之间有着许多交叉的脉络文风关系。80年代后作者以故乡高邮的旧生活为背景发表了大量的小说,面对如此的一片艺术新天地,我们就更有必要将其作品放在一起去探讨其艺术魅力和文学价值,像《大淖记事》等令人神清气爽的力作是无论如何也不能丢弃不管的。

读者与作者之间的距离是自然存在的,穿越这种历史的时间距离,只有依靠视域的对话来完成。然而,在阅读过程中,作品的潜在意义永远也不可能被读者全部来实现。"在艺术的历史传统中,一部过去作品不断延续的生命,不是通过永久的疑问,也不是通过恒久的回答,而是通过疑问与回答、问题与解决之间的动态的阐释,才能够激发一种新的理解并允许重新开始过去与现在的对话。"⑲读者凭借的阅读视域需要不断加以扩充和修正,在与作品视域的对话中才能不把自己限制在作品的框架内。而不断地扩大阅读理解的范围,不断地研究作者作品,是一条十分重要和非常必要的途径。

一个读者不可能完全理解领会一部作品,同一个文本经过不同时期不同读者的阅读理解也会产生不同的意义。汪曾祺《受戒》的潜在意义会随着不同读者的不同方式去实现,第二次阅读的时候还会有与第一次不同的阅读效果。有人说这是一首悠闲的牧歌,也有人说这是一首冲锋的号角;有人说这是一个唯美的避难所,也有人说这是一个诗化的存在;有人说这是一种新写实主义,也有人说这是一种文学先锋性;有人说这是一篇中国传统文化的代表作,也有人说这是一篇西方现代主义文学的新作品……凡此种种,都说明了一部作品的真价值,不在于其所已经说的,而在于其所没有说的,在于它的召唤结构和言外之意。

一部文学作品的历史生命如果没有接受者的积极参与是不可思议的,因此,在读者的阅读理解进程中永远发生着穿越时间距离的阅读对话。

注:

①⑰[德]W·伊泽尔.审美过程研究——阅读活动:审美响应理论[M].霍桂恒,李宝彦,译.北京:中国人民大学出版社,1988:27.27.

②⑦[德]汉斯-格奥尔格·加达默尔.真理与方法:哲学诠释学基本特征(上卷)[M].洪汉鼎,译.上海:上海译文出版社,2004:252.65.

③④⑩卢军.汪曾祺小说创作论[M].北京:社会科学文献出版社,2007:169、170.159.

⑤⑥⑨⑫⑭⑮⑱汪曾祺.汪曾祺说·我的世界[M].北京:中国青年出版社,2007:175.217.166.206.207.207.207.

⑧陆建华.汪曾祺传[M].南京:江苏文艺出版社,1997:215.

⑪⑯[德]汉斯-格奥尔格·加达默尔.真理与方法:哲学诠释学基本特征(下卷)[M].洪汉鼎,译.上海:上海译文出版社,2004:507.634.

⑬⑲[德]H·R·姚斯,[美]R·C·霍拉勃.接受美学与接受理论[M].周宁,金元浦,译.沈阳:辽宁人民出版社,1987:87.88.

第二节 从"可能的存在"走向"现实的存在"

—— 关于《雅舍》的理解与解释

文学文本的理解存在于两个极点,一是文本一极,一是理解者一极。在文本与理解者两极以及发生在两者之间的相互作用,奠定了文学交流的根基。文本意义在理解者个人生活的体验之中,它是一种内在的表现;而文本作为一种召唤结构,等待着理解者的理解和解释。理解的本质就在于作为此在的读者对彼在的文本的解读,让文本由"可能的存在"达成"现实的存在"。

加达默尔说:"解释学的原则仅仅意味着我们应该试图理解一切能被理解的东西。"①由于文学文本常常缺乏直接的可理解性,因此也容易被读者所误解和曲解。解释学向我们提出了一个需要注意的现象,在文本理解过程中,一切刚刚接触到的文本和文本语言都包容了过去和现在的对话,只有在理解之中才能让我们识破并揭开语言的世界,才能真正实现"一切理解都是自我理解"②。

在所有的文学作品中,散文是作家们最自由又是最不容易处置的一种文体,"因为一个人的人格思想,在散文里绝无隐饰的可能,提起笔来便把作者的整个的性格纤毫毕现地表示出来"③。然而,正因为如此,很多读者往往对散文作品的意义把握缺少了一种自觉和深刻的理解对话。在阅读现代著名作家、学者、文学批评家梁实秋的散文名品《雅舍》的时候,如何才能凭借仅有的"前理解"去体会作品出神入化的语言风格和字里行间的人物精神,怎样才能从作品之中获得一种散文的韵味和自我的存在,有没有可能从表层的感知深入到里层的感悟,那"绝无掩饰的可能"和"纤毫毕现的表示"真的那么容易理解吗?这是本文试图从解释学的角度去进行分析和探究的话题。

一、文本体验,消解陋室与雅居的矛盾

接受美学告诉我们,读者阅读文学作品的时候,往往有一种心理预期,表现为一种阅读期待。这种期待如果遭遇文本内容的颠覆时,就会产生一种读者期待视野和文本作品之间的落差。要想调整两者之间的对立冲突,最基本的方式是在文本认识过程中调动读者的阅读感官去体验和品味。体验作为人类生命存在的一种生存方式,源于生命活动之中。加达默尔说:"如果某个东西不仅被经历过,而且它的经历存在还获得一种自身具有继续存在意义的特征,那么这种东西就属于体验。"④作者的生活经历先于文本而存在,文本的传达为阅读解释提供了线索。于是,作者的生活经历和读者的阅读体验建立起一种交叉重叠的关系,一方面包含了作者对生活阅历的创作意图,一方面表现为读者对文本内容的阅读理解。

初步接触《雅舍》的时候,几乎每一位读者都会有一种文不对题的感受,作者描述的起居之所与居住生活怎么能和一个"雅"字相提并论呢? 文章一开始就对"雅舍"的建筑结构做出了具体描述,用"孤零零、竹篦墙、泥灰、瘦骨嶙峋、单薄、不能避风雨"等词汇来形容"没有人能说不像是座房子"的房子。紧接着,"雅舍"的位置居然坐落在半山腰上,"下距马路约有七八十层的土阶",周围环境是那么的荒僻和恶劣。到了室内,依山铺就的地板、相互干扰的邻声、敢于瞰灯的鼠子、聚蚊成雷和大雨惶悚的景观,更是触目惊心和叹为观止。读到后来,哪怕是家具陈设,也只是简单的一几一椅一榻,再怎么看这里就是一个"陋室"和一个"寒舍"。梁先生面对如此之窘况,而且在里面"躬受亲尝"了"苦辣酸甜"之余,又为什么会冠以"雅舍"的名号呢,真的像他自己解释的那样,只是为了邮递方便,借用了合租友人名字之中的一个"雅"字而已吗?

随着阅读体验的不断深入,读者会发现,原来这个并不引人瞩目的地方,却有着"月明之夕,风雨之日"好友来访的真情之趣,"地势较高,得月较先"月夜细雨的美景之趣,"酣睡写读,均已有着"个性陈设的自在之趣。在物质形态未必尽如人意的时候,作者却能把生活当作艺术来享受,以冲和的目光来审视尘世相态,以通脱的姿态来玩味世俗人生,从自然与生活之中寻找到自己的闲适与情趣,这种意外之喜就在读者早先被压抑和期待的心理状态中获得了宣泄和排解的出口,把彼此隔绝的两个世界豁然贯通了起来,也使读者从现实的世界中飘然来到了一个超然的世界。文本的生命意趣犹如李白《襄阳歌》诗云"清风朗月不用一钱买",又如苏轼《前赤壁赋》曰"惟江上之清风,与山间之明月,耳得之而为声,目遇之而成色,取之无禁,用之不竭",那是面对困境和逆境释然而达观的生活态度,是对沮丧和颓废情绪的一种轻蔑和嘲讽。

读者体验文学文本,构成了一种"理解"和"存在"。文本解读是激活生命体验的一种方式,是读者生命进入文本生命之中的情感融合活动。在体验《雅舍》的过程中,我们自然会联想到刘禹锡的短篇名作《陋室铭》里的句子:"斯是陋室,惟吾德馨。苔痕上阶绿,草色入帘青。谈笑有鸿儒,往来无白丁。可以调素琴,阅金经。无丝竹之乱耳,无案牍之劳形。"刘禹锡在简朴的生活之中却自得其乐,于简陋环境之中却自寓清高。这种内心写照在梁先生的生命世界里同样获得了复苏和新生,然而所不同的是,梁先生的这一种历史遭遇和境况,以及所表现出的释然、超然和怡然的心态和心境,却远不是刘禹锡所能望项的一种人生趣味和生活态度。

二、审美透视,融合优雅与通俗的尴尬

英加登认为,文学的艺术作品具有四个层次:语词声音层次(或语音层次),意群层次(或语义层次),由事态、句子的意向性关联物投射的客体层次,以及这些客体借以呈现于作品中的图式化外观层次。⑤文学文本作为一种开放性艺术,它的每一个层次都具有特殊的意义和价值,从而让读者作为审美接受者可以有进一步解读和重构文本的艺术意向。读者的审美理解是对文本世界的一种接受和敞露,一个文学文本的语言形式本身就是一个召唤结构,许多的空白和不确定反映出"语言就是一个存在的家",召唤着读者与之展开审美的理解和对话。

梁实秋在《论散文》时说:"文调的美纯粹是作者的性格的流露,所以有一种不可形容的妙处:或如奔涛澎湃,能令人惊心动魄;或是委婉流利,有飘逸之致;或是简练雅洁,如斩钉截铁……总之,散文的妙处真可说气象万千,变化无穷。"⑥对于文调和个性的讲究,是梁先生散文观的第一要素。他的散文几乎每一篇都荡漾着一股浓郁的韵味,自始至终贯穿在字里行间,融会在每一个词句之中。《雅舍》在语言上的特色具有十分鲜明和个性化的张力,以雅入俗,化俗为雅,亦庄亦谐,明性见心,真所谓"它们在作品中的出现不仅同它的创造者的一般特征,而且他的心理构成的特征和他的个人心理生活处于或多或少的功能依存关系中"⑦。从这个方面来说,梁先生在《雅舍》的语言运用上所使用的特殊措辞和特殊句子结构,再现了客体的独有特征和主体的独特内涵,所描绘的方式和呈现出来的图式化外观绝无仅有。语言之雅俗共赏,谐趣相生,无愧是一篇散文之中的典范之作,具体来说,有以下三大特点。

一是活泼而自然。作者几乎每段都用排偶句式，或铺叙，或描写，语言老到，文采斐然。"不蔽风雨"的句式整饬雅致，"恶劣环境"的句式错落有致，甚至将整句与散句配合使用，奇偶互见，文白相济，活泼灵动，收放自如，好比行云流水，姿态横生。无怪他的女儿梁文蔷在回忆父亲的时候说："很多读者都喜欢他的《雅舍小品》，我想原因之一就在于他把文言和白话结合在一起，既清新雅致，又有幽幽古意，用典多而不生涩。"⑧这是对梁先生散文艺术的高度概括。二是幽默而风趣。对于寒舍中老鼠的"自由行动"和蚊子的"格外猖獗"，作者运用了诙谐感性的语言轻描淡写，"比鼠子更骚扰的是蚊子。'雅舍'的蚊风之盛，是我前所未见的……"至于文中"水池、粪坑"一应俱全，"鼾声、喷嚏"罗列无遗，这类充满人间烟火味的近乎粗俗的事物，却用上了一个十分优雅的文句来收束——"荡漾而来，破我沉寂"。幽默之中蕴含着耐人咀嚼的智慧，浅近活泼的生活口语和精致文雅的书面语浑然一体，相得益彰。三是典雅而清朗。毋庸讳言，梁文的主流词汇是典雅的书面辞藻，使梁先生深厚的古文修养得到淋漓尽致的表现。文中偶尔吟咏的诗书气息和信手拈来的成语典故，既显文化含量，又见饱学多识。譬如引用米芾之章法、李渔之戏论、李白之诗、刘克庄之词等，虽然只是片言只语，却给读者留有丰富的想象空间；即便是描写雅舍布置时"我非显要"的一串排比句，貌似多余，实含讥讽，别有风味，意味深长，文人性情可见一斑。

文学是情感的产物，借助作品的语言风格，我们可以得到作者的许多信息。《雅舍》中"有个性就可爱"似乎在写房子，又似乎在写自己；既是作品审美情趣的突出表现，又是作者文化性格的自觉选择。对于散文艺术，梁先生非常强调作者的个性，要"人有人格，文有文格"，那种八股式的套话，纵然写得再漂亮，也是空话和套话。"我们写散文，首先要摒除这种习气，要有什么话说什么话，要忠于自己，不自欺方能不欺人，文章背后要有个人，不可是个傀儡。"⑨当读者在阅读过程中能够从按部就班的句子理解上升到总体理解时，我们才会从描绘的世界中发现异乎寻常的意义。《雅舍》之中"真实的生活"在"真实的艺术"之中越来越生动可观，触手可及。透视文本情感化的自然色彩，蕴藉着作者独特的情感气质，而跃动在字里行间的灵性与鲜活的艺术之美，从每一个用词每一句构成每一章节的铺陈中转化成整体的存在价值，其精彩也就无处不在。

三、超越前见，破解历史与当下的距离

读者阅读每一个文本，总是从自己特定的视野出发，不可避免地带着自己的

生活积淀和文化基础去理解。"绝不可能存在摆脱一切前见的理解,尽管我们的认识意愿必然总是力图避开我们前见的轨迹。"⑩读者的前见既是一种积极理解的重要表现,也是一种不可或缺的创造性力量。然而,因为文本与现实之间存在着不可回避的历史距离,这种前理解就很可能产生不同程度的偏差和偏见。所以,理解文本就要遵循加达默尔所说的"自身置入"的原则,把自己的阅读视域带入到文本的历史视域之中,把文本的意义应用于"自我"当下的情形。理解就成为一种沟通过去与现在、自我与他者的行动,是理解者的当前视域与文本的历史视域的视域交融。

"散文是人类精神生命的最直接的语言文字形式。散文形式与我们生命中的感觉、理智和情感生活所具有的动态形式处于同构状态。……散文的内涵,源于个体精神的丰富性。"⑪出生于清朝末年的梁实秋,感受着时代风云的变化,汲取着东西方文化的精髓,感受着跌宕起伏的人生经历。抗日战争爆发之后,梁先生离开妻儿老小,和好友吴景超、龚业雅夫妇一起来到重庆,住在北碚的一处简陋的屋舍里,开始了长达8年的重庆生活。正是在这样的生活境况下,他在完成战时中小学教材编写工作和翻译莎士比亚《亨利四世》等作品之余,还诞生了后来风行全世界的《雅舍小品》等系列,成就了他在中国现代散文史上的独特地位。整部《雅舍小品》的开篇之作就是《雅舍》,可以说,它既是这部作品的代序言,又几乎奠定了整部作品的风格基调。

作者曾经说:"快乐是一种心理状态。内心湛然,则无往而不乐""快乐是在心里,不假外求,求即往往不得,转为烦恼。"⑫这样一种淡泊豁达、自在为人的生活心态,在作者的笔下挥洒自如而淋漓尽致,《雅舍》之中同样有着难以企及的表现。其一是闲适恬淡。明明居所风雨难蔽,破旧残损,却还赞叹它的个性可爱;明明地点如此之荒凉,却还似乎是别人之说,自己未必这么认为。以至连暴风雨中"屋顶灰泥突然崩裂"的情景也如"奇葩初绽"一样美丽,使得客观现实的缺陷与丑陋也成为自己的审美对象。心平气和,不怨不怒,随心所欲,随遇而安。其二是从容平和。家居如此简单,却还正合心意,可读可写,可睡即安;即使客居他乡,离别亲人,在"天地者万物之逆旅"的时候也能笑着说,"人生本来如寄"。这种"我久则安之""但是我仍安之"的心境,更能体现出"雅舍"对于作者的亲近和可爱。其三是怡然自乐。即使行走不便,老鼠肆虐,也表现一种安然之趣,在自嘲之中不乏幽默之感。加上友人来访,登高远眺,似乎找到了一个好去处,虽则"住了两个多月"

"我的好感油然而生"。在审美距离中消融了现实的危机感所造成的不和谐矛盾，将生活中的酸楚和丑陋所引起的痛苦转化为优美而轻松的幽默，表现出一种随缘自足、闲适自嘲的审美心态。

加达默尔说："也许艺术品创作者所想的是他自己时代的公众，但是，他作品的真正存在却是它能够说的意义，这种存在从根本上超越了任何历史的限制。"[13]可以这样说，文本的意义具备了不受历史限制的当下性；同样，读者和文学文本在欣赏接受过程中的相互作用，促使文本的意义在阅读过程中不断获得新的诞生。《雅舍》之美，来自思想，来自语言，来自作者在生活经历之中获得的启发和思考。可见，"雅舍"之"舍"只是作者的一个情感寄托，"雅舍"之"雅"才是作者内心之中的一种人生情怀。在读者的心目中，作者从现实世界中寻找美的愉悦，所表现的不再是那种疏远了的、与世隔绝的世界；正是由于每一个读者"自我"地理解世界，过去的文本与读者的当下才建立起一种相濡以沫的关系，好像文本的存在就是为了当下的"自我"一样。

四、意义新生，再解情趣与理趣的统一

就文本的存在方式来看，理解就是一种解释，理解者的解释活动包含着解释学情境的富有创造性的活动。英加登说："每一种文学本文只能按每一个读者自己的方式来理解，有多少个读者或多少次阅读，就有多少种本文的方式。"[14]阅读是一种个性化的活动，读者阅读一个文本，就是去体验一个文本，所有的阅读理解是对读者经验的一种"问答"逻辑———一种理解的对话之中。《雅舍》的风趣幽默，乐观豁达，种种牢骚和不愉快都升华为耐人咀嚼的智慧和博雅的见识，已成为读者的共识。然而，作为受传统士大夫文人和自由主义文人影响的一个人，梁实秋的一生之中有没有特别的思想和趣味在作祟呢？《雅舍》的行文之中有没有明白的表露呢？读者在理解文本世界的同时有没有在理解自己呢？种种疑问开始调节审美经验，对文本的空白结构加以进一步地想象和揭示。

据聿军先生求证，抗战爆发的时候梁实秋背井离乡，颠沛流离，辗转入川，与妻子儿女分离长达六年之久。他转向老庄之道和佛禅之学，以求"解脱"，实在是对他身上的士大夫文化构成的完善。[15]梁实秋晚年时说过："一个道地的中国人大概就是儒道释三教合流的产品"[16]，而禅宗是儒道释三家融合的重大思想成果，禅宗的思想与中国传统文人自身的气质禀赋存在着天然的契合，是传统文人文化

心理的重要组成部分。在禅宗思想的濡染之下，梁先生的人生态度和艺术修为均有较大的反映，使他的散文创作呈现出理趣美、闲暇美和简约美的审美特征，这在《雅舍》之中已初见端倪。文中有这样一段文字：

"雅舍"非我所有，我仅是房客之一。但思"天地者万物之逆旅"，人生本来如寄，我住"雅舍"一日，"雅舍"即一日为我所有。即使此一日亦不能算是我有，至少此一日"雅舍"所能给予之苦辣酸甜，我实躬受亲尝之。刘克庄词："客里似家家似寄。"我此刻卜居"雅舍"，"雅舍"即似我家。其实似家似寄，我亦分辨不清。

不可否认，作者在"客里似家家似寄"的诙谐、"似家似寄，我亦分辨不清"的坦然中，隐隐约约地流露出国难时期的清凉心境和忧患意识，然而梁先生在闲谈之中的闲适情怀和艰难之中的明净胸襟，分明是融合了他对人生静观所得的深刻感悟。梁先生面对抗战避难期间的腥风血雨，于苦涩艰辛的茅屋之中怡然自乐，将现实的忍受衍变为一种生活的享受，以自己的精神力量给生活注入无穷的情趣，足见他淡泊涤净、清远通脱的人生修养。读者从文本语言之中读到的不是躁动不安的情绪，而是诗意栖居的情思，从中得到的是一种"文质彬彬，然后君子"式的舒适之美、素净之美和优雅之美。

在梁实秋看来，"散文的美妙多端，然而最高的理想也不过是'简单'二字而已。"[17]所谓"文学作品无不崇尚简练。简练乃一切古典艺术之美的极则"[18]，烦冗拖沓甚至言必尽意的作品就会失去作者的创作智慧，无论措辞、谋篇还是用意，"散文的美，不在乎你能写出多少旁征博引的故事穿插，亦不在多少典丽的辞句，而在能把心中的情思干干净净直截了当地表现出来。散文的美，美在适当"[19]。这是梁先生散文的鲜明特色，更是《雅舍》所体现的艺术之美。梁先生散文文体的简约之美离不开禅哲的影响，他曾以一句很有禅味的话来概括："所谓'绚烂之极趋于平淡'，就是这种境界。"[20]这是他把"简单"作为最高理想追求的结果，不拘格律却有声韵之谐调，不求排偶却见自由之齐整，不讲虚饰却寓绚烂之平朴，以《雅舍》中"月视"一节为例：

"雅舍"最宜月视——地势较高，得月较先。看山头吐月，红盘乍涌，一霎间，清光四射，天空皎洁，四野无声，微闻犬吠，坐客无不悄然！舍前有两株梨树，等到月升中天，清光从树间筛洒而下，地上阴影斑斓，此时尤为幽绝。直到兴阑人散，归房就寝，月光仍然逼进窗来，助我凄凉。

这一段文字是在上文情趣盎然地叙述雅舍的诸多不便之后，突然用一种文白相间、骈散结合的手法来尽情描绘月夜之景。显而易见，这种用力深厚却出语平常的句式结构之中蕴含着民族传统的审美思想和审美趣味，注重气韵的流动和内涵的博约。再加上比喻、对比等修辞的运用，寥寥数语，勾连古今，以"神"摄"形"，以"意"掌"言"，对月夜之下远离尘嚣的景象和寓居客舍的感受尽加渲染，将寂静空寥的审美境界融合在悠然适意的山水之间，俨然是一首充满澄净意象和空明禅味的无韵之诗。梁先生怀有游心物外、悠然自得的人生观，以乐写苦、离世独善的极致心态，奉行"一切只要随缘"的生活方式，正是达摩禅所谓"随缘行"和"无所求行"的写照。

20世纪二三十年代梁实秋与鲁迅之间曾经发生了一场文学史上火药味很浓的关于文学的阶级性和人性的大争论，《雅舍》是在大论战之后的动荡岁月里诞生的作品，这时候的梁先生已经趋向于平静和淡泊，是不是也与此事件有关呢？"理解一个文本就是使自己在某种对话中理解自己。通过以下事实可以确证这个论点，即在处理一个文本时，只有当文本所说的东西在解释者自己的语言中找到表达，才开始产生理解。解释属于理解所具有的本质的统一性。"[21]如果说一切理解和解释都在变化中获得生成的话，那么任何一个解释者的"自我"都是有待解释的另一个文本。这是一个永无止境的解释学问题，将在理解文本和自我解释之间周而复始。关于梁先生的人生故事和文学艺术，同样是一个现代文学之中不可穷尽的一门学问。

注：

①②⑬㉑[德]汉斯-格奥尔格·加达默尔. 哲学解释学[M]. 夏镇平，宋建平，译. 上海：上海译文出版社，2004：032. 056. 098. 058.

③⑥⑰⑲庐今. 梁实秋散文鉴赏：论散文[M]. 太原：北岳文艺出版社，1991：341. 341. 342. 343.

④[德]汉斯-格奥尔格·加达默尔. 真理与方法：哲学诠释学基本特征：上卷[M]. 洪汉鼎，译. 上海：上海译文出版社，2004：079.

⑤⑦⑭[波]罗曼·英加登. 对文学的艺术作品的认识[M]. 陈燕谷，晓未，译. 北京：中国文联出版公司，1988：10. 81. 25.

⑧梁文蔷. 我的父亲梁实秋[N]. 上海：文汇新民联合报业集团，2009

(4. 16).

⑨徐静波. 梁实秋批评文集:文学讲话[M]. 珠海:珠海出版社,1998:238.

⑩[德]汉斯－格奥尔格·加达默尔. 真理与方法:哲学诠释学基本特征:下卷[M]. 洪汉鼎,译. 上海:上海译文出版社,2004:635.

⑪林贤治. 中国散文五十年:论散文精神(代序)[M]. 桂林:漓江出版社,2011:2.

⑫⑳梁实秋. 梁实秋经典作品选[M]. 北京:当代世界出版社,2007:304－305. 388.

⑮求隼军. 论禅宗思想对梁实秋人生态度和艺术创作的影响[J]. 浙江师大学报:社科版,1999(5):16.

⑯⑱梁实秋. 雅舍散文[M]. 北京:文化艺术出版社,1998:280. 137.

第三节　从文学阅读中汲取写作要义

　　阅读与写作的关系，是吸收与输出的关系。没有大量的深刻的阅读理解，就很难有高水平的写作能力。阅读是写作的基础，这是一个毋庸置疑的事实。中学生在阅读的过程中不仅要克服语言上的障碍，还需要领悟其中隐藏起来的写法奥妙，吸收写作的营养，弥补在语文学习中因偏重阅读分析而忽略写作指导的不足。

　　本文所说的文学阅读，是指对语文教材上的一些文学作品的阅读理解，是师生共同面对文学作品的深入感受和评析借鉴的过程。语文学习既要在阅读时进入作品的境界之中，又要在思考时获得自主的写作感悟。作家用艺术的手法写出了活生生的人物与事件，我们就是要弄明白作家写了什么，我们可不可以也这么写；作家是怎么写出来的，我们可不可以也这么写出来；作家为什么写得这么好，我们可不可以也能写得这么好。

一、培育语感，体味语用，写出独特的意蕴

　　文学作品以丰富形象和富有表现力的语言传达作者的思想情感，读者可以从独特而鲜明的言说方式里去理解丰满的意义和精神。钱理群先生说："语言（说与写）是人的基本存在方式，言说的背后是人的心灵世界。因此，对于语言的敏感驾驭能力，也应是衡量人的精神素质的重要标尺，是提高人的精神境界，使人变得更美好的不可或缺的方面。"[①]作为读者，能不能直接而迅速地抓住语言文字的有效信息加以分析理解和体会内化，在感知语意、体会情感和领会意境中捕捉到象外之象、言外之意，这是语感能力的一种反映。

　　我们先来读一读余秋雨先生的《废墟》片段：

　　废墟吞没了我的企盼，我的记忆。片片瓦砾散落在荒草之间，断残的石柱在夕阳下站立，书中的记载，童年的幻想，全在废墟中殒灭。昔日的光荣成了嘲弄，

创业的祖辈在寒风中声声咆哮。夜临了,什么没有见过的明月苦笑一下,躲进云层,投给废墟一片阴影。

但是,代代层累并不是历史。废墟是毁灭,是葬送,是诀别,是选择。时间的力量,理应在大地上留下痕迹;岁月的巨轮,理应在车道间辗碎凹凸。没有废墟就无所谓昨天,没有昨天就无所谓今天和明天。废墟是课本,让我们把一门地理读成历史;废墟是过程,人生就是从旧的废墟出发,走向新的废墟。营造之初就想到它今后的凋零,因此废墟是归宿;更新的营造以废墟为基地,因此废墟是起点。废墟是进化的长链。①

作者笔下的“废墟”不再是停留在地理意义上的形态表现,而是有着人性意义上的文化内涵,它是最具体最生动最完美的历史课本和历史见证。以上文段既有精辟短句的凝练概括,给读者以极大的想象空间,又有恣意长句的恢宏气势,给读者以丰沛的情感气韵。读来抑扬顿挫,浑然天成,其感情的浓度和思想的深度在形象和思辨的语言世界里得以充分地体现。《废墟》的语言有着铺排性、抒情性和哲理性特点,作者擅长在比喻或想象性描写中抒情,在诗性的议论中给人以深刻的警醒。如果能通观全篇,更可见作为文化大散文的一种沉甸甸的历史感和沧桑感,一种俯仰天地古今的内在激情与深邃理智。

每一个作家的语言与作家个人的心灵精神是融合在一起的,不同的语言方式往往反映不同的作品风格。文学作品在真诚、准确、有创意地表达自己的时候,他们的语言有着生命的灵性、情感的质地和内心的价值,因此,我们在揣摩作品的语用个性的过程中需要反复吟诵、深刻品味和想象练习,从中感受作品语言特殊的趣味和奥秘,感悟作品的艺术和气质。在写作的时候,可以将自己早先模糊和朦胧、零碎和残缺的思想片段加以修正和补充、明晰和完整,从而将原始而粗糙的生活样态外化为一种语言作品,逐步提高自己的语言表达力,形成自己的语言特色。

二、观察生活,透视现象,写出深刻的体验

用什么样的眼光去发现生活中的作品资源,这是提高写作能力的一个根源性问题。一方面,我们要善于用自己的眼光去阅读和解释文学作品,去发展自己的觉悟能力;另一方面,我们还需要用自己的眼光从周围的世界中发现属于自己作

---

① 余秋雨. 文化苦旅[M]. 上海:东方出版中心,2003:252.

品的东西,去写出自己的感受与思考。世界上的任何事物之间都有着相互的联系,如果没有细心的观察,没有透彻的认识,没有寻找和建立它们之间的联系,就没有发现生活的能力,更谈不上写出深刻的体验。

作家汪曾祺是金岳霖先生的一名学生,他在刻画金岳霖先生人物形象的时候,特别选取了先生奇特的外貌神态和言行举止等一系列生活和工作素材,让读者触摸到一位极富个性的活生生的立体人物。试看《金岳霖先生》中的一个片段:

金先生教逻辑。逻辑是西南联大规定文学院一年级学生的必修课,班上学生很多,上课在大教室,坐得满满的。在中学里没有听说有逻辑这门学问,大一的学生对这课很有兴趣。金先生上课有时要提问,那么多的学生,他不能都叫得上名字来,——联大是没有点名册的,他有时一上课就宣布:"今天,穿红毛衣的女同学回答问题。"于是所有穿红衣的女同学就都有点紧张,又有点兴奋。那时联大女生在蓝阴丹士林旗袍外面套一件红毛衣成了一种风气。——穿蓝毛衣、黄毛衣的极少。问题回答得流利清楚,也是件出风头的事。金先生很注意地听着,完了,说:"Yes!请坐!"

学生也可以提出问题,请金先生解答。学生提的问题深浅不一,金先生有问必答,很耐心。有一个华侨同学叫林国达,操广东普通话,最爱提问题,问题大都奇奇怪怪。他大概觉得逻辑这门学问是挺"玄"的,应该提点怪问题。有一次他又站起来提了一个怪问题,金先生想了一想,说:"林国达同学,我问你一个问题:'Mr. 林国达 is perpenticular to the blackboard(林国达君垂直于黑板),这什么意思?"林国达傻了。林国达当然无法垂直于黑板,但这句话在逻辑上没有错误。

林国达游泳淹死了。金先生上课,说:"林国达死了,很不幸。"这一堂课,金先生一直没有笑容。

以上文字活脱脱地写出了金先生独特的教学风格。他一上课就宣布穿红毛衣的女生回答问题,致使女生们紧张而兴奋;面对学生们提的各种问题,他都做出回答,时不时地还"作弄"一下学生,师生之间平等融洽和真诚坦荡的胸襟暴露无遗。按说金岳霖先生是一个大学问家,他在现代文学史上有着崇高的地位,但是作者汪曾祺先生却从生活表现和教学常态上去刻画,可见作者深厚的艺术功力。这篇饶有趣味的散文佳作为什么会给人留下深刻的印象,恰恰是因为作者以亲切热情的漫画笔法,从直观生活之中来表现人物的本来面目,平实的语言却有着不一般的韵味,艺术感染力非同一般。

"阅读,除了学习语言以外,就是要接受趣味的熏陶。趣味丰富了,写作就有了源头。写作的源头并不一定是老生常谈的'生活',生活只有和作者的情感和趣味结合起来,才有成为文章的可能,和作者的情趣没有关系的'生活',从某种意义来说不是'生活'。"②我们生活的世界包容了人物精神的方方面面,每一个人都在其中构建着自己生存的状态和意义。其实我们并不是缺乏生活的现实,而是缺少发现生活意义的眼睛。用文字去体验生活,需要的不仅仅是"用脚步写作"的生活经历,更需要的是"用心灵写作"的生活情趣,用写作注入充沛的生命活力,捡拾精神上的遗失,唤醒生活中的经验,才能在写作中既有真实的情感,又有出色的思想,展现一个自然和自我的认识历程。

三、抒发真情,表现真心,写出审美的情感

文学作品有了情感的阳光照射,就会产生通体透明的艺术魅力。因为作品不单单是客观事物的反映,而且是作者心灵感应的体现,是经过了作者提升的诗意化的情感。把自己全部的感官都调动起来,用自己全部的身心去参与创作,这是文学作品的一个精神过程。一篇作品无论是现实的记忆,还是理想的渴望,字里行间自然渗透和流露着人文的精神。阅读文学作品的时候,需要把潜在的情感精神分析出来,从作品已经写出来的内容上去领悟隐含着的、省略了的、甚至回避了的美感意蕴。

下面是舒婷的《童年絮味》中的开头和结尾:

童年的玩具只有一个布娃娃,她的塑胶面具很快就损坏剥落,剩下一个光秃秃扁平的布脑袋。我只好用铅笔、钢笔、彩笔为它整容,随心所欲描绘鬈曲的睫毛、整齐的刘海、鲜红的樱桃小嘴。我怀中的宠物因此面目常新。我还搜遍外婆的针线筐,寻出碎布头,做小帽子做超短裙,甚至做了一件游泳衣。我的妹妹羡慕极了,她也有一个极不成形的小布娃娃,为央求我也给打扮打扮,主动勤奋地给我的洋娃娃洗澡。结果我的可怜的娇滴滴的小美人,真正成了一袋湿漉漉的细糠,吊在晾衣绳上晃荡。那几天妹妹畏畏缩缩小老鼠一样,我脸上自然是雷霆万钧。

我害怕春天的梅雨,因为买不起一双雨鞋。上学路上我的小布鞋就灌满了水,泡着我的脚整整一天。次日上学,鞋子仍是湿的,把脚伸进去时我总是咬着牙

噙着泪。后来改成塑料凉鞋,仍是又湿又冷。

这么多年了,我一到冬末就开始病态地数着日子等梅雨。毛衣被褥洗了又晒了,梅雨还不来我就焦灼不安。就像小时丢了东西,回家等妈妈发火,可妈妈脸上却不见动静,害得我做不下作业,眼睛跟着妈妈在屋子里乱转。

写童年的文学作品有很多,舒婷的《童年絮味》可谓别具特色。作品开头写作者给一个很差劲的布娃娃"整容"的事,一方面从自己的视角去叙述如何给布娃娃整容,一方面从妹妹的视角写妹妹央求"我"为她的洋娃娃进行打扮。两种视角使故事变得特别丰满,再加上小姑娘在整个过程中一本正经的专注神态和"随心所欲"而致的事与愿违,在很有一点"用词不当"的诙谐之中反映出小姑娘的调皮、天真与审美的情趣。作品结尾同样幽默调侃,妙语连珠,酣畅淋漓,在"梅雨还不来我就焦灼不安"的心理作用下可见其没有雨具和缺乏玩具的童年生活。特殊的作品语境造就了特殊的情感交流,因为有了这些词句上的翻新运用,就有了更加微妙和丰富的语境意义。

经典文本之所以经典,就在于它有着不同凡响和不可替代的地方。文学作品以作者的情感逻辑和审美价值来审视自然、社会与人类的关系,有时候往往在他们的语言世界里遮蔽了一种特殊的强烈的情感体验,我们需要做的不是被动地去注意作者写了什么,而是要主动地去想象作者还没有写什么,透过语言的表层找到读者自己特殊的感觉和情志。孙绍振先生说:"审美熏陶,就是让情感体验获得解放和自由。"[③]作品的动人之处必然有着不一般的心灵感觉,只有发现、深化和表达出这种感觉,才能让所有的语言活起来,才能让作品产生心灵的共鸣。

四、合理想象,丰富细节,写出人物的精神

文学的艺术既要融情于思,又要达之于辞,只有经过了意象化和文辞化之后的情感,才能真正打动读者。文学作品既有生活世界的真实反映,也有想象世界的情感体验。"这种想象的语言表达能力,所追求的目的是想象、情感和语言表达的统一,即通过得体的语言形式表达想象,以有效地表现作者内心的情感、态度与价值观等。"[④]因此,不要简单地把想象性描述看作是虚构的、不真实的世界,许多文学作品中的想象描述积淀了基本的精神传统,我们追求的就是存在于心灵世界的想象性的真实细节,在想象中把自己化身为具体的人物事件去表现内心的生活和精神。

　　孙犁的小说常常有散文化倾向，而他的散文却有着小说的味道。《亡人逸事》就是一篇时时闪烁小说笔法的散文佳作，文中随处可见的细节描述堪称文学典范。作者以小说家的构思和想象化的语言将一个个细节嵌进了一个个情境之中，通过细腻而沉静的笔触将微小而琐碎的题材写得出神入化，反映出一种"大羹澹味"的语言境界，深深地烙印上作者的个性意趣和人生态度。不妨来看几个片段中的生活细节：

　　姑姑的话还没有说完，我看见站在板凳中间的那个姑娘，用力盯了我一眼，从板凳上跳下来，走到照棚外面，钻进了一辆轿车。

　　有一天，母亲带她到场院去摘北瓜，摘了满满一大筐。母亲问她：
　　"试试，看你背得动吗？"
　　她弯下腰，挎好筐系猛一立，因为北瓜太重，把她弄了个后仰，沾了满身土，北瓜也滚了满地。她站起来哭了。母亲倒笑了，自己把北瓜一个个捡起来，背到家里去了。
　　我们那村庄，自古以来兴织布，她不会。后来孩子多了，穿衣困难，她就下决心学。从纺线到织布，都学会了。我从外面回来，看到她两个大拇指，都因为推机杼，顶得变了形，又粗、又短，指甲也短了。
　　后来，因为闹日本，家境越来越不好，我又不在家，她带着孩子们下场下地。到了集日，自己去卖线卖布。有时和大女儿轮换着背上二斗高粱，走三里路，到集上去粜卖。从来没有对我叫过苦。

　　孙犁把自己的性格和创作的风格糅合在一起，营造了他独特的文学空间。在风雨飘摇的岁月里夫妇相伴四十多载，要说的话要写的事何其之多，可是孙犁只是在种种细节小事上进行最朴素和纯净的刻画，用极为省俭的笔墨写出了一个人物的精神面貌。无论是"盯""跳""走""钻"等一系列的动作行为所表现的紧张而好奇、娇羞而腼腆、嗔怪而直率的性格，还是"两个大拇指，都因为推机杼，顶得变了形，又粗、又短，指甲也短了"的情形所写出的吃苦耐劳的贤妻良母形象，无不告诉读者艰难之中的欢愉、苦涩之中的甜蜜。这些高度凝练又充分情境化的细节描写其实是一种独特的想象性创作，较之直抒胸臆式的抒情话语更加耐人寻味和富有感染力。

生活需要想象,文学就是人类想象的语言作品。"文学的想象的目的,绝不是为了在'外部世界'猎奇,而是为了到'内心世界'去探胜。"⑤不能简单地把想象划归为一种虚构的写作技巧,即使小说创作之中的想象也是为读者营造出一个虚拟的真实的生活世界,其目的只是为了表现人物内心世界的生命和精神。写作需要合理的想象来触发回忆或引发思考,最重要的是在作品中能找到自己心灵的声音,所以,每一次想象和每一个细节都是整个形象和思想的一部分,都需要以一种必然的不可缺少的姿态出现在作品之中。

五、发现哲理,找到真谛,写出生命的意义

阅读文学作品,既要触及作者的灵魂,还要唤醒自己的人生。童庆斌先生说:"文学所反映的生活是经过作家的思想、感情的灌注,留下了作家精神个性的印记的生活。"⑥当作家把生活写进作品的时候,其实是把自己对于社会世界、文化历史、人生哲学等的思考、愿望、情感、理想也写了进去。文学作品的对象和内容是现象和本质的生活和生命,即使是极其微小的情绪活动和心理体验,同样可以折射出人类的性格和命运。能不能从生活中发现真理,找到真谛,体悟生命的意义,这是阅读与写作之间一个共同的命题。

在入选的高中语文教材中有一类散文特别值得注意,例如史铁生的《我与地坛》、聂绀弩的《我若为王》、刘亮程的《今生今世的证据》、刘烨园的《大地重现》等,有的是说如何面对人生的艰难困境,有的批判几千年封建统治形成的王权意识和奴才思想,有的是写孤独的自然生存和永恒的精神守望,有的在慨叹经典文学之美的同时对如今世风不古、今人已少读经典的现象痛心疾首。这一类选文有一个共同的特点,那就是在历览自然、纵观历史、穿透社会的过程中凝聚深邃的思想、启迪人生的智慧,有着强烈的审美情感和哲学意蕴。

下面重点来看一下美国生态学家奥尔多·利奥波德的《像山那样思考》开头的两段文字:

一声深沉的、骄傲的嗥叫,从一个山崖荡漾到另一个山崖,回响在山谷中,渐渐地消失在漆黑的夜色里。这是一种不驯服的、对抗性的悲鸣,是对世界上一切苦难的蔑视情感的迸发。

每一种活着的东西(大概还有很多死了的东西),都会留意这声呼唤。对鹿来说,它是死亡的警告;对松林来说,它是半夜里在雪地上混战和流血的预言;对郊狼来说,是即将分得一份残羹剩饭的允诺;对牧牛人来说,是银行账户透支的威胁;对猎人来说,是狼牙抵制弹丸的挑战。然而,在这些明显而迫近的希望和恐惧之后,还隐藏着更加深刻的含义,这个含义只有这座山自己才知道。只有山长久地存在着,从而能够客观地聆听狼的嗥叫。

　　读者初读的时候可能会对以上文字产生一系列的疑问,"一声狼嗥"怎么会引发山的思考,山到底在思考什么问题,它又是怎么思考的呢? 通过分析我们会发现,这一声"深沉的、骄傲的嗥叫"揭开了自然生态一个严峻的生活现状。作者在第二自然段里用一组排比句呼应了这声狼嗥对于不同生物的不同意义,将这个日益恶化的生态伦理问题以极其形象的语言表述出来,引起了读者的关注与深思。原来,因为狼的存在与否对于山、对于自然、对于人类有着特别的意义,狼的命运和自然、人类之间有着息息相关的联系,所以山思考的问题就是一个自然世界的生态伦理问题。山的思考方式和一般人类的思考方式完全不一样,一般人类的思考是一种眼前的、浅显的、功利的、片面的、主观的留意与反应,而山的思考是一种长远的、深刻的、公正的、全面的、客观的聆听和反应。其实山的思考就是作者的思考,对于同一声狼嗥,同一种事物,人们常常习惯于"这样"的思考;只有山明白,也只有作者明白,我们不能"这样"去思考,应该像山"那样"去思考。

　　哲理散文的阅读需要透过现象与情感去了解本质与义理,看作者在告诉我们什么样的人生思考。《像山那样思考》题目本身就蕴含着诗意的味道和哲学的态度,作者采用拟人手法赋予山以象征意义,在意象之中蕴含着意境,发人深省,耐人寻味。无论是狼还是鹿甚至是牧牛人,都是生物链上的一部分,每一种生命都应该值得尊重。这篇文章浓缩了作者一辈子的情感,是对人类发出的一声深情的呼唤。所以,无论是阅读还是写作这种文章,都需要超越日常的生活经验,以点带面、由浅入深、托物言志、即事穷理,抛弃那种干巴巴的空谈式议论,寓含生命的情感和蘸满审美的思想,达到一种与人的性情相通、生命交感、精神往来的境界。

　　人生哲学的问题对青年学生来说是一个根本性问题,培育一种高远的眼光与胸襟,让自己有一种沛然之气和崇高之志,让心灵深处永远悬挂着一盏明灯,可以让生命与写作得以完美地交融。关注社会,关注自然世界,关注人的生存状态,把这种关注注入自己的血液,并善于从中发现自己和表达自己的思考和理想,我们的内心才会博大而丰富,我们才能写出一手真正的好文章。

注：

①钱理群,孙绍振. 对话语文[M]. 福州:福建人民出版社,2005:137.

②孙绍振. 名作细读[M]. 上海:上海教育出版社,2009:162.

③钱理群,孙绍振,王富仁. 解读语文[M]. 福州:福建人民出版社,2010:225.

④⑤叶黎明. 写作教学内容新论[M]. 上海:上海教育出版社,2012:233. 243.

⑥童庆斌. 文学审美论的自觉[M]. 北京:北京师范大学出版社,2011:15.

笔记四：品味生活

1. 坚持

有次女儿回家问我一个问题："爸爸，你说每个人最难做到的是一件什么事？"

我一听，这种问题不是啥问题，几十年的干饭也不是白吃的啊。可是，我还得问问：怎么会想出这个问题的？

女儿说："我们宿舍里的几个人讨论的一个重大问题呀。"

女儿当时在读大二，宿舍共有 6 位同学。平时的交流中感觉缺少一种积极向上的学习氛围，这次能够讨论这样的问题，倒是让我有点刮目相看了。

我把我的想法赶忙亮了出来："战胜自己"。

女儿问："理由？"

我说："一个人很难认识自己，常常看不清自己，常常会问我是我吗；即使知道自己是怎么一回事了，又无法面对自己，跟自己进行较量。所以，你往往战胜不了自己。如果你能战胜自己，你就可以成为一个伟人了。"

女儿听得频频点头。

可是，我不知道女儿们的真实想法是什么，问道："你们是怎么回答这个问题的呢？"

女儿说："我们宿舍里的几个人经过反复讨论，最后形成一个共识，两个字：坚持。"

好一个"坚持"，绝顶的答案。

我情不自禁地为女儿们的回答叫好。无论任何时候，任何经历，只有坚持到底，才能百折不挠。不坚持自己，怎可战胜自己？不坚持素心，怎可淡泊名利？不坚持读书,怎可革新头脑? 不坚持真爱,怎可相守一生? 不坚持自然,怎可风行水上? 不坚持采撷,怎可硕果累累……

记得我在进行有关学校管理的讲座的时候,讲到一个人要进行执着的人格修为的问题,谈了三个要点,一是积极地看待自己,二是努力地锤炼心志,三是不断地修养风度。其中,我特别提到了《论语》中的"吾日三省吾身",后一个"吾"就是前一个"吾"的对象。

在生活中,我们到处可以看见自己与自己的关系:自己欣赏自己,自己督促自己,自己安慰自己;还有,自己欺骗自己,自己贬低自己,自己怀疑自己。这种自己把自己作为意志和意识对象的活动是一种自反性的活动,也就是说,人可以转身或者说回头来看自己。

为什么邓小平能在巨大的风雨面前等闲视之,因为他有着一种乐观主义精神;为什么毛主席能够喊出"钟山风雨起苍黄,百万雄师过大江",使当时的美国领袖说中国的局势已经定了,因为他的诗作之中尽现一代帝王的气概;为什么曹操煮酒论英雄时判定沦落为种菜人的刘备是当今英雄,因为刘备的举止之间不失刘皇叔的抱负。

古人说,先有非常之人,才有非常之事。其实,非常之人首先要有非常之心,有了非常之心,才有非常之人;有了非常之人,才有非常之事。常人最难做到的,就是怎样才能具有非常之心。每天早晚,我们都要洗脸洗脚,还要经常洗澡,有谁给自己定期"洗心"——把心灵上的阴暗、悲观、消极的脏东西洗掉呢? 对自身的彻底大清洗,不仅应当是身体的大清洗,还应当是心灵的大清洗。仅仅洗心不解决问题,那就得换心。当你把消极、颓废之心换下来,扔到垃圾桶,换上一颗积极向上、不断奔腾的心,你才能够成为成功者。

想起"庖丁解牛"的故事,一者告诉我们熟能生巧游刃有余;二者告诉我们心中有了大境界眼前才有大光明;三者告诉我们应该手持利刃经常解剖自己,让自己陈旧的、疲惫的、麻木的、吝啬的、蹩脚的、灰暗的、迟滞的心脏获得新生。

坚持洗心,何其难矣。

坚决换心,难上加难矣。

所以,人要是不能认识自己,就不会有前进的方向;人要是不能战胜自己,就不会摘取胜利的果实;人要是不能坚持自己,就不会有光明的希望。

你坚持了吗？

2. 在灾难面前——看《少年派的奇幻漂流》

它没有回头，它还是没有回头，也许它犹豫了一下，也许它动摇了一下，可是，它没有回头，终究走进了它的世界，永远走进了它的丛林和它的生活。

这是一只孟加拉虎，是电影《少年派的奇幻漂流》最后阶段的一个场景。

它留给了观众无限的遐想，更留给了观众无尽的思念。

女儿向我们推荐了这部电影，她说，她相信派的第二个故事才是真实的。但是，很多很多的人，包括我，情感上更倾向于第一个故事。这个故事有着太多的精彩，太多的离奇，太多的力量。所以李安把这个故事拍成了 3D 电影，也把世界各地的钱赚了个盆满钵满。

电影世界里，所有的灾难随着海上风暴的开始而开始。

在派 17 岁那一年，他的父母决定举家移民加拿大以追求更好的生活，而他也必须离开他的初恋情人。在前往加拿大的船上，他们遇见了一位残忍的法国厨师。当天深夜在茫茫大海中，原本令派感到刺激无比的暴风雨一瞬间就成了吞噬货船的罪魁。派却奇迹般地活了下来，搭着救生船在太平洋上漂流，而且船上还有斑马、猩猩和最终成为令人意想不到的同伴——理查德·帕克，一只孟加拉老虎。神奇的冒险旅程就这样意外展开。

情节是简单的，可是，灾难是残酷的。动物之间的弱肉强食，已经不可避免，最最艰难的是，人与动物之间，能不能共同面对生与死的挑战。

一叶孤舟，茫茫大海，孤独和寂寞不再是灾难，雷电和暴雨也不再是灾难，大海没有尽头，生命没有盼头，在无数次鼓励自己不能绝望的时候，绝望终于来临了，这是一种怎样的挣扎，这又是一种怎样的磨难。

派是一个充满活力和青春的青年，曾经是那么地热爱生活。可是置身于灾难之中，派同样逃脱不了种种的噩梦般的折磨。电影是一种审美表现，即使狂风暴雨和颠覆世界的残酷，也会在张扬和呼啸之中给人以内敛和静谧。可是，作为求生者的派，他在观众面前所表现出来的那种信仰和执着，那种无奈和落寞，直入人心的就是虚幻和现实的较量，是梦境，更是现实。

无论是食人岛的出现是否真实可信，无论是既然逃脱了大海的吞噬却还要回到大海之中寻求生路的可悲，派的遭遇没有让观众喘息的机会。

想想也是的，灾难、亲情、人性、人类与动物、自然与宇宙、宗教与信仰都围绕着生与死、灵与肉展开。从中我们可以猜想到，派的第一个故事的编造痕迹是自然不过的。

然而，第二个故事又是那么地残忍，惨不忍睹。斑马是水手，鬣狗是厨师，猩猩是派的妈妈，老虎是派自己，也可以认为是派自己内心的欲望。他们终于逃到了救生艇上，可是他们没有办法生存下去。大海、风暴会随时要了他们的生命。最为艰难的是，没有生存下去的食物，看不到大海的边际。他们之间的斗争，他们之间的生死，成了人们无法接受的这个故事的情节。斑马被鬣狗咬死吃光，猩猩也被鬣狗吞噬，老虎把鬣狗猎杀，同样也是为了生存。

这个故事蕴含的另一种解释，是几个人之间的你死我活。水手第一个被厨师杀死之后吃掉，因为水手受着伤；紧接着，妈妈也被厨师杀掉了；派需要活下来，派无法忍受看到妈妈被厨师杀死吃掉的惨剧，派奋起搏杀，干掉了厨师，也把他给吃掉了（这里有一个特别需要认清的事实，派为了自己的生存也许也吃了自己的妈妈）。这几个人物之间，影射着人类由于命悬一线垂死挣扎的时候所发生的一切。这是让人无论如何也不愿相信的事实，但它可能就是一个真实的故事。

派与老虎之间的搏斗，只是大家求得平衡的一种表现，这不是哭天抢地的电影艺术，而是抓住观众的眼球和心率的艺术。当猩猩把巴掌拍向鬣狗的时候，它的眼里有着对派的慈母般的保护。女儿说,这不是妈妈是谁呢。

人生灾难的话题有很多,《少年派的奇幻漂流》不仅让 3D 的光芒吸进了无数的金钱,更让人性世界发生了错乱。

在孤独和绝望的内心里,导演选择的是什么?

我们不想知道,也无法知道。可是,我想说的是,无情的事实面前,人类与人性、信仰与自由之间有着太多的灾难和搏杀。少年派只是揭示了两个故事,你愿意相信哪一个是真的你就去相信吧。只是,需要声明的是,一旦相信第二个故事,是需要付出勇气和智慧的。

老虎头也不回地走了,意味着它可以回到自己的生活世界里了。我们没有理由让它再有留恋的梦了,属于它的森林才是它的生命栖息之地。

人生就是不断地放下,不断地行走,不断地面对灾难和死亡,不断地求得新生和阳光的过程。

不要说,痛心的时候,还没有来得及向你告别。

补笔:《阿凡达》绝不仅仅是科技大餐

没有去电影院感受 3D《阿凡达》的视觉盛宴,只是在网上观看了整部电影。所以,对于报刊网络上连篇累牍地盛赞其近乎完美的、奇妙的拍摄创意没有什么特别的感觉,想必这是很值得一赞的。

然而,在大家热衷于"最需要向《阿凡达》学习的是编剧丰富的想象思维、导演非凡的创新意识、摄制人员高超的 3D 技术和剧组团队唯美的专业精神"(《向神奇的〈阿凡达〉学什么》,《中国教育报》2010.2.2)的时候,我禁不住要说上几句。

首先,《阿凡达》到底要向人们传达一个什么样的主题。稍加注意,每一位读者和观众都会联想到一个关于全球人类生存的热门话题,即到底是要保护生态还是破坏生态。虽然,影片把人类的侵略目标转移到了另一个星球上,但,这不就是在告诫人们,人类的野心已经不再停留在自己的地球之上了吗?更何况,地球已经被人类毁灭得差不多了,所以才会利用高科技的手段卑鄙地发起侵略的战争。

无论阿凡达和潘多拉星球上的原始人是如何地保卫自己的家园,至少说明一个严重的问题,一旦毁灭了生态,人类将遭遇更大的灾难。看看我们周围的土地,周围的环境,周围的空气,我们还有什么理由不和阿凡达一起奋起抗击呢。可是,我们为什么仍然无动于衷呢?

生态,自然,文明,这是三个多么令人敬畏的词语啊。

其次,《阿凡达》的爱情,也不仅仅是地老天荒式的爱情观。人类与人类,毕竟是两个星球的关系,是现代与原始的关系,甚至,是人类与动物的关系。但是,我们又有什么理由否认这样坚定的爱呢?更何况,这样的爱发生在生死战争的考验之中,关乎星球与人类的较量之际。

影片渗透着的另一个主题,就是面对灾难,面对生死,面对生态,爱,具有无上的、纯洁的、高贵的、积极的人生价值观。无论如何也动摇不了坚贞和神圣的爱,无论如何也毁灭不了亘古存在的爱。当爱战胜了一切现代武器之后,电影中的主人公和电影外的观众一起为之欢呼起来。这是一个多么令人感动的主题,是一种任谁也不能否认的精神。

再次,《阿凡达》的主人公义无反顾地替代弟弟去完成未竟的科技任务,这又是一种怎样的使命感呢?一个双腿瘫痪的残疾者,需要什么样的意志和毅力去接受艰难的挑战?人们也许会说,他有着一颗伟大的头脑,我们却没有。但是,我们在平凡的工作岗位,在属于自己的一片土地里,我们能够无私地耕耘和勇敢地承担吗?我常常想,我们的牢骚也许不是没有道理,可是我们往往缺乏了一颗平常的心。如果能够在工作之中找到属于自己的快乐源泉,那么,即使没有惊天动地的举动,也会赢得一份尊重和自豪。

面对强大的敌人,阿凡达没有屈服,而是勇敢地迎接挑战。他虽然率领的是一群原始人,但是,在他的战争里,却包含了极为先进的战争思想。特别是,要赢得战争,首先要赢得人心,这又是一种多么伟大的信念,在这样的精神面前,难道你没有一点点自惭形秽吗?

《阿凡达》的票房,也许源于高科技,但是,我却更佩服这样的一些人类大主题被影片人充分地表达了出来。我们的媒体在报道和欣赏的过程当中,可不可以在这方面宣传一下呢?

至于湖南张家界景区管委会紧接着把当地著名景点"乾坤柱"更名为影片中的"哈利路亚山",理由是"哈利路亚山"的原型是"乾坤柱",还美其名曰"不仅是中国的,也是世界的",我看,也只能是一种笑话吧。

3. 逆向思维

一次语文组聚餐时，Q 老师出了一道题目，使在场的几位语文老师都懵了。

她说，儿子从学校里带回来一个逆向思维题，可惜她答不上来，被儿子寒碜了一回。题目是："一根筷子容易折断，一把筷子就不容易折断"，请你从逆向思维的角度说一个道理。

一题既出，众口哑然。

在场的都是本科以上的语文专业人士，其中一位是语文特级，另两位是语文能手，还有两位已经取得硕士证书。可是，没有谁能做得了这个逆向思维题。

逆向思维，无非是从事物的反方向进行思考。小 W 老师说，做一天和尚撞一天钟，可以逆向，理解成要做好自己的本职工作，踏踏实实过好每一天。

然而，"一根筷子"与"一把筷子"，原本说的是一个人的力量是有限的，一群人（团结）的力量是无限的。怎么可以颠倒过来呢？我愤愤不平地说，语文教育到底做什么，想培养什么能力啊。

前不久，我完成了《语文教学中要叩开一扇思维之门》的论文，还认真读了一些语文思维教学的著作。我也知道，语文不仅是一门语言学科，还是一门思维学科。语文课要训练学生的语言能力，同时要训练学生的思维能力。而思维能力之中，逆向思维是其中的一个重要内容。

有一个叶圣陶老先生的作文教学案例。叶老让学生说"飞蛾扑火"的意思，有学生回答"自取灭亡"；叶老继续问还有什么意思，有学生说"明知山有虎偏向虎山行"。叶老紧追着问从中可以理解出什么意义，有反应灵敏的学生豁然开朗，"飞蛾是为了追求光明而不惜牺牲自己的生命"。从正向到逆向，学生的思维能力得到了培养。于是，叶老便进一步让学生进行"狐假虎威"的思维训练。

历史上的"司马光砸缸"的故事是一个逆向思维十分成功的案例，"北风和太阳"的故事同样说明了逆向思维在与顺向思维的较量中有时候很管用。无论管理学、经济学、文学、政治学等等，都有一个对立统一的原理，都可以帮助人们从困境之中解救出来。逆向思维是一种求异思维，是要将司空见惯的已成定论的事物和观点颠倒过来，是一种反其道而行之的思维方法。这种思维，不能凭空捏造，必须创造出新的思想和新的形象。问题是，并不是所有的事物都可以拿来逆向一下，否则，也就没有了什么正规和正道了。

试想，《孔雀东南飞》中刘兰芝不愿嫁给府君公子，可以理解成"她智力低下，又不是叫她做二奶，凭什么不愿意"吗？《杜十娘怒沉百宝箱》中杜十娘把那么多的钱财扔进江里，可以理解成"缺乏独立的人格，为什么要依附于男人，为什么不可以再找一个心爱的男人"吗？祥林嫂悲剧的根源可以理解成她的"奴性"和"迷信"吗？

语文是语言的艺术，教语文当然要站在语言的平台上去审视语言背后的文化，从中发现和感悟民族的物质和精神的历史。如果什么都可以颠倒过来，那不就成了只是一种"脑筋急转弯"式的语文了吗？

逆向思维往往具有新型性，促使我们的头脑摆脱僵化、守旧、刻板的习惯，可以让我们冲破阻隔，带来耳目一新之感。由于逆向思维往往与正向思维相反，因此可以打破常规，挑战传统，悖反世俗，属于一种创造性很强的思维方法。可是，绝不是所有的事物都可以颠倒过来的，很多的约定俗成，很多的习以为常，恰恰是一种颠扑不破的真理，是经得起历史检验的真理，为什么一定要刻意求反和异想天开呢？

"一根筷子"和"一把筷子"，值得逆向吗？

为了求证，当天回家后把这个题目抛给了夫人和女儿。夫人在厨房忙活，听完之后马上反应过来，说可以逆向：一个人能做的事就一个人做，一帮人做事反而做不成功。她还补充道：一个人能承担的事就一个人承担，一帮人反而承担不起来。我似乎有所领悟，原来，一帮人挤在一起反而施展不开自己的手脚啊。

女儿想了一会，说：还可以这样理解，一堆问题在一起的时候难以突破，如果把它分散开来一个个分析就容易各个击破。她还自言自语：一帮人的意见不能统一就发挥不出集体的力量，这个时候离开了集体也许就可以发挥出更大的作用。说到最后，言犹未尽：这不是逆向思维，这是一种扩散思维。

我仔细揣摩母女俩的意见之后有一种醍醐灌顶的味道。在多年语文教学过程中，还是第一次发现，"一根筷子"和"一把筷子"可以作为逆向思维的语文题进行颠覆性的思维训练，呜呼，我的感觉在摇晃，我的天地在哭泣。是不是，我错了？

于是，我想，我每天傍晚散步，看到了一路开放的迎春花，是不是可以用"一路散步，一路迎春花"，来一个逆向思维呢！

4. 你能打开多少"背景文本"

想到这个题目,是因为在整理自己的文稿时,有一个自以为是的看法,说的是在课堂教学的过程中,应该满怀期待,打开学习者的"背景文本"。

什么叫"背景文本"? 一般的理解,是指经过自己长期的学习和生活感受而积累下来的学识与经验。这里有两个子概念,一是"背景",指的是意识对象生存的土壤,是我们赖以依靠的历史记忆和思想状态;一是"文本",指的是可以查阅的具体实在的内容,并非一定指已经存在的文字东西,是一个借用词。

说到"文本",又有一个概念需要澄清。以前的语文课,只是说"课文",新课改之后,引进了"文本"的说法。于是,说"课文"的也觉得落后了。那么,两者之间到底有没有区别呢? 细细品味,还是有区别的。"课文"是一种客观存在,其意义是已经确定的,不以读者意见为转移的;"文本"是当作品成型之后,作者退到后面,让读者自己去建构阅读的精神。于是,我们发现,从"文本"的角度来说,更强调读者的学习主动性,因为"文本"需要解读。

我这里所说的要打开"背景文本",更重要的意思是,需要在教学过程之中动用学生已经存在于各自的生活经历和学习体验的东西,为进一步学习新知识和解决新问题服务。也就是说,课堂上的知识文本必须和生活文本联系在一起,从课本走向生活,从课内走向课外,让知识回归生活,以生活的丰富性来反哺教育的书本化。这样,教学的过程中需要一种"背景支持"的教学艺术,有时候就是一种情境式或者是体验式教学模式。

这样的一种教学,不仅需要教师有灵动的教学艺术,而且需要教师本身具有丰富的教学底蕴。只有把教师深刻的阅历知识、深厚的文化知识和学生现实的生活知识联系在一起,形成一种互动合作的交融关系,才能铺垫出一条消解学习对象和学习主体之间相互矛盾的智慧通道。

我们常说要用好文本背景来促进深入阅读,正好我们可以借用这样的认识来帮助我们思考。如果能够用好"背景文本",就可以更有效地实施课堂教学,进入一个有利于发展学习力的阶段。

解读文本需要先走进去,再走出来,在这个过程之中,需要读懂和读通。这就不得不让我们认真地面对这样一个难题,如果教师自己浅薄和孤陋,又如何能引导学生自由出入和学有所成呢。抛开了"背景文本"而就本说本,其视野和能力的培养就只能是相形见绌和举步维艰了。

如何督促自己自觉丰富自己的"背景文本",我想也是需要我们特别在意的事情。生活处处是学问,无论什么时候,都不应该忘却自己随时需要进修的东西。没有一种长期的学习行为和钻研意识,是很难实现教学的得心应手的。

当直面教学有效性的时候,最起码的原则是,有没有一种底气面对学生的学习问题。

脱离了"背景文本",将一事无成。

补笔:聆听吴非

记得在进修学校工作期间,学校网页"每周一读"上推荐过吴非的《把人道主义写在教育的旗帜上》一文,读完之后对吴非的名字和吴非的语言有了初步的认识。后来在不同场合不同时段内听说和阅读了一些吴非的随笔,逐渐加深了对吴非的认识。虽然没有好好去阅读他的《不跪着教书》,但是,对他的学识修养和教育思想的钦佩由来已久。

昨天(2008.3.6)晚上有幸聆听了吴非先生90分钟的报告,确切地说是一场漫谈式的报告,加上上午从南京一路回锡在车上的交流,在面对面的亲近中终于感受到了吴非先生真挚的教育情怀、敏锐的哲辩思维和深邃的思想境界,觉得自己很充实、很幸福。

在吴非先生娓娓道来的一个个真实质朴的教育故事之中,他对作为一名教师应该具备的人文理想和读写能力两个方面进行了深入浅出的剖析。他说,教育是在与愚昧和专制做斗争,一个好的教师永远是一盏灯;假如一个教师的人文素养高了,他的专业素养不可能不高。我们从他的经历中了解到,他几十年如一日地践行和追求着自己的教育理想,在做着理想的教育。他就是因为一位小学教师的一句"你一定能写好的"的话而鼓励他一路走来,成就着他的一生。

"当你热爱自己工作的时候,就是一种宗教。"吴非先生从7年之前一个10岁的孩童质问他"人活着有什么意思"引出了一个十分沉重的话题,我们的基础教育到底怎么了? 即使它让人绝望,让人羞耻,我们也不能放弃。因为,我们今天在做着改变学生一生的事。他告诫我们,教师必须读书,认真读书,读更多的书,想更多的事,不断汲取新的营养,不断地完善自己。广泛地阅读,勤奋地写作,老师的背景就会广阔起来。

他从不认为有"差生",从不说"差生"。他说:"如果从老师口中说出差生、废料、垃圾……的话,还怎么能当老师呢?"他也反对把老师称作"春蚕""蜡烛"和"园丁",他说,学生是人,老师是人,在心与心的沟通中,老师更像农夫,播下的是种子,收获的是果实,果实也是新的种子。

真的佩服吴非先生的理想追求和执着情操,他在 1994 年和 1995 年的时候,每年以 270 多篇的文章发表量证明着自己的思考和努力。吴非先生告诉我们,不会写,是因为不会想,不会冲破思想的牢笼。现在,他仍然以每年 70 到 80 篇的发表量、两部专著、主编多部著作、编写许多教材的速度而工作着。我们不禁要问,他到底有没有休息时间?他是怎么工作的?他说,他不能不写,不写就难过。这样的人,只能说,是教育事业的一个福音,是教师队伍的一个引路人。

在 90 分钟的讲座之中,200 多人的会场寂静无声。人们被他生动而深刻的叙说所吸引,被他人格的魅力所折服。已经很久没有听到这样耐人寻味的讲述了,而且,很久没有感受到这样专注入神的气氛了。

感谢吴非先生给我带来的精神享受和人生启迪。

5. 时间是弯曲的……

初读"子在川上曰,逝者如斯夫"的时候,只感觉脚下踩着一片时光的云彩,飘忽之间,便来到了一个陌生的地方。

若干年之后,再读"子在川上曰,逝者如斯夫"的时候,眼前呈现出一派空旷寂寥的天地,于是,诞生了一个至今未能阐释的问题。

在浩瀚的空间里,时间到底是什么样子的?

有一个渔夫老是想不通,三个儿子天天跟他在一起打鱼,他把自己与大海较量的毕生经验都传授给了他们,他们的本领还是平平常常。国王派使者去调查,发现三个儿子从来没有离开过渔夫独自去打过鱼。

面对潮汛的变化,儿子们并没有真正地去搏斗。手中的网绳,也并没有真正拉起属于自己的鱼。

人不可能在同一时间里踩在两个空间点上。从这里出发走向另一个地方,需要时间来帮忙。当你迈步朝前的时候,时间是直的。

走着走着,我们会发现,原来的那个地方并不是自己心中理想的落脚处。为了寻找新的光明,你要修正自己的航标,再次启程。可是,当你继续迈步朝前的时候,时间还是直的。

在经历了许多站点之后,静下来回头观望,一路艰辛之后的时间,很多地方有一个弯折点。

人生的每一个终点也是下一个起点,当我们站在其中的一个地方去关注空间的变化的时候,我们的思想不再是平面的线条,而是立体的几何。

时间是有长度的,每一次的弯曲都以直线长度的长短来标示着你所走过的路。无论你走到哪里,站在空间里看时间,错综的弯折点只能说明爱因斯坦的相对论中有一个万有引力的原理,全部的轨迹存在于一个非常有限的范围之中。

能不能延长时间的直线距离呢?

一个木匠劳作的时候,不小心把手表甩丢了,他满屋子找,结果就是找不到。晚上,他的才几岁的儿子竟然找到了他的表。儿子虽小,却懂得在寂静的时分屏息凝气去听那时针窸窸窣窣的声音。

先让时间凝固起来,然后才能找到自己想要的东西。

每次登高的时候,心旷神怡的那一刻,无论怎样的汗流如注和豪气冲天,俯首大地,那条山路总是蜿蜒而行的样子。

不需要刻意去弹拨时间的线条,只需要心存梦想,希望就在前头。

想认识空间的样子,需要时间来做伴。

经历了多少次的矛盾周期,经历了多少次的是非曲直,要学会捡拾时间里的碎片,孤立的东西本来存在于整体的结构之中。

有没有可能在同一个时间里停留在两个地点上?

——想象。

一个人可以一辈子不说话,但是不可能一辈子不想象。

一只脚在门里头,一只脚在门外头。一只脚踩在过去上,一只脚踩在现在上;一只脚属于起点,一只脚属于终点。每一处都在时间的长河里,可是,却会在同一时间停留在两个地方。

时间与空间,没有界限。

去找一位不常来往的老同学办事,第一眼的印象是那么地憨厚朴实和文质彬彬。谁料想,酒桌之上竟有那么大的酒量,卡拉 OK 竟有那么大的嗓门。

世易时移,物是人非。时间是个运动着的东西,"有一段时间",代表的只是延伸到了另一个空间。一觉醒来的时候,就是又一个黎明的到来。

什么事情都会行走在时间里,回头看,时间真的是弯曲的。

6. 自扫心地却尘埃

也不知是哪一朝代的老和尚,竟然给后人留下了一首通俗得不能再通俗、哲学得不能再哲学、佛法得不能再佛法的《扫地歌》,曰:

扫地扫地扫心地,不扫心地空扫地。

人人都把心地扫,世上无处不净地。

人在世上活一辈子,最难的也最容易的事,就是能不能给自己的心地每天清扫一遍了。我们都知道,地面不常扫,就不会有一个清洁的面貌;一个人的心地不常扫,就不会有一个美好的心情去生活。

任何人都会照镜子,这面镜子可以是普通的镜子,也可以是看不见的镜子。普通的镜子只是告诫你面必净衣必正,让你有一个清爽的样子。如果把这面镜子换一个样,也许,它还可以照出你的心灵底子,看看你有没有被灰尘蒙蔽了双眼。一旦这面看不见的镜子中的你开始不再认识自己的时候,极有可能就会丧失了自己的信仰,丢掉了自己的本性,模糊了自己的人生。

所以,经常地反观自照,这是一种很普通的清扫方法。

为什么老和尚能够活到130几岁安然圆寂?也许,跟他留下的《扫地歌》有着千丝万缕的联系。人生不可能是一个净地,人生也不可能都做到"眼根清净,常登觉地"。要用大慈大悲之心看自己,也要用大慈大悲之心去看别人。只有心怀坦荡,方可真诚表露;只有好自为之,方可太平无事。

古语说,宰相肚里能撑船。君子坦荡荡,小人长戚戚。何必计较凡尘俗世的名利,又何必在意过往云烟的烦恼。"一心正念,方得正果。"专心打扫自己的方寸之地,让心底世界回复原本的清静,何愁不落得个逍遥自在的快活?

人在尘世,诱惑多多。谦卑为人,为善积德。劝善者当先自善,教人者当先自教。污垢不除,何善之有?不良不善,何以范人?自扫是本分,扫他是责任;自扫得自在,扫他更快乐。即使听到他人的恶口,遇到不平的坎坷,也不放在心里,和和气气,就如同在水上写字一般,那种快活自在,有谁能胜得了你?

时常反省和检点自己的心念,真是人生在世了无牵挂的好事。

"凡事心存和乐,而不厌烦暴躁。凡事心怀感恩,而不自赞己功。凡事心存慈愍,而不幸灾乐祸。凡事心存法喜,而不贪恋物欲。"人情变化无常,世路崎岖不平,如果以出世的心念,面对入世的事态,何愁不能从尘世中解脱出来。得意时淡然,失意时坦然,人生本无大事,生死也就两字,很多命运之中的涅槃存在于自然运行的规则之中。但是,人的生命之中有一个要义不可违背,那就是不能忘记清扫自己的心地。临老时分,只求个清净的去处而已。

草木有情知春秋,不教真情付东流。如果见什么就烦什么,那日子还怎么过,那还能做什么事?

补笔:退步也是一种进步

唐代的布袋和尚在有人向他问道的时候,他以一首《插秧诗》来回答:

手把青秧插满田,低头便见水中天;

心境清静方为道,退步原来是向前。

农夫插秧的时候,看起来是一步步向后倒退,其实是一步步向前迈进,和尚通过这种退步插秧的生活场景意在告诫世人一种参禅修身的境界。

谦让就是一种退步,这种退步其实是一种宽容和豁达。

生活之中难免会磕磕碰碰,要想和谐快乐,就要学会妥协忍让。在矛盾纠结的时候,谁的心里都不好受,假如控制不住自己,极有可能爆发战争。这个时候如果你不争不犟,你心平气静,甚至随遇而安,那么,你得到的就是获得和满足,是舒心和适意。人说退一步海阔天空,进一步悬崖峭壁,就是这个道理。正如农夫插秧一样,因为低着自己的头,才能看清水田中倒映的天;因为倒退,才能一直把秧插到田头。它揭示了一个生活的哲理,退步不一定就是消极和失败,而是一种积极的进取与收获。

我们来看一看富兰克林的故事。年轻的富兰克林去拜访一位前辈,他年轻气盛,抬头挺胸迈着大步进门,不料"哐"的一下撞到了门框上。出来迎接他的前辈看到他的窘样之后,笑着说,这是你今天来此获得的最大收获,要想平安无事地活在世上,你应该时时记得低头。低头是一种人生的态度,也是一种人生的智慧。从此之后的富兰克林把"记得低头"作为自己的座右铭,也许这是他以后成为美国之父的一个重大原因。

这个道理同样可以用于博弈之道。如果不懂得避其锋芒,退而求活,那极有可能有去无回,全军覆没。无论是在棋盘上还是在战场上,虽然勇冠三军可以气势如虹,可是莽撞拼杀只能铩羽而归。把拳头收回来,才能更有力地打出去。这就不是一般的退让问题了,也不单是一种宽容的态度了,而是一种韬光养晦的人生哲学,是一种深藏不露的兵家之道。

反思也是一种退步,这种退步其实是一种蓄势和整肃。

照相的时候,为了使广角镜更具特色和效果,就要退一步看一看,有没有把景象摄入到镜头里面去。有时候,退一步仍只是一个局部,那就要退两步、退三步,一直退到能把全部的花草树木都拍进去。这样的退步,会让人看得更远更广更清楚。

人生是一个大舞台,在台上演戏的时候,最不清楚自己演得怎么样。所谓旁观者清,当局者迷,如果你只是依赖于别人的指点和调教,没有自己的观照和修正,那是没有出息的或者说是难以有出息的。怎么办? 一个最为关键的问题是,你有没有学会反思自己。

孔子曾经感叹说："昔乎颜渊以退为进，天下鲜俪焉。"说的是，可惜颜回这个人总是唱低调，以退为进，所以普天之下，很少人跟他那样（处世）了。孔子是在对世道之衰发出自己的感慨，因为士大夫不知礼仪为何物，往往知进而不知退，更不知其变。所以，孔子认为像颜渊这样的人少之又少，他不仅在告诫他的学生，也在奉劝后人以退让的姿态来作为进步的手段。

问题是，当今之世，还有多少人能够静下心来反观自己的经历和历史，还有多少人能够从自身经历和历史之中从头再来。一个人如果没有了安静思考的时间，没有了认真面对的勇气，没有了调整自我的胆魄，久而久之就会使精力、健康、智慧等都受到严重的损失。冯友兰先生认为哲学是"反思的反思"，是一种境界之学。两个"反思"，其意义就不再停留在一种正本清源、修身养性的人生观上，而是可以洗涤灵魂和再生精神的一种造化和升华，是回归自由人性和赢得自我尊重的一种历练和挣扎。

所以，我们要时刻警醒自己，要敢于回头看，勤于回头看，善于回头看，发乎内心，方成大器。

舍弃更是一种退步，这种退步其实是一种自信和成熟。

布袋和尚劝告人们要"六根"清净，"六根"指的是"眼、耳、鼻、舌、身、意"，属于一种佛家用语。意思是希望世人能抛弃那些身外的诱惑，心底要清净透明。这里的"清净"不仅指物外的平静和安详，更多指的是内心的宁静和纯净。面对功名利禄，何必斤斤计较，坦然处之，反而会获得巨大的生活能量。为人之道，需要懂得"舍得"的道理，有舍才有得，不舍就不得。

以退为进，是历史成功的重要法宝。民间的"舍不得孩子套不到狼"，虽然太恶性了一点，但说的道理还是站得住脚的。塞翁失马，焉知非福？这还是一种被动的舍得。真正的舍得，应该是主动地投入和付出。成功的背后是辛勤的劳动，劳动就是一种放弃，放弃了休息和娱乐，放弃了浮夸和热闹。反之，一味地、不顾一切地劳动，会丢失自己的健康，以致什么事情也做不成，只落得个孤苦伶仃对影自叹的境地。

对朋友冷酷的人，最后自己只能死在冰块之上。刎颈之交的友谊，是因为廉颇、蔺相如舍弃了个人之间的恩怨，维护了国家的利益，最终历史留给我们一段佳话。马克思说，人生离不开友谊，但要得到真正的友谊并不容易；友谊需要用忠诚去播种,用热情去灌溉,用原则去培养,用谅解去护理。因此,朋友之间,别为自己瞬间的收获而忘乎所以,也别为自己的偶尔摔倒而呼天抢地。生活本来苦乐无常,何必强求完美无缺。

人类社会的发展常常是一个竞争的发展,处在这样一个社会之中,人类的生存状态面临的挑战越来越尖锐和激烈,要想寻找属于自己的一个生存空间,就不免认真地思考和应对。前进的路上本来就需要有一种退步的智慧,一个谦卑之人,会更多地获得尊重和收获。

修养退步之心,是人生的一种境界。

7. 诗在景中,我在画中

蠡湖公园286.7米的环形长廊,吸引我从现代的文明走进历史的文化。

前面镌刻着的,是明朝著名书画家文徵明的书法作品《太湖》诗,由于设计者把书作刻录于透明玻璃之上,不仅使之形象生动,充满动感魅力;而且在周围风景的反衬下,诗在景中,景在诗中,俨然是一幅洋溢着诗情画意的立体艺术瑰宝。

《太湖》诗是文徵明晚年归隐故乡山林时的一首写景诗,表达了他自比范蠡、愿意"终岁不闻车马音"的心境。这幅作品的书法艺术历来受到很高的评价,既有苍劲有力沉着痛快的气魄,又有灵秀俊美顾盼生姿的风韵。书法界特别注意到作品之中师承王右军、得力赵松雪的根底,以及参以黄山谷的长戈大戟、欹侧存势、纵伸横逸、舒展大度的笔势。结字上中空收缩向外辐射,大字纵,小字敛,参差错落,放纵欹侧,极富节奏感;用笔上惯用逆锋、藏锋,提按幅度很大,大撇长横,相互穿插,稳健扎实,气贯神溢,一扫妩媚平光;章法上相互映带呼应,大气磅礴,气象宏大,具有强烈的整体感。

　　《太湖》诗作为一幅书法作品倍受尊崇（现存于大同市博物馆碑廊），它的内容同样值得品鉴。文徵明与当时的祝允明、唐寅、徐祯卿合称吴中四才子。文徵明出身于官宦世家，早年也曾数次参加科举考试，均以不合时好而未被录取。54岁时由贡生被荐为翰林待诏。居官四年辞归。自此致力于诗文书画，不再求仕进，力避与权贵交往，专力于诗文书画艺术30余年。享年90岁，其诗、文、画无一不精。人称是"四绝"的全才，晚年声望极高。《太湖》诗作于晚年83岁，通过描绘太湖的浩渺烟波与洪涛壮观，抒写自己"胸贮千万顷"和"身游七十峰"的豪情，更写出了作者追随范蠡隐居江湖的宁静与淡泊的心志。全诗以湖为镜，以泽为国，想象奇特，气概非凡，纵横山水，博大胸怀，所表现的动静气脉、湖光气象和景情气流，一样的超凡脱俗，令人钦佩。

　　说到《太湖》诗末句"中流仿佛闻鸡犬，何处堪追范蠡踪"，必然会让人联想到吴越春秋的一段故事。传说吴越春秋时，越国大夫范蠡协助越国勾践，用西施使美人计灭了吴国后，范蠡便携美女西施放舟太湖，过起了隐居生活。实际上，范蠡西施就在蠡湖养鱼，并写出了世界上第一部养鱼专著《鱼经》。范蠡西施经多年驯养，发现有一种鱼特别好养，长得快，不易生病，就把这种鱼推荐给周围百姓。百姓养了这种鱼，得益匪浅，就用范蠡的"蠡"的谐音来命名这种鱼，叫"鲡鱼"。至今在民间还传赞："养鱼种竹千倍利，要谢西施和范蠡。"锦鲤因为色彩绚烂，如水中牡丹，所以又称"富贵鱼""贵族鱼"。锦鲤被视为和平、友谊的象征，它不仅给人以美的享受，还寓意吉祥欢乐、繁荣幸福，所以深受人们喜爱。

当我们品赏完眼前的《太湖》诗之后，再来游历"水镜廊"，我们会发现，这个半圆形长廊，面向太湖，从东南到西南，以实墙和空墙相间错的形式建筑，以多种形式的诗画文赋为主体展示内容，以富有动感的太湖水为主线，折射出无锡的文明演进和文化积淀，展示出太湖水赋予无锡先民的灵气和智慧。所镌刻的历代名人歌咏和描绘太湖的众多诗词画作，均以大理石阴刻、花岗岩浮雕和贴银贴金彩绘等廊壁工艺表现手法展现在游人面前。整个长廊是一条观赏性极强的精品文化长廊，充分体现了无锡的人文底蕴和文化品位，是蠡湖新城的一道文化亮点。

任何一个民族，任何一个城市，在漫长的历史演变过程中，无论发生怎样的动荡世事，终将形成其独特的精神意识和思维方式，形成一种文化品质。蠡湖地区是山明水秀人文荟萃的吴文化交汇点，是吴地百姓文化的一个聚集地。无论春秋时代的范蠡传说，还是明朝东林党人的踪迹，或者近代工商业一批实业家实业救国造福桑梓的伟业，还有大批诗人画家的传世作品，都反映出她的深厚历史的源远流长。现在，"水镜廊"将自然与文化融合在一起，使景观与生活紧密相连，让高雅的文化走到大众的面前，浓郁的古典文化和现代气息有机地融合，无疑是一种城市文化的标志，是一种现代文明的象征。

"水镜廊"首尾大型主题浮雕"生命之源"和"上善若水"，分别传递了"水，是孕育了我们生命的源起，给我们带来了经济繁荣和民众的富庶，我们必须呵护生态环境，珍惜赖以生存的环境资源"和"水，能适应各种形状的容器，启迪我们学会去适应各种环境的变化，我们必须与时俱进，面向快速嬗变的未来发展"的信息。任何一名游客，如果你置身于长廊，驻足于诗画，认真体会，反复琢磨，我想，你将会对"一方水土养一方人"和"以水为镜"的含义有一层更深刻的领悟。

回身放眼太湖风光，从心底涌起一股自豪的激情。太湖的魅力当然并不仅仅在于一条长廊，但长廊中所反映的历史却使我们对太湖山水的博大精深有了无限的景仰之情。山蕴智者，水育仁心，文化的传承与光大，是否就是历史赋予我们的使命？太湖的明日蓝图，又该如何去描绘呢？

8. 母亲

母亲还没有活到我现在的年龄,就离开了她的一双刚刚步入青年时期的儿女和即将脱离清贫生活的家。

今天下午,母亲,我来看你了。25 年过去了,母亲,你还好吗?

这么多年以来,你留给我的,永远是温和淳朴的脸。小时候,我享受着你足够的"重男轻女"般的爱。在你的呵护下,我用功读书,乖巧懂事,从不惹你生气。可是,几十年来,我却常常想不起你对我如何百般地好,唯独记得你对我唯一的一次不好。

上上周,我在给幼儿园骨干教师培训班讲座时,我跟她们交流的第一个问题是:人生是从什么时候开始? 当时我先从准备着的几个小故事讲起,讲着讲着,我联想到了我自己的小时候,想到了你在我的记忆里留下的唯一的一次"暴打"。那时候,我还小,可能刚上小学吧。几个小伙伴去村后的大河里游泳,发现对面河岸上有一片瓜地,几个小伙伴忍不住好奇心便上岸去采摘,只剩下我一个人在河里戏水。这时,我发现远处的几个大人在匆匆赶过来,连忙招呼他们几个赶快下河逃跑。谁知道,几个大人不依不饶地追过了河,还追到了村里面。这下事儿闹大了,其他几个小伙伴的家长都悄悄地把自己的孩子领了回去,只有你,当着大伙的面,不问三七二十一,狠狠地打了我一顿。事后,当你了解到事情的真相后,你紧紧地把我搂在了你年轻而温暖的怀里。现在,母亲,当我用并不年轻的心回忆你感受你的时候,我会对你说,我的人生,也许就是从你的一顿暴打开始的。

可以记录的事太多了,但是,随着时间的流逝,有的在远去,有的在沉淀。自从我上了初中之后,我成了一个诚实、腼腆、憨厚的大孩子。不喜欢说话,不喜欢活动,文文静静的,像个姑娘(高中入团前班上的团支书来村中调查,村中的大婶大妈都说我像一个大姑娘),放学之后常常自觉地拿起镰刀去割草喂养家里的几只大白兔。晚上,在电灯下做完作业之后就洗脚上床睡觉。每到这个时候,我最开心最安心的是每隔一个星期你就能陪伴着我和妹妹一起吃饭一起休息。因为父亲在外地工作,一般要到周末才回家,所以,我和妹妹最害怕你每隔一周上夜班。那一周,我会很晚很晚才睡得着觉。我会默念着无穷无尽的分分秒秒,等听到你半夜时分开门的声音才稳稳地睡去。最怕的是听到你开门之后咳嗽的声音,听到你关门之后不去灶间提水洗涑而去房间拿衣服换衣服。我知道,你又蹚水过河了。你上班的途中有一条小河，没有桥，只有一只头东尾西的船。有时候，船绳没有系住，船就会被风浪吹走。夏天还好说，要是大冷的冬天，你也只能从冰冷的河里走回来。因为你要回家，你惦记着第二天要给你的儿女准备早饭让我们去上学。

母亲，自从我来到了人间，我特别感到幸福的是，我能在你关爱的眼神里生活和成长起来。遗憾的是，当你的儿子工作才第二年，你就悄然长眠了。现在，你的孙女你的外孙女都已经在读大三大二了。你去世的时候，我还没有对象呢。

母亲，你可知道，今天，你的丈夫我的老父亲来看你了，你的弟弟妹妹你的表弟一家三代也来看你了，你的女儿女婿还请了几个帮工把你的墓地四周浇上了水泥。

母亲，你可知道，你的墓地的东面有一片菜花地。黄澄澄的油菜花正在迎风招展，春风里送来了阵阵清香。母亲，你闻到了吗？你笑了吗？你的笑容是否依然那么率真和甜蜜？

母亲，我要走了，让我在你的面前跪下来，深深地叩上三个头。让我们大家都能平安健康，平静生活吧。

2008 年 4 月 1 日夜 22 时 40 分。

补笔：娘

夜里未眠。

想起了娘。

娘若活着的话，到年应该 80 了。

我把时间定格在 33 年前，娘再也没有站起来，像往常一样站在门前场头翘首望着儿子回家吃晚饭。

人很瘦，神志很清楚，拉着我的手，说，儿，我不能住在这一间房里，把我搬到外间，这间房将来你要做新房。

娘，可能你不知道，也可能你看到了，我和我的父亲在 1986 年造了新楼房，我是在楼房里成的亲。

记得那天我握着你的手跟你说我去上班了的时候，你只是微微点了点头，我上课的时候，总感觉你在拉我的手摸我的头牵我的衣服，从此你告别了我，我也从此再也没有机会喊出我最亲最爱的那个称呼。

娘，我想你了。

从小我就知道，你特别地疼我。也许小时候我经常感冒发烧，你上班半夜回家的第一件事就是抱起我亲亲我，那时候我还小我还没有感觉到这是世界上无可替代的唯一的爱。

娘，你把你的爱藏在了你的朴实勤劳之中。你不认字，让我代你写总结，你拿回来的一张张优秀职工的奖状无声地告诉我，要好好读书。但是我就是弄不懂，为什么你却把我带到了自留地，让我学会了种青菜、萝卜、大蒜、山芋、向日葵，拔毛豆摘黄瓜浇水撒粪垒岗头，放学回家还要割草喂兔准备猪饲料。几乎每个忙假我都会上工挣工分，挖过河泥插过秧，挑过稻捆担过担。也许，你希望我知道农民的儿子就要知道吃饭的苦，也许，你让我不要忘掉祖宗的本，也许你从另一个角度教育了我读书和生活其实就是一回事。

记得我第一天要离家去常熟上学的清晨，天还没亮呢，你就喊我起床，让我去跟爷爷奶奶叔叔婶婶一个个打招呼。我知道，你心里很开心，儿子已经扔掉了铁耙锄头可以吃国家饭了。我也知道，你在告诉我，养育我的不仅仅只有你和爹，还有爷爷奶奶叔叔婶婶一大帮子人，更有灶头田埂和乡土里的魂。

娘，我真的想你了。

我毕业了，我工作了，我可以赚工资了，我终于是一个人民教师了。可是，你却又一次住院了，躺下了，不再健康地笑了。

那一天，我去医院看你，你在挂水，看到我的时候你笑了，很久很久地笑，笑得很美笑得很美很美。至今我都能清楚地浮现你的笑，天底下最善良最朴素最纯净的笑，尽管你已经卧床不起消瘦得失去了你曾经的美貌和青春。

娘，你是不是还记得我当年第一次把我工作之后赚下的100元钱交到你手里的情景。那时候，你年轻，漂亮，有着农村姑娘甜甜的红脸蛋。你笑着说，还是你自己用吧，家里不缺你的100块。幸福的话幸福的笑，幸福的家里人。

娘，我好想你，你也在想我吗。

娘，你走得如此匆忙，没有给我一点点向你回报的机会。我知道，你有你的不舍，你还有你的期盼，你只是希望尽量减轻我的负担。我懂，我明白，几十年来，你每天都在陪伴着我，洗衣做饭之后眼巴巴地站在门口场头等着我回家吃晚饭。

从今天起，我从你的生命里带来了我们家的希望。

也从今天起，我收到了一年年的笑声和祝福。

娘,你笑了吗?

娘,我们都要笑。

为了你的辛苦,为了我的存在,也为了我们全家人迎接明天的阳光。

娘,我们抱一抱吧。

娘,向我的爹问声好。

我想你了,娘。

2016.12.9。

第五章

课例反思论

第一节　一种精神性的理解与解释

——以《像山那样思考》教学为例

加达默尔说:"文学其实是一种精神性保持和流传的功能,并且因此把它的隐匿的历史带进了每一个现时之中。"[①]优秀的文学作品,自然镌刻着作者独特的思想和崇高的精神,能不能在语文教学的过程中将静态的无生气的语言转换成一种动态的有生气的内容,在文字的理解和解释中产生一种审美的感动,在提升阅读能力的同时实现一种精神的发育,这是每一个语文教师必须高度重视的一个教学问题。

《像山那样思考》是一篇穿透时空、启迪人生的哲理散文,在日益进步的人类社会中,如何直面人类与自然相处的亘古不变的困境,将是这篇文本理解与解释的一个有意义的事件,也是能否在读者的灵魂深处造就积极精神的一个根本命题。

一、目标期待:厘定文本解读的价值取向

每一个读者常常带着阅读的期待去面对文本,然而这些期待视野和文本之间毕竟有着一段相当大的距离。语文教师在开始文本教学的时候需要唤醒学生的阅读背景和生活经验,将学生带进特定的文本情境之中,做出正确的、符合文本意脉和意义的教学安排。

文本的真实意义在哪里? 有没有可能从它的起源和发祥地去寻找问题? 这是文本阅读首先需要明确的价值取向。"谁想理解一个文本,谁就准备让文本告诉他什么。"[②]每一个读者既是阅读者和提问者,又是思考者和解答者,一切的阅读理解需要不断地提问和探究,并且试图在阅读过程中倾听文本的回答。怎样安排《像山那样思考》的导引,关系到整堂课的目标定位,也关系到文本理解的梯度和

深度。

　　首先,我们可以从文体入手,让学生明确本文是一篇讲道理的哲理散文。这种散文通过作者独特的社会观察产生深刻的人生感悟,一般以一件事情或者一种现象来开头,然后在叙述、抒情、评论的过程中讲述道理和启迪人生,《像山那样思考》就是这样一种哲理散文。其次,向学生介绍作者生平,了解奥尔多·利奥波德(1887—1948)其人。特别强调作者是一位生态学家,被称为美国环境伦理的播种者,"近代环保之父",从小就对大自然有着浓厚的兴趣。他在近 50 岁时购买了美国威斯康星河畔一个被人类遗弃的沙乡农场,从此开始了长达 13 年的恢复生态平衡的探索,直到去世。他把自己的观察与思考写成了《沙乡年鉴》,《像山那样思考》是《沙乡年鉴》中收录的一则随笔。再次,让学生联系课文对照文章题目谈谈读出了哪些问题,通过交流汇总成四个问题:是什么引发了山的思考? 山在思考什么问题? 山是怎么思考问题的? 谁应该像山那样思考? 这些问题的提出不再是学生只凭主观印象的任意判断,而是在接受文本的心理感知时所产生的认识与思考。

　　一切对文本意义的理解都是一种富有生气的生命性活动,"谁理解一个文本,谁就不仅使自己取得对某种意义的理解,而且——由于理解的努力——所完成的理解表现了一种新的精神自由的状态"③。在文本的理解范围内,以上四个问题恰恰反映了学生对文本意义的理解方向,其本身已经意味着这篇文本的理解意义。这种开放的教学设计预示着接下来的解释不是一种在理解之后的简单的附加行为,而是一种文本理解的内在的表现形式。

　　理解的方式就是解释,就是在《像山那样思考》的语言文字中获得一种自由交往的真正的精神性。文本第一节以"一声狼嗥"回答了学生的第一个问题,也正是这"一声狼嗥"揭开了一个自然生态的严峻的生活现状。作者开篇就说:"一声深沉、骄傲的嗥叫,从一个山崖荡漾到另一个山崖,回响在山谷中,渐渐地消失在漆黑的夜色里。这是一种不驯服的、对抗性的悲鸣,是对世界上一切苦难的蔑视情感的迸发。"那么,这"一声嗥叫"究竟有哪些特点?"深沉"与"骄傲"又应该做出怎样的理解?"这"里面到底蕴含了怎样的一种情感? 也许学生们可以理解"深沉"之中所传达出的无奈和哀叹,明白狼在人类的猎杀和挤压下遭遇到的越来越残酷的折磨,但是不一定理解"骄傲"之中充满着的无穷的不甘和警醒。它们不仅十分清楚自己的艰难处境,也清楚这样下去会带来怎样的一系列后果,在这个道理面前人类却始终被蒙在鼓里。开篇教学初步激发出学生进一步的阅读情趣,为整篇文本的理解奠定了一个精神基调,也为阅读期待设置了继续解读的悬念,指引了自我理解的方向。

二、审美对话:体验作者作品的情感世界

姚斯说:"文学和读者间的关系能将自身在感觉的领域内具体化为一种对审美感觉的刺激,也能在伦理学领域内具体化为一种对于道德反映的召唤。"④审美欣赏作为一种阅读阐释活动,不仅从文本作品的广阔背景和阅读者的生活经验之间揭示出一种阅读的矛盾,而且在作品的未定性和读者的具体化之间寻找到一种历史的关系,从而形成作者作品与读者理解之间的一种审美对话。

文本作为一个开放性结构放置在读者的面前,潜在于文字背后的意蕴有着一种等待理解的审美价值,只有主动参与文本的语言情境才能认识作者在作品中给予我们的深刻回答,从而体验到作品意义的深邃性和作者情感的丰满性。文本理解是把读者置身于作品的丰富内涵并设身处地地领会作者的情感思想,整个过程是一个语言理解和审美体验的过程。一切的理解都是解释,都是通过语言的媒介而进行的具体化的对话,在唤起文本意义的过程中读者自己的情感也自然参与了进来。

《像山那样思考》第一节之后紧接着的问题是,我们怎样从文章的语言背景中深入理解这一声"深沉、骄傲的嗥叫"所隐含的深刻含义,为什么只有山能够听懂其中的深刻含义。分析可以分三步走,第一步从各种"活着的东西"产生的各种不同反应分辨出"浅显而迫近的希望与恐惧",通过文中的一组形象的排比句来认清楚这是一个严峻的生态伦理问题;第二步从山的角度去理解狼的嗥叫的深刻含义,揭示出狼的存在与否对于山、自然和人类的息息相关的联系;第三步看为什么"那些不能辨别其深藏的含义的人也都知道这声呼唤的存在"却没有像山那样去思考,比较分析山和一般人的思考方式有什么不一样,从而得出一般人类的思考是一种眼前的、浅显的、功利的、片面的、主观的看法,而山的思考是一种长远的、深刻的、公正的、全面的、客观的思考,所以说只有山"能够客观地聆听狼的嗥叫"。三步之后,一个问题马上可以跟进,其实山的思考就是作者的思考。对于同一声狼嗥,同一种事物,人们常常习惯于"这样"的思考;只有山明白,也只有作者明白,我们不能"这样"去思考,应该像山"那样"去思考。

在这种审美对话的过程中,构成了一种情感的同在和意义的同在,其实质是读者与作品的同在,是在相互依赖的交叉点上展开的对话活动,"一个是存在于本文和现实之间的交叉点,一个是存在于本文和读者之间的交叉点"⑤。一系列的阅读对话将问题聚焦到严重的生态失衡现象和对待事物的思考方式上,在文本语境的世界里进行着能动的相互作用,造成一种真实而真诚的阅读情境。

利奥波德为了说明自己的认识由来,花了较大的篇幅叙述了自己的一段亲身经历,并且将自己的情感变化公之于众。教师可以让学生速读分辨作者所经历的"敌对——同情——敬畏"三个裂变过程,了解作者在生态环境严重恶化的事实面前,终于愧疚于"狼越少,鹿就越多,因此,没有狼的地方就意味着猎人的天堂"的错误,深刻体会作者面对神圣事物时一种严肃而认真、谨慎而畏惧的人生态度,从中体会利奥波德所揭露的生态伦理问题是一种悲剧性现象,作为悲剧性现象在被读者理解的过程中就有了一种审悲体验,于是,在读者的情感世界里渗透进一种强烈的痛苦和哀伤,也在各自的生命精神里获得了一次清醒的洗礼和净化。

三、思想交融:打开读者思维的光明视野

文本阅读的过程是从文本的历史出发又回到读者的现实,是在文本的意义世界里感受到自己的精神运动,"人类教化的一般本质就是使自己成为一个普遍的精神存在"⑥。这里存在着两个彼此不同的视域世界,一个是作者将自己的精神世界置入于文本的历史视域,一个是读者将自己的文本理解置入于当下的现实视域。当我们初步理解了文本的思想意义之后,一切的文本理解就不能局限于近在眼前的东西,而要想方设法去超越这些东西,向外扩展和延伸。因此,理解的任务首先是站在作者的立场上还原文本的历史现象,其次是按照自己的方式努力接续文本的历史距离,最后是在视域交融的状态中获得一种积极的普世意义。

伊泽尔说:"阅读的每一个时刻都是保持和绵延的辩证统一,它传达一个未来的、有待于读者占领的视界,和已经实现了(并且正在逐渐消失)的过去视界融为一体。"⑦要想让读者进入文本的精神领域,就不仅需要接受文本所发出的语言信息,还需要沿着文本的视域结构去思维和消化。《像山那样思考》在结尾部分写到因为人类的猎杀,"狼——鹿——草"之间发生了一种可怕的生物链现象,山在"对鹿的极度恐惧中生活"。教师可以连续发问,在利奥波德那个看见了狼就扣动扳机的年代,他们用枪弹打在了狼的身上,其结果就是,那颗子弹又转了回来,最后

打在了谁的身上？学生自然清楚是打在了人类自己的身上；那么，谁应该像山那样思考呢，是人类；本文在写狼、鹿、牛、牧人等一系列关系的时候，归根结底是写谁与谁之间的关系，是自然与人类的关系。然后可以让学生再读文章，在文章结尾部分寻找有没有通过群山的思考直接表述作者生态伦理思想的句子。学生很快能找到两个关键句，一个是"太多的安全可能产生了长远的危险"，一个是"这个世界的启示在荒野"，凭着学生已有的理解基础，不难解释这两个句子所包含的意义。关键时刻可以点拨学生，"荒野"代表的是自然世界，它给这个世界的启示就是整个大自然对生存法则的启示，无论是狼，还是鹿、草，甚至是牧牛人，都是生物链上的一部分，都是一个个自然的生命，而每一个生命都应该获得尊重。这个世界可以有主人，但不能有主宰，人在处理与自然的关系的时候，绝不比山更明白，人类应该向山学习，像山那样思考。教师还可以利用这个环节进行适当地拓展介绍，"这个世界的启示在荒野"这句话是美国另一位自然主义作家梭罗的话，说说梭罗与他的《瓦尔登湖》，照应本单元的另一篇文章《神的一滴》。

这个时候这堂课基本完成了教学任务，也实现了预期的教学目标，但是，阅读理解更需要让读者超越文本真实的生活情境的界限，在读者的阅读背景中产生新的思考和感悟，那么就必须重新寻找文本可以启迪学生的新的角度进行品味和辨析。教师可以提问，既然山代表的是自然的声音，那么我们可不可以把题目改成"像自然那样思考"。这是一种换位的思考方式，虽然说的是一个道理，但是有着本质的区别。因为作者采用拟人手法赋予山以象征意义，"山"是一个意象，"山的思考"是一种意境，整个题目特别富有诗意，有浓厚的文学色彩和味道，摄人心魄，发人深省，耐人寻味；而用"自然"则太宽泛，指向不明，象征意义就不显著。

小高潮之后可以让学生把题目再读几遍，感觉一下这个祈使句的重音位置应该在哪个词上，说说自己的理解。这不仅仅是一个面对题目的用词问题，实质上是使整篇文本的阅读理解和题目之间形成一个完整的呼应，学生基本会产生三种意见，一是重音在"山"上，强调的是山的自然与法则，有一种凝重、庄严、巍峨、包容一切的形象感和象征力；二是重音在"那样"上，强调的是山的客观的思考方式；三是重音在"思考"上，强调的是必须进行深刻的哲理思考。每一个词都有自己特殊的意义，是一个特别具有感召力和启示性的题目。教师可以顺势小结：全文有两条线，明写一声狼嗥，暗写山的思考，从山的思考里揭示出狼嗥的含义，希望人类感悟自然生态的平衡法则，用实际行动改变为了自身利益而给大自然造成的严重危害。这个主题无论在利奥波德的年代,还是在现在或者将来,都具有十分深刻的意义,因此有人说与其这是利奥波德站在山顶向人类发出的深情的呐喊,还不如说是作者跪在广袤的大地上向人类发出的悲悯的祈祷。

文本语言的生命在于作者的深刻情感与精神,语文教学的使命在于读者的深切感受和体悟。由于阅读视野发生了新的变化,读者将文本语境、历史现象和现实世界融合在一起,最终达到的目的不是以一种视域代替另一种视域,而是在多种视域的交融中为阅读的理解与解释产生出一个新的视域。文本的阅读理解与解释过程经历了思考作者思想和产生自我思想的过程,读者的阅读活动就成为一种精神性的历练活动,每一个读者的精神生命都在自身的思想认识中获得进步。

注:

①②③⑥[德]汉斯-格奥尔格·加达默尔.真理与方法:哲学诠释学基本特征(上卷)[M].上海:上海译文出版社,2004:212.348.337.14.

④[德]H·R·姚斯,[美]R·C·霍拉勃.接受美学与接受理论[M].沈阳:辽宁人民出版社,1987:51.

⑤⑦[德]W·伊泽尔.审美过程研究——阅读活动:审美响应理论[M].北京:中国人民大学出版社,1988:72.150.

第二节　"明辨"和"分析"：戏剧教学的入门艺术

——以《雷雨(节选)》教学为例

李欧梵先生在《人文六讲》中指出："从人文的立场而言,阅读本身就是一门学问,一种技巧,它的背后涵蕴的是明辨和分析的能力,可以把读到的文字和文本真正吸收到自己的直觉和感觉之中,再将它消化。文学上的阅读就是解读,就是诠释,它是积累(读得多,时间要持续)和慎思的结果。"[①]戏剧文学作为一种独立文体,有着与其他文学作品不同的表现样式;戏剧文学教学如何体现特别的阅读教学理念,有没有可能从"明辨"和"分析"入手来寻找到一条入门途径,这是一个需要探讨的教学艺术问题。

《雷雨(节选)》是高中学生刚刚接触到的戏剧文学,有关的戏剧知识和戏剧鉴赏都是学生们阅读的盲点和难点。戏剧教学能不能从文字和文本入手,在充分把握戏剧的结构技巧和矛盾冲突等文体特征的过程中,引导学生初步掌握戏剧解读和戏剧诠释的一般方法,从而把文字和文本的信息吸收到自己的直觉和感觉之中并将之消化,形成学生们明辨和分析的能力以及养成积累和慎思的习惯。这是《雷雨(节选)》的教学目标,也是戏剧教学的入门艺术。

一、盘活戏剧结构,让学生感受一种情境体验

戏剧表演的成功在于极大地调动观众的参与,使得观众的情感和剧情的发展一起跳跃;戏剧教学的成功也在于极大地调动学生的参与,使得学生的情感和剧情的发展一起跳跃。戏剧教学首先需要解决的一个问题是,如何激活学生的学习情感,并使其介入到文本之中。

戏剧文本是一种时间、地点和人物舞台性高度集中的文学作品,它作为一个自在的阅读世界,是阅读交流的另一个主体,由于作者创作的情境已经不再存在,

便强烈呼唤着读者主体的阅读参与和积极响应。

《雷雨》是我国现代戏剧大师曹禺的第一部戏剧作品,1934 年在《文学季刊》公开发表后便引起了很大的反响。作者对《雷雨》是一部能"咬住"观众的戏剧很满意,他还说过"周朴园和鲁侍萍见面一场,我用了点技巧"。苏教版高中语文教材节选的就是这个部分,作者将剧中主人公周朴园和鲁侍萍安排在周家相遇。那么,节选部分的结构情节是怎样发展的? 作者采用了怎样的"技巧"去"咬住"观众的? 这是激发学生戏剧阅读兴趣的第一步。

古希腊戏剧理论中关于戏剧技巧有两个专门的术语,一个是"发现",讲的是从不知到知的转变,它可以是主人公对自己身份或者人物关系的新的发现,也可以是对一些重要事实或无生命事物的发现;一个是"突转",指的是剧情向相反方向的突然变化,通过人物命运与内心情感的根本转变来加强戏剧性的一种技法。《雷雨(节选)》教学可以从戏剧的"发现"和"突转"两个结构技巧来吸引学生的注意力,让学生从文本当中寻找"发现"和"突转"所指的内容,引导学生分析周朴园和鲁侍萍的台词对白,捕捉鲁侍萍逐步透露出来的话语和动作信息,去发现周朴园是怎样一步一步地"发现"鲁侍萍的过程,感受到紧张激动、环环紧扣的情节脉络,了解到他们俩的人物关系和内心世界。

戏剧文本内在的情节发展过程,为读者的阅读认识提供了一种情境体验的过程。在剧本情节的曲折变化和人物心理的起伏变化过程中,学生们的阅读情感也会随之而产生波动变化。文本解读活动成为一种激活生命精神的阅读方式,是读者生命进入文本生命之中的情感体验活动。举一个例子,当学生在认识鲁侍萍"发现前"的情感与表现的时候,会产生各种各样的想法和看法,或者说鲁侍萍故意向真相方面牵引又不知道怎么说,或者说鲁侍萍关注的是周朴园是否还在意三十多年的情感,或者说鲁侍萍想知道周朴园是否还记得自己,这些个性的、不一样的解读突破了剧情起伏跌宕的时空节奏,深入到人物内心深处隐藏的复杂情感,完全是一种思考、想象和体验的结果。

为了唤醒和加深学生的潜在意识,老师可以让学生置换阅读角色,以表演性朗读来进一步体验戏剧人物的心情与性情,锻炼学生的二次创作能力,完成一次穿越时空的比较具体的活生生的阅读参与活动。这种调动学生的学习情感,采用移情体验的教学方法,可以让学生更真切地感受到戏剧的结构艺术和情感艺术,完善和提升学生的学习经历和经验。

二、把握矛盾冲突,让学生体味一种"错位"气氛

在"发现"和"突转"的教学过程中,学生们已经初步认识到两位人物的矛盾冲突,但是,激烈的矛盾冲突的焦点在哪里,有没有更深刻的内心表现,如何进一步理解和鉴赏"错位"艺术的独特魅力,这是戏剧教学接下来需要解决的问题。

吕叔湘先生说过,语文教学要"从语言出发,再回到语言"。作者留下的文本语言和读者思想的语言活动,以及教学之间的语言交流,相互之间有着千差万别的特殊性。然而语文教学就是要把他们共融在一起,使得语言世界成为一种特殊的交往形态,成为一种特殊的教学艺术。

当读者置身《雷雨(节选)》文本作品的时候,需要不断启发诱导学生反复细读和玩味语言,从中还原人物的个性,体悟作品的艺术,才能给学生打下戏剧文化的坚实底子。进入戏剧教学的第二个环节,可以出示这样的思考题:在"发现"的前后,周朴园和鲁侍萍之间情感关注的焦点是什么? 他们的外在表现又是如何的? 这是一个指向矛盾冲突并具有一定难度的解读问题,必须让学生从文本语言之中找到解决问题的思路。所以,老师可以用情感焦点和外在表现来列表分析,帮助学生认识周朴园和鲁侍萍在"发现"前后的具体心理,辨析"错位"矛盾带来的越来越生动的表现和越来越有戏的个性。

教师首先要做好示范引导,采用一连串的问题来追问和启发学生:周朴园最关心的一个问题是什么? 是一个困扰了多少年的问题? 为什么困扰了三十年? 他的表现又是怎样的? 在师生的对话当中找到周朴园在"发现"前的情感焦点在于鲁侍萍回来到底想干什么,是谁指使她来的,而他的外在表现却总是闪烁其词和转弯抹角。接着让学生自由阅读和自由交流,放手让学生讨论和解析两人"发现"前后究竟是如何的情感焦点和外在表现,巧妙地将"错位"的矛盾冲突融解在学生们的理解之中。

语言是人物生命存在的基本形式,《雷雨(节选)》作品中随处可见精彩内蕴的台词。其中有一个不能丢掉的重要的文本细节,那就是周朴园和鲁侍萍两个人物所关注的时间点不在一个位置上。鲁侍萍关注的时间点是"三十多年前",而周朴园关注的时间点是"三十年前",说明两个人关注的事件也是不一样的。"三十年前"是侍萍投河的事件,"三十多年前"是两个人在一起的快乐时光。学生们在分析过程中只要抓住了人物的语言信息去揣摩人物的内心情感和性格特点，相互之间的对话交流就会很自然也会很深刻。

由于戏剧的矛盾冲突在《雷雨（节选）》中并不在一个平面之上，所以也会给学生造成一些阅读的困难，因此有必要对此做一番解释："矛盾冲突"是戏剧文学的一种艺术手段，它不断推动着戏剧情节的发展，呈现出戏剧矛盾的发生和发展、激化和转化的过程。它有时是一种尖锐激烈的矛盾纠葛，而在《雷雨（节选）》之中所表现的却是一种内心世界的"错位"冲突，比之于针锋相对的外在较量更能吸引读者和观众的情感。这样的点拨诱导可以让学生们心领神会和豁然开朗，加深对剧中人物内心情感激烈冲突的理解和明悟。

三、引发审美感动，让学生形成一种读者意义

加达默尔说："理解一个文本就是使自己在某种对话中理解自己。"[②]所有的文本都是一个潜在的艺术世界，只有在读者的阅读理解里才能赋予其意义和生命。阅读教学不只是一种文本意义的复制行为，而且始终是一种意义阐释和建构的行为。实际上，读者理解作品的意义，就是从文本中发现读者自己，找到自己的解释和表达，是一种对文本意义的参与和分享。

那么，在《雷雨（节选）》的阅读教学过程中如何从寻求理解之中建构学生的自我理解呢？

戏剧为什么有波澜？戏剧的美感在哪里？戏剧教学能不能引发学生的心灵共鸣？这是戏剧阅读必须回答的问题。在完成了上述两步教学环节之后，学生们不仅发现了跌宕起伏的情节张力，更发现了错综复杂的情感魅力，初步获得了一种审美快感，也为进一步剖析人物形象打下了基础。

我们在解读周朴园和鲁侍萍内心之间的"错位"冲突的时候，可以及时地提醒学生注意"戏剧不懂得平静过日子"的道理，让学生再次回到剧本之中去感受戏剧不断翻腾的浪涛，去展开穿越历史的心灵对话，去体悟作品诗性的艺术和人性的震撼。

《雷雨（节选）》教学进入第三个环节，可以出示本课教学的一个核心问题：当周朴园发现鲁侍萍之后，态度发生了一个急转弯，这样的转变可信吗？符合逻辑吗？这个问题涉及人物人性真假难辨的深度剖析，是一个令许多读者和学者至今仍在津津乐道的哲学话题。有条件的话应该让学生在课前阅读全本《雷雨》，这样

就可以从整体阅读感知进入细节阅读感悟之中。《雷雨》的郁热气氛弥漫在舞台空气之中,也充斥在人物的内心世界里。一个"郁热"的"苦夏",暗示着主人公们不同的生命存在方式。即使在节选部分,周朴园和鲁侍萍的台词对白也耐人寻味,他们对待初恋痛苦、复杂而极其矛盾的情感反应,也正好说明了他们难以摆脱的情感纠结,无论是如何的忏悔和如何的屈辱,无论是如何的计算和如何的愤慨,都在东躲西藏和欲说还休、翻脸无情和一朝爆发的戏剧世界,也都在尘世的煎熬之中找不到出路的悲悯之中。

审美阅读作为一种文学阅读的手段,可以在这里充分发挥应有的作用。充溢于剧情之中的情感变化,也使得读者的阅读激情不断获得净化和深化。剧中人物形象越来越复杂,同样意味着审美情感越来越丰富。周朴园所表现出来的真与假、善与恶的价值错位和重叠,到底是做给谁看的,是自己的一种心意安慰,还是一种真实的情感流露?当他发现三十年前的鲁侍萍就在眼前的时候,为什么会突然变得面目全非了呢?那张五千元的支票又表现出他怎样的道德面目呢?一系列的问题可以向人物的灵魂深处探寻。这种深度的辨析不论产生怎样的结果,至少可以让学生们认识到一个文学解读的真理:"情感的丰富和复杂的多方面、多维度的发现,就是美的发现。"③(孙绍振语)

由于在戏剧作品之中发现了自我,读者也就自觉或不自觉地进入了作品,达到了自我世界与作品世界的一体化。这种戏剧阅读的历练让每一个读者获得了审美情感的体验和陶冶,变单一的感受为丰富的情趣,变肤浅的认识为深刻的享受,阅读成为一个再认知的过程,理解也成为一个再认知的事件。

在整个《雷雨(节选)》文本解读的过程中,语文教师理所当然地成了解读的先行者。教师要以饱满的戏剧知识视野去挖掘教材的教学内涵,去寻找感受和鉴赏戏剧艺术的基本途径;通过营造民主和谐、自由开放的课堂氛围,唤起学生的阅读激情和阅读智慧,经过师生双方共同的"明辨"和"分析"之后,获得较为深刻的体认和开悟。

戏剧文本的阅读教学可以证明李欧梵先生的话,阅读不仅是一门学问,也是一种技巧。

注：

①李欧梵．人文六讲[M]．北京:中国人民大学出版社,2012:30.

②[德]汉斯－格奥尔格·加达默尔．哲学解释学[M]．夏镇平,宋建平,译．
上海:上海译文出版社,2004:58.

③孙绍振．审美阅读十五讲[M]．北京:北京大学出版社,2013:21.

第三节　在审美思维中提升文学鉴赏力

——以《边城(节选)》教学为例

　　审美思维作为一种文学阅读的理解方式,通过阅读者对文学作品的审美欣赏,努力寻找到文学作品的气脉、意境和神髓,是一种由直觉思维走向情感思维、具象思维走向抽象思维的递进过程。文学鉴赏是一种特殊的审美思维活动,需要调动积极的审美情感,展开丰富的审美体验,形成强烈的审美意识,在审美意识中感知、理解、领悟每一个词句所体现的语言艺术,从人物形象、情节结构和具体环境中感受文学作品所蕴含的精神意义,完成审美意象的再创造,从而在审美思维中培养文学鉴赏能力。

　　《边城(节选)》的教学设计一般从自然、风俗和人物等方面鉴赏小说的美感,体会沈从文对边城的风景美、风俗美与人情美所做的理想化的表现;也可以从翠翠情窦初开的爱情世界里讨论诗意的优美,理解小说所表现的"人性之美",引导学生走进作者构筑的理想世界;还可以在文中寻觅沈从文着力歌颂的"恰如其分的爱与美",体会《边城》田园牧歌式的情调,理解"边城"的文化内涵,探究"隐喻之美"在小说中的独特表现。归根结底,最关键的问题是怎样充分展开小说语言的思维空间,引导学生经历审美的感受体验,走进小说的生活情境,走进人物的心灵深处,体会沈从文小说的人性魅力和文学精神。

一、置身情境世界,在直觉思维中强化审美体验

　　在文学阅读的整个过程中,读者的想象力和创造性思维对于作品的理解深度、激起阅读的感性程度都起着至关重要的作用。要想让学生进入一种审美的阅读状态,在语言的思维活动中动用直觉、知觉、想象、联想等手段加以审美体验,就必须让学生进入文本创设的情境世界,通过外部形象直接作用于读者的阅读感

官,以语言的意念蕴含为传递通道,在读者的语文思维系统中建立起一定的完整的艺术意象。

《边城》中的翠翠是自然人性的化身,是沈从文的理想人物。作品中有这样一段关于翠翠的经典叙述:"翠翠在风日里长养着,把皮肤变得黑黑的,触目为青山绿水,一对眸子清明如水晶。自然既长养她且教育她,为人天真活泼,处处俨然如一只小兽物。人又那么乖,如山头黄麂一样,从不想到残忍事情,从不发愁,从不动气。平时在渡船上遇陌生人对她有所注意时,便把光光的眼睛瞅着那陌生人,做成随时皆可举步逃入深山的神气,但明白了人无心机后,就又从从容容地在水边玩耍了。"这段精妙而独特的刻画,让人觉得翠翠是山水中的精灵,是自然的女儿,她土生土长,纯情活泼,柔美如水,充满着幻想和希冀,给人以一种质朴丰满的感觉。《边城(节选)》是从第三部分开始的,所以学生们如若没有看过全篇小说的话就没有对翠翠产生初步的印象,正因为这样,我们可以把故事发生的端午背景设定为教学的入口,从金介甫先生《凤凰之子:沈从文传》中"翠翠的感情成熟是靠一年一度的端阳划龙船来显示的"来设问:"课文一共写了几个端午节,端午划龙船的场景有没有引发大家的联想和想象,请调动你阅读的、生活的积累,用简洁的语言为大家做出描述。"一方面是为了增强学生对文本的熟悉过程,调动起他们的直觉和生活、知识经验,通过作品语言的事实去了解和把握描述对象所反映的极具地域风俗特色的生活环境和自然样貌;一方面是借助这种回环往复、跌宕起伏的节日气氛追问学生"这样的情境给你什么感受"?"你觉得这是一个什么样的季节"? 在这种祥和、淳朴又充满生机的氛围里,自然过渡到"这是一个青年人恋爱求偶的季节",从而去探索小说情境对于翠翠的特殊意义和"诗意"的"散文化"的意境。

阅读思维的过程,首先要让读者自由进入作品,自由驰骋想象,这是对阅读主体的阅读认知和生活经验的一种检视和重组。对于任何一个读者来说,唯有在自己的大脑中去构筑比较完整的意境世界才能进入文学欣赏和审美活动之中,因此,调动直觉经验是一种有效的思维方式,是一种基础性的教学行为,既表现文学作品的语言符号是一种审美情感的载体,又强化阅读主体的直觉能力是一种审美体验的动力。文中有这样一个情节,翠翠独自在码头等爷爷的时候,"忽然起了一个怕人的念头,她想:'假若爷爷死了?'",于是,翠翠的心头便突然升起了一种隐隐的担忧,她在担心什么呢? 围绕这个问题我们可以组织学生讨论,明里来看,这是对祖父的一种眷恋,是缺乏安全感,是内心的不成熟,是体现青春的不安,她在担心爷爷死了怎么办,担心留下自己一个人不好玩。然而仔细分析下去,大家会意识到,原来翠翠心头隐隐的担心透露出另一种隐隐的渴望。她渴望什么呢? 她渴望得到别人的关心和呵护,渴望有人能一直陪伴着她,也就在翠翠渴望着什么的时候,傩送便登场了。

翠翠与傩送第一次相遇时有一种"桃花源"般的意境,我们不妨采用分角色朗读的形式让学生感受其中的纯净,在人物的对话中解读翠翠从抵触而吃惊、从羞涩而心动、从朦胧而憧憬的心理变化,形成对翠翠的初步认识:天真单纯、清纯无邪、善解人意、毫无心机,超出一切的利害关系,少女的敏感、腼腆与矜持跃然纸上;而傩送又不强求翠翠跟他回家,叫人护送翠翠,透露出质朴真诚与关心他人的品性。这是一个非常纯净的环境,两个人的心又是那么纯洁。这种人性的美反映出人与人相处的最本真最原始的一种状态,从中可以感觉到字里行间所隐含着的桃花源般的美。我们的教学不是简单的答案式的灌输,而是需要帮助学生从文本语言的信息中去捕捉文字背后的意义,体悟人物的情感,让学生深刻地体会到"美必须作为人性的一个必要条件表现出来"[1]。

姚斯说,文学作品"唤醒以往阅读的记忆,将读者带入一种特定的情感态度中,随之开始'中间与终结'的期待,于是这种期待便在阅读过程中根据这类文本的流派和风格的特殊规则被完整地保存下去……感知定向可以根据其构成动机和触发信号得以理解,也能通过文本的语言加以描述。"[2]文学阅读需要帮助学生接受作品的描述对象,唤醒和积淀审美经验,促使读者想象和作者想象形成交融,在想象过程中触及原有的生活经验,激发新的阅读期待,同时尽力去拥抱他甚至感到力不从心的对象,只有这样,阅读者才能体验和享受到精神上的快感,体会到审美的愉悦。

二、走进心灵深处,在情感思维中丰富审美意蕴

即使文学角色和读者角色之间存在着相当遥远的审美距离,但是当读者从旁观者变换成阅读主体的时候,"当角色距离的审美经验被运用于一种真实的生活情境"[3]的时候,读者的认真态度和审美情感就会发挥出一种启示性的发现的力量,就会构成"一个人的自我实现是一种审美教育的过程"[4]。文学阅读是一种"介入式"的经历与体验,是一种心灵之间的碰撞与交流。有时候,读者要以作品中的人物角色为情感载体,用近乎生理性的情感活动去介入作品中的人物心理,既丰富和深化作品的情感空间,又使得阅读具有活泼的内涵和深刻的美感。如何走进翠翠的内心世界,如何将读者的思维拉进作品深层的结构之中,这是《边城(节选)》教学的一个关键问题。

文学语言是人物情感的符号,文学阅读就是对文学作品语言文字的解码过程,是在一定的理解与解释之中进行的审美观照,所以说,想象一种语言就是想象一种具体而完整的生活世界,想象一种生动而鲜明的人物形象。正因为在这纯净的山水间两颗纯洁的心相撞了,从此这美好的回忆便荡漾在翠翠的心头,使她沉默了一个又一个夜晚。选文的最后部分有一个迎亲场景,翠翠在高处眺望,仔细欣赏,感情被牵到很远很远,回到家又拿出唢呐让爷爷吹《娘送女》的曲子。我们可以让学生揣摩翠翠的心理变化,去体会翠翠的感情世界,从翠翠对这支队伍所表现出的极其浓厚的兴趣和行为中,让大家感觉到她朦胧的情感波动,明了这是一个情窦初开的少女的柔情,是对爱情乃至婚姻的无限渴望与憧憬。

选文最后这样描述道:"白日渐长,不知什么季节,守在船头的祖父睡着了,躺在岸上的翠翠同黄狗也睡着了。"也许翠翠听着《娘送女》的曲子,看着天上悠悠的云,进入了自己的梦乡。我们可以布置一个富有挑战意味和创新思维的练习:此时,你就是翠翠,你在梦中诉说着幽幽的心事⋯⋯请尝试用文中的语言带领大家走进翠翠的梦。在这个教学设计之中,要求学生自己就是翠翠,带着翠翠的情感,从想象之中去描述"翠翠的心里怀着一个二老的梦",让那"无忧无虑的天边的云,无忧无虑的敞亮的水"都构成梦的世界,这是翠翠生命成长过程中的体验,是她朦胧的初恋,少女的心绪,从而理解小说用细腻含蓄的笔触写出了翠翠的情窦初开,也分享到这种美好的情感。

姚斯说:"审美经验不仅仅是视觉(感受)的领悟和领悟(回忆)的视觉:观看者的感情可能会受到所描绘的东西的影响,他会把自己认同于那些角色,放纵他自己的被激发起来的情感,并为这种激情的宣泄而感到愉悦,就好像他经历了一次净化。"[5]文学阅读需要披文入情,沿流溯源,去发现和发展作者创作的精神魅力。最愉快的阅读鉴赏莫过于一种情感的共鸣,它能引发读者的审美情趣,甚至可以融洽一种生理感官上的"介入式"的快乐。当读到作品人物的喜怒哀乐的时候,也能读出读者的悲喜交加,作者赋予了人物无限的情感与美的精神,读者就能身临其境而浸染其中。

三、领悟语言隐喻,在抽象思维中探析审美价值

文学语言的原初本质是一种"隐喻",它强调了隐藏其中的审美性。正是由于"隐喻是文化解释的一种方式,也是语文认识与把握世界的一种方式"[6],所以,开启语言与意义的空间,关注作者的创作意图,发掘和阐发文本语言的美的光芒,才能更加清楚和明白审美思维的应有地位和作用,从形象思维上升到抽象思维,不断探索和表达自己对文学作品、对人生、对世界的感受,领略文学作品的奥秘,使文学的"空白点"和"不确定处"成为一种新的审美意象和审美意境,获得一种新的审美价值。

沈从文曾对《边城》的创作动机这样阐述:"我要表现的本是一种'人生的形式',一种'优美、健康、自然,而又不悖乎人性的人生形式'。我主意不在领导读者去桃源旅行,却想借重桃源上行七百里酉水流域一个小城小市中几个愚夫俗子,被一件普通人事牵连在一处时,各人应得的一分哀乐,为人类'爱'字作一度恰如其分的说明"[7]。在《边城》中,作者构建了一个自然、人性、人情皆美的理想王国,呈现了各人应得的一分"快乐"。作者所说的"桃源"是怎么一回事,"哀乐"与"爱"又是如何的关联,虽然《边城(节选)》的教学并非一定要照顾整部小说的内容和主题,学生们的理解水平也并不一定能从中深刻体会牧歌、恋歌和挽歌的意旨和风格,但是我们必须明白,恰恰是"当语文、语文教育成为一种文化隐喻的时候,它不仅更加美丽、更加生动,而且更加深刻、更加丰富,它犹如基因会进入学生的血脉,会帮助学生打开宇宙之门,以独有的方式联系整个世界,乃至会在实践中逐步构建起语文的文化哲学。"[8]所以,在教学过程中我们可以以"桃花源"为教学愿景来设计教学环节,第一次可以安排在翠翠与傩送第一次相遇的时候,让学生初步体会作品给人的一种"桃花源"般的感受;第二次可以在结束基本情节与内容基础上要求学生读出站在沈从文背后的那个人——陶渊明的时候,让学生进一步感悟《边城(节选)》小说的艺术内涵。

当进入第二个环节的时候可以这样问:"我们刚才在翠翠与傩送初遇的场景中感受了'桃花源'般的韵味,你还能从其他地方感受到吗?"这个问题不仅连接了作品的前后情节和环境,而且把思维扩展到了人物与生活、背景与时代的关系之中。学生们自然能找到茶峒这个地方"一切莫不极有秩序,人民也莫不安分乐生。……中国其他地方正在如何不幸挣扎中的情形,似乎就还不曾为这边城人民所感

到",自然会联想到"桃花源之中的人安然地生活着",老师可以自然地解说:正是这种近乎绝迹的环境中有着绝迹般的爱情描写,才造就了《边城》的艺术风格,或者说,正是因为避开了常见的表现爱情的很多因素,选取了"人性"的角度来表现一种"深层的文化隐喻之美"才使作品具有了"永远新的旧故事"的经典魅力;茶峒的人是未曾被近代文明污染了的善良的人,这样一个地方就是沈从文的一个理想国。设计这个教学环节是把小说之中翠翠在生命成长过程中的朦胧的初恋体验和作品的社会背景交织在一起,将翠翠作为沈从文理想的人生形式的一个代表来感悟,其目的是给学生留有更广大的审美想象空间,激发起阅读与研究沈从文小说的兴趣。

姚斯说:"文学与读者的关系有美学的、也有历史的内涵。美学蕴含存在于这一事实之中:一部作品被读者首次接受,包括同已经阅读过的作品进行比较,比较中就包含着对作品审美价值的检验。其中明显的历史蕴含是:第一个读者的理解将在一代又一代的接受之链上被充实和丰富,一部作品的历史意义就是在这过程中得以确定,它的审美价值也是在这过程中得以证实。"[9]《边城》作为现代文学史上最纯净的小说,有着独特的文学形象和艺术魅力,《边城(节选)》的教学也许不仅仅要欣赏作品中诗画般的色彩和美好的人生形式,还需要透过故事的清新和文字的朴实去分析作品背后蕴藏着的热情和隐伏着的悲痛。能不能在温暖和美好的人性之中受到鼓舞,能不能在蕴含的伤痛之中获得美的启迪,能不能真正领悟汪曾祺称"《边城》的生活是真实的,同时又是理想化了的现实"[10],这不是一件容易的事,这不仅需要对整部《边城》进行接受式阅读与透彻的审美感受,而且需要不断积累生活的阅历与经验,在文学欣赏和批评上下功夫,才能经受一种生命的体验,提升自己的审美力量。

注:

[1][德]席勒. 审美教育书简[M]. 张玉能,译. 南京:凤凰传媒集团译林出版社,2012:31.

[2][9][德]H. R. 姚斯,[美]R. C. 霍拉勃. 接受美学与接受理论[M]. 周宁,金元浦,译. 沈阳:辽宁人民出版社,1987:29. 24 - 25.

[3][4][5][德]汉斯·罗伯特·耀斯. 审美经验与文学解释学[M]. 顾建光,顾靖宇,张乐天,译. 上海:上海译文出版社,1997:5. 5. 31.

［6］［8］成尚荣．文化隐喻：重构语文教育［N］，中国教育报，2016－3－24．

［7］沈从文．沈从文文集—11［M］．广州：花城出版社，香港：三联书店香港分店，1984：45．

［10］钱理群等．中国现代文学三十年［M］．北京：北京大学出版社，1998：279．

笔记五：点评教学

1. 关于语文

2012 年 10 月份听了 12 节语文课，4 个语文报告，关于语文的问题，一会儿清晰，一会儿模糊。

语文，说不尽，道不明。2012 年 10 月 18 日，黄厚江老师在全国"本色语文"教学研讨会颇有感慨地和与会代表说："要回头找一找语文回家的路"？

语文的家在哪里，有没有回家的路。

任何人都明白一个道理，没有了家，也就没有了寄托，没有了赖以生存的土壤。放眼语文课，贵族化、形式化、考试化、思品化一应俱全，语文教师连自己的语文的家都不知道，那他又怎么能帮助学生学好语文？

黄厚江老师的"三个一"值得每一个语文教师去深思和反思，一定要以语言为核心，一定要以语文活动为载体，一定要以语文综合素养提高为目的。第一个"一"告诉我们，语文就是语言文字。这是一个本质性含义，也就是语文的家。

2011 版《义务教育语文课程标准》的第一句话是，"语言文字是人类最重要的交际工具和信息载体，是人类文化的重要组成部分"。关于"课程性质"的第一句话是："语文课程是一门学习语言文字运用的综合性、实践性课程。"无疑，"课标"特别强调了"语言文字"及其"运用"，更贴近了语文的本质，学科特点更加突出，课程目标也更加明确。

很多人还在孜孜以求语文的确定意义，除了语言文字之外，还有语言文章、语言文学、语言文化等等。其实都有道理，都是从"语言"出发来寻找语文的家。无论文章、文学和文化，都是在语言文字世界里形成的新的世界。

这个"文"字,最原始的意义恐怕是一种纹饰,与文字无关。但是,与"语"字组合之后就有了新意。"百度"得知,"语文"一词出现的历史并不长。1905年,清朝在废除科举制度以后,开始开办新学堂。当时的课程以至教材,都是从西方引进的,只有称为"国文"课一科,传授的仍是历代古文。"五四"运动爆发以后,提倡白话文,反对文言文,国文课受到了冲击,小学于是改设"国语",教材具有鲜明的口语特点,选用的都是白话短文或儿歌、故事等。中学仍设"国文"课,白话文的比重也明显增加,选用了鲁迅、叶圣陶、冰心等新文学作家的作品。在20世纪30年代后期,叶圣陶、夏丏尊二人提出了"语文"的概念,并尝试编写新的语文教材,可惜因日本侵略中国而被迫终止。新中国成立后,叶圣陶先生再次提出将"国语"和"国文"合二为一,改称"语文"。这一建议被华北政府教育机关采纳,随后推向全国,从此,"语文"成了中小学甚至扩展到其他国家的一门主课。

虽然很多人还在试图改变"语文"的说法,替之以国语、汉语、华语等,但是,目前来讲,在已经深入人心的语文世界中,大家已经熟识和接受了语文的魅力。语文之中,有天文地理,有芸芸众生,有人间真情,有人生真谛,有自然奇观,有科学奇迹,有诗词美文,有无尽遐想,一切,都是那么富有和美妙。

每一个民族都有自己的语言,每一种语言都有自己的精神。

从语文到语文教学,最简单的事实是,"把语文课上成语文课,用语文的方法教语文"(黄厚江)。

于是,我们追求简单和朴实。简单之中,有精致;朴实之中,有厚重。简明教学内容,简洁教学过程,简易教学方法,在实实在在的语文教学实践活动中丰富和积累语文的"干货"。

杨九俊先生认为,语文的原点在于以下五个方面,一是语文习得的特点是综合性和实践性,二是汉语自身的特点是形象性与诗性,三是语言科学的特点是规则与规律,四是人文科学的特点是主客观的结合,五是教学的基本规律是活动与经验。所有的原点其实都是在语言的家中,在寻找语文回家的路途之中,所以就需要从语言文字之中寻找语文所承载的、反映的内容,扎根于语言文字,才能品味真正的语文。

语文界在探讨语文味的时候,无论怎么说,其根源就是语言味。所有的语文都表现在语言文字之中,所有的文本都是由语言文字组织起来的片段和篇章,所有的历史、哲学、生活、社会也都表现在语言文字之中,都在文章文学中获得新生。

　　文化是一种存在方式,语文教学也是一种存在方式。它所呈现的是一种文化构建的存在方式,是语文教师带领学生一起徜徉在文化长河里的一种存在方式。我们会发现,很多语文教师因为抓不住语言文字这个根,就显得虚无缥缈,不着边际。

　　曹永军老师号召广大语文教师,"让我们教美丽的真语文"。他特别强调,"不要上滑头课,要扎营寨打死仗"。所以,必须强化语文教师的教学基本功,一是文本解读能力,二是教学设计能力,三是提问应答能力,四是考试评价能力。特别是第一条,这是语文教师的看家本领,是基本功之中的基本功。没有了教师的解读能力,又如何带领学生去解读文本,去体验文本的美感呢。所以,作为一个语文教师,首先要把自己教懂了,能够回忆出是怎么把自己教懂的,然后才能想办法把自己教懂的教给学生。曹老师说,以学定教,不能简单地把"学"理解为学生,是根据学生的学来设计教学,而且也包括教师自己是如何学的。这个道理很值得我们重视,不把自己教懂是无论如何也不可能教懂别人的。

　　曹老师有一句名言,"每一次教学都是一种挣扎"。语文教学有很多种思想,也有很多种方法,但是,一个不容置辩的事实是,最好的语文课,看看什么都有,想想全是语文。绝不是看看什么都是,什么都有,结果却找不到语文在哪里。强调语文课的实践性和综合性,并不等于说语文课必须每一堂都有听说读写的训练,都必须在听说读写上综合实践。而是要看着重教什么,在选择怎么教上下功夫。即便是同一篇课文,也会发现在选择教学内容上有很多差别,因为选择点不一样立足点就不一样,目标方向就不一样,教学的路径和方法就会不一样。

　　我以为的语文教学,首先必须体现语言文字的本色之味,在语言中沐浴、浸染和体验;在语言中遨游、联想和想象;在语言中觉悟、交融和启迪。品读咀嚼,回味深化,最终获取一种文化和精神的提升。

　　杨九俊先生说:"一个优秀教师要确立理想和信念。"我们既然选择了语文,既然立足于语文,那么,就让巴尔蒙特的话鼓励我们,"我来到这个世界,为的是看太阳"。

2. 语文教师,看解读的功夫

5节高中语文课,两组同课异构。一篇是《金岳霖先生》,一篇是《大地重现》。

《金》文从生活着笔家常口吻入手,极具情趣感;《大》文端起哲学架子"故弄玄虚",极具哲理味。语文教师要让学生在课堂上获取阅读的美感和哲理感,就看从什么地方下手,给学生什么样的问题了。

《金》文细节功夫了得,善于抓住不经意间的言行举止,于生活、工作的家常便饭之间凸显人物精神。如何让学生于细节处悟精神,实在是一件中心要务。第一位教师让学生从各种细节上进行分类整理,抓住语言、动作、外貌等方面的描述获得生活、教学等方面的状况,再进一步整理归纳金先生的精神。而第二位教师则从每一处细节上让学生体会其中的精神,照应获得的整体感。两位教师虽然入手细节教学的方法不一样,但明显的共同点就是,在分析体会的时候充分利用教材提供的机会,让学生迅速读出感觉和感悟。

读书是需要抓点带面的,抓点的时候,不要滑过去,否则等回头再找的时候,就会失去机会。阅读的情感体验,必须随着阅读兴趣才能有所进步。即使文本没有一定的趣味性,也是需要依靠教师的激发才能进入文本的。

《大》是一篇需要大众重温经典,让经典重现的哲理性散文。作者的笔触所至,几乎每一句都是经典性话语。我可以武断地说,几乎每一个学生,包括我在内,读完第一遍之后,懵懂糊涂,一片混沌。那么,既然这样,就需要语文教师把握一个十分关键的问题,为什么会造成这样的尴尬,怎样才能激起阅读的兴致,怎样才能读进去。

其实,即使如此艰难,读完之后还是会有一个初步的印象:作者是在劝导世人要读经典。于是,第一个问题就出来了:什么才是经典? 经典有啥意义和魅力? 这是必须回答的一个问题,是首要的也是核心的一个问题,它是文章第三节提出来的一个问题,是呼应全文的一个问题,是能否让每一个读者引起共鸣的问题。

带着这个问题,我们发现作者并没有完全去回答这个问题,而是从大地、榕树落笔,时不时地以比喻手法来阐述他的哲学意味。有一个问题出来了:既然是经典,为什么要从大地、榕树这些现象来写呢? 干脆就说经典重现好了。阅读这些语段和句子,不难读到其浑厚、大气、生机勃勃、包罗万象之质感,这不就是经典的魅力吗? 加上第三节关于语言之生命之永恒的议论,经典的历史和时代的生命,自然就显而易见了。

可惜，为什么人们不再崇拜甚至开始丢弃经典了呢，这样做的危害在哪里？第三个问题在第四第五节里可以找到。

作者对现实是愤慨的，也是担忧的。可是，作者为什么用这样的语言风格来写这样的文章呢？这个问题，恰恰是阻挠着读者以致失去读者的一个不容忽视的问题。遗憾的是，三堂课没有一个教师关注到这个问题。文风与作者个性、时代与作者精神、经典与作者涵养之间，都有着紧密相关的联系，如果忽视了这一点，是很难解读到位的。

三位教师比较值得相信和肯定的是，都能从学生问题入手，帮助学生去分析课文，找到可以理解可以引起重视的解释。第二位教师在后半段时间内让学生说说应该怎么去读经典，虽然有指导意义，但是把文本搁在一边，实在不妥。第三位教师按部就班，循序渐进，恰恰可以让学生获得教益，不足的是，几个环节之间轻重缓急关系处理不佳，设计的太多，影响了主体；第一位教师有大气，大开大合，注重学生的反应，对经典意义阐释比较到位，只是因为主体问题不突出，所以上半堂课有点散乱。

《金》的阅读，教师都关注到了汪曾祺写作的年代，关注到要让大家"好好写一写金岳霖"的问题，写什么呢？为什么要去"写一写"呢，学生大多接不上来，不仅是因为缺乏那个年代的认识，更缺乏的是对文本的人物精神的理解。文本看似都是鸡毛碎皮的细节小事，然而正是这些小事却成就了一个现代文学史上的大家，一个令人敬佩的人。如果说，要"写一写"仅仅是唤醒人们关注精神世界的话，那么，那个年代也许就缺少了这种精神依托。可不可以让读者再来读一读文本细节呢？可不可以在阅读细节的时候，不要纠缠在精神上，而是从字里行间，从一个个语词文句当中，去体会语言的奥秘和真谛呢？离开了语言文字的精神是不存在的，需要认真揣摩，要品，要沉浸。当真正从文本之中读出金岳霖来了，就会知道，作者写下他来，原来不仅仅是让我们认识一个不拘小节随心所欲的人，至少还需要人们去了解更多文本之外的人，也许世上就缺这样的人。

《大》文是一篇很有语言张力的文章，那种不读三遍不罢休的阅读感觉，是因为本文本来就不是给不读书的人看的。世间烦扰，喧嚣着一切的污垢和庸俗，靠什么去拯救魂灵？经典。那么，就让我们跟着经典走吧。

语文教师的解读学问，不是靠键盘上一个个字打出来的，我也是。

补笔1：怎样通向文本的要旨

语文要有文旨，通向文旨的是"文道文法"。所谓"文以载道"，重点在"文"而不是"道"。当文旨比较明显的时候，更重要的是看作者是如何表现这个"道"的。

劳伦斯的《鸟啼》是一篇哲理性散文，语言优美，思考深刻。全文从描写严冬之后的鸟啼开始，在鸟啼声声中引发思考，最后对向死而生抒发礼赞之情。劳伦斯在文中究竟描写了怎样的鸟啼，他想通过鸟啼表达什么样的思考，读者能够从文中读出些什么，这是阅读教学需要解决的问题。面对着严寒酷冻的侵袭，面对着同伴死去的哀痛，从缓慢、笨拙、微弱的声音到清越、明快、悦耳的啼鸣，小小的鸟啼开始呼唤春天的到来。

可是，作者又为什么要写鸟尸呢，明明是像泉水一样活泼泼的鸟声，怎么会有着一片厚厚的鸟尸，这样的意象对比有没有更深刻的背景？这是读者需要进入文本的第二个层次。很多读者联系到1916、1917年英国遭受严寒冬天的侵袭，人们苦不堪言，最为严重的是第二次世界大战刚刚结束，战争让几万人丧生，十几亿人卷入。原来，鸟啼和鸟尸之间展开着生与死的强烈较量，残酷的严冬终将会过去，鸟啼之声给人们以新生的力量。

作者为什么选择鸟啼来呼唤春天，有没有找到其他的线索来证明向死而生的主题呢？这是需要解决的第三层问题。作者在文中写到了许许多多的自然景物，有番红花、月桂树、绵羊、白屈菜，还有清清的泉流。自然的泉流和生命的泉流融为一体，世界虽不能选择，春天却不能抑制。四个"不"，三个"总要"，还有两个"禁不住"，读者在具体理解的时候，有没有新的发现呢。

作者对生命与死亡最终做出了怎样的选择，安吉勃斯说，没有比由生带来的死更加美丽，没有比死里孕育的生更加高贵。向死而生给我们以怎样的启迪，这是阅读本文需要思考的第四层问题。

生命需要敬畏。

劳伦斯让我们懂得，只有睁大了眼睛去看世界，才能发现世界之中孕育着生机和美。

最后一个问题，假如脱离了这篇文章的背景，假如仅就文本的本身语言去思考，我们能不能同样获得深刻的感悟呢？语文学习，需要培养的不仅仅是博览旁征的功夫，还需要培养阅读品析的能力。

补笔2：解读的尴尬是因为思想的尴尬

《记辜鸿铭》是胡适先生的一篇悼念性文章。

如何解读《记辜鸿铭》，有的老师采用的是给辜鸿铭画肖像的方法，在阅读中提取辜鸿铭的形象描写，并聚焦到辫子，引出人物的"奇怪"；然后品味文本，琢磨言行，然后再回到"怪异"之上。这样的解读思路从外形到性情，符合认识的一般规律。再联系到辛亥革命的时代背景，新时代的思想变化，传统文化的传承与坚守，辜鸿铭的人物就立体起来，"辫子"的象征意义就暴露无遗。

能不能抓住人物的关键特征进行透视和贯通，这是这一堂课的关键所在。

然而有人不按照这样的常规来解读。

辜鸿铭学识渊博，主张古典，可是作者胡适却是一个新文化运动的杰出领袖，两人是针锋相对的两个阵营里的人物，这一篇文章，胡适究竟想写什么呢？两人的"敌对"关系在文章中有没有体现呢？由是，本文的最终意旨能不能有一种新的发现呢？这是一个不同寻常的解读思路，虽然也要找到细节之处去体会和揣摩，虽然也要对人物形象加以分析和综合，但是，所得到的认识就不再仅仅局限于人物的率真幽默和严肃认真了。因为这个人物的骨子里是有骨气的，最最关键的是，胡适先生怎么会写自己的诽谤呢，所谓的"笑嘻嘻"与"正色"，其思想之"真"之"独立"，胡适怀念的是一个所谓的"敌人"，一个有着独立思想的古典人物，这里面还有另一种意味——敬重。"你的尊重和包容就塑造了一位大家"，这是上课老师说的一句颇具分量的结束语。

假如没有了对人物形象的熟悉和把握，是很难找到大师写大师的灵魂的。

问题的关键是，解读的出发点和归宿点在哪里。

辜鸿铭和胡适，都是蔡元培邀来的许多名人之中特别具有个性之人。那么辜疯子之"疯"之表现，骨子里之"傲"之气概，究竟属于怎样的一种文化人格（请注意，文化人格）呢，为什么有这种文化的人格？生活在晚清时期的辜鸿铭又是如何纵横于中西方学问之中的？这样的人究竟多不多，不同的政治立场会不会导致情感之间的反叛，两个文化阵营中的对手怎么会出现在一篇文章之中？问题绕了一圈又回来了，胡适在13年之后所写的这一篇文章对辜鸿铭持有怎样的一种态度，散文之灵魂何在——是"真"否。

能不能在阅读理解的过程中实现从无生气的语言向有生气的意义的转换，确实不能满足于表面人物的言行与外貌,只有发现其中内在的情感与思想,才能获得明辨的认识。

《记辜鸿铭》的矛盾在哪里?人物之间的矛盾,个性之间的矛盾,语言之间的矛盾,中西之间的矛盾,找到矛盾并不等于可以一股脑地倾泻到课堂上去,需要梳理和立意,看什么样的目标才是最合适的,怎样才能带着文本走向学生和带着学生走进文本。真正的解读是一种审美情怀意义上的文化解读,是和文本一起融化在精神思想之中的塑造。

至少说,解读的过程是贴近文字去思考和理解的过程,语文学习的进步就要看有没有精神生长的意义。无论是否定和批判,还是欣赏和赞许,首先需要的是真性情,一种"正色"的态度。

也许,《记辜鸿铭》的解读还需要从文人到文化、从文章到社会、从两个人到一代人的深化,融情于文,立人于世,语文学习就是一种觉醒与超越。

补笔3:文本再现:理解的超越与融合

小学5年级语文课本中有一篇神话故事叫"嫦娥奔月",故事的动人魅力在于故事世界里有着许多想象的空间。

倪老师在设计这堂课的时候,抓住神话故事的特点,从讲述的方法上突破了文本浅显易懂的束缚,抓住关键字词和关键情节,让学生展开丰富的想象,呈现了一堂充满活力和机智的好课。

整堂课三个环节,一是概述全文故事,二是详述重点章节,三是对话照应文本。师生处于一种绝对的相融关系之中,每一个问题的揭示往往都给学生留有相当的空间去发挥和表现。

精彩的课堂应该可以生动地再现文本的情境,产生一种理解上的超越。倪老师的课上,一波未平又起一波,在概述之后,一个问题调动出群情激奋的状态:你觉得哪一个场景最吸引你?于是,大家开始进入第5节的阅读理解之中。这一节在全文中写得最具转折意味,老师让学生就"闯进"和"周旋"先做想象性描述,否认了"悄悄地进来"的误解,肯定了"一脚踢开门"的理由。紧接着便让学生对口表演,一生扮嫦娥,一生扮逢蒙,看看到底是怎样的"闯进"和"周旋",在一对对学生的生动表演之中强化了对文本的理解,再现了两个具体人物的形象特征。

语文阅读,无非就是基于语言文字的理解与阐释。理解是人类阅读经验之中的一个重要组成部分,文本的意义和阅读理解一起处于不断形成的过程之中。这就要求我们不仅把文本作为一个艺术作品去理解,而且艺术作品的意义在于不能脱离了阅读者的接受理解和再现理解。正是因为阅读者的理解与体验,才可以解开文本世界的本真意义,达成一种文本与读者的历史性融合,产生出一种阅读事件,进入一种阅读境界。

　　倪老师在处理文本的阅读理解时,既有历史性的呈现,又有创造性的发挥。在讲述过程中既有复述,也有描述,给学生以想象的展现机会,让学生明白了"这样的人"和"更多的人"指的是怎样的人,甚至为了加强学生的理解,让学生把"嫦娥心里想,让这样的人吃了长生不老药,不是要害更多的人吗?"的问号去掉了再说,于反复和变化之中进一步把自己的理解和解释介入到客观的历史事件之中,是一种敞开着的意义再创艺术。

　　由于文本故事有着独特的回应和全局性,所以,倪老师在结束了重点阅读并阅读完末节之后设计了三个填空题,选择乡亲们、后羿和嫦娥三个人物中的一个,联系文中有关他(她)的语句,说一说写一写。于是,出现了学生们深情款款的呼喊或叮咛,在老师的追问下,学生们联系到文本之中的具体的文句说明自己这样处理的理由。嫦娥如何的善良,后羿如何的挚爱,乡亲们如何的眷恋,都在一种审美情结之中得到了体现,也许神话故事的魅力,就在这样的阐释之中散发着真善美的意义。

　　只有在读者那里,文本的意义才能得到体现。建构文本意义的过程,首先是文本世界的再现过程,其次才是文本世界的生成过程。也就是说,首先是一种体验性投注,其次才是灵魂意象的超越。一个读者的精神塑造,是需要期待和唤醒的,语文教学真正的奥秘,也许就在丰富和提升一种精神的境界吧。

3.《探春理家》教学点评

　　2014年11月17日,无锡市青山高级中学,省师陶杯教科研论文颁奖活动高中语文教学现场。

　　两位教师执教语文选读教材《探春理家》,各有特色。我的评点主要就文本解读目标和教学个性之间展开。

　　一是基于文本语言文字分析人物形象。阅读理解,是一个明辨与分析的过程,透过文本的语言文字去了解人物活动的个性形象。选文所选的关键人物是探春,探春在做什么事?这是一个牵一发动全身的问题。这是一场红楼梦大观园内的改革运动,改革从谁开始,触动谁的利益,宝钗等一系列人物又是如何表现的,每一个人每一件事的背后有没有作者隐秘的价值观。看来,要解决这些问题,只能从人物的言行上找到答案。尤其是探春、宝钗、李纨之间的对话,各自的心机在整个兴利除弊的改革中或多或少地都有了表现的机会,特别可以看出探春为了给自己争一口气的动机与能力。

才自清明志自高生于末世运偏消清明涕泣江边望千里东风一梦遥

黄老师说,42 句话,10 几句"道",30 几句"笑道","笑着说"与"不笑着说"有什么区别?这一个问题出乎意料,有嚼头儿。仔细看来,认真的"道"与相互的"笑道"确实有讲究,几乎一切的改革都在不经意的"笑道"中完成,看来这一场改革业绩逃脱不了一个"笑谈"的命运。

二是基于人物矛盾纠葛阐释人物个性。贾家大观园面临着家族之间、主人与主人之间、主人与下人之间、正钗之间、女性之间等等错综复杂的矛盾。探春理家的时候,同样有着王夫人们、凤姐们的利益关系、名义关系、秩序与制度关系、道德与改革关系等纠缠不清的利害冲突。

黄老师抓住了前后四件事看探春与宝钗、王夫人与李纨"会不会做"来追问。王夫人与凤姐知不知道这些事,有没有能力做这些事,为什么没有去做这些事。原来,王夫人们是不能做,凤姐们是不愿做,这篇选文明写探春与宝钗,暗写王夫人和凤姐,而真正掌握贾府命运主流的不可能是探春与宝钗,贾府的命运又将如何,一时的兴利除弊怎么可能挽回贾府倒倾的形势呢。

三是基于审美情怀体贴人物命运。语文教育的至高境界是审美情怀的交流与共鸣。邵老师一上课就揭示"文学即人学"的道理,以人物为灵魂,赋予文学作品以生命。然后抓住几个主要人物、几个主要事件来分析"节流"与"开源"背后所隐藏的人物个性,还说到了宝钗安插"间谍"公私兼顾、名利双收的动机(出奇的分析,似乎合理)。其结论就是人物的价值观推动了情节的大发展。

特别欣赏黄老师将选文植入《红楼梦》的整个背景之中来赏析,首先梳理第55回的两件事,最后联系第74回抄检大观园、第5回探春判词来贯通人物和情节的脉络关系,紧紧扣住人物的命运与个性加以分析,严谨之中有根基。

《探春理家》是选文,而语文选修教材大多是长篇选文,因此,选修文本既可以当必修文本来解读,又可以当经典文本去理读。尤其是后者更值得提倡,毕竟选文是长篇巨著之中特别精彩的章节,人物与事件是核心的纽带,可以贯通整部经典的脉络。

作品的艺术价值不是一两堂课就能解决得了的,但是至少可以窥一斑而知全豹,激发阅读的兴趣,彰显教学的魅力。

在中国古典文学里,《红楼梦》有一个全新的空前未有的主题,那就是"把女人当女人看"。尊重女性,"使闺阁昭传"。曹雪芹笔下的林黛玉、薛宝钗、史湘云、贾探春、晴雯、鸳鸯、紫鹃、平儿等几十个青年女子,不仅美丽聪明,而且有思想有情感有个性,有独立的人格见识。所以,《红楼梦》是女性的颂歌,又是女性的悲剧。这一曲悲剧之歌特别震撼人心,是因为在一个个美丽的女性形象里有着丰富的美丽的内心世界。

这还是一个从贾宝玉的视角来看才得出的悲剧,同样反映出他美好的性格和心灵,他的痴狂中同样有着爱与怨、笑与泪。

艺术之不朽,在于不朽的人物形象和艺术价值。

探春没有迎春的懦弱和惜春的孤僻,有着治家理财的能力和政治家的风范,有着自己的生命抱负。虽然探春理家是一次难得的施才的机会,但是她生不逢时,恰值贾府末世,其结果不仅越理越乱,反而给自己招来一系列的"繁难",施才不能,伸志不得,最后只能失去信心,命运"偏消"。

如果说,选文的教学需要提一个建议的话,我想,还是可以从第5回贾氏姐妹判词之中探春的"才自清明志自高"作为解读线索来设计教学思路,一个是"才",一个是"志",第74回中王熙凤说过:"好,好,好,好个三姑娘!我说她不错。""将家中少爷小姐一个个算过来,都是不中用的货,只剩三姑娘一个。"第55回,探春说,"我但凡是个男人,可以出得去,我必早走了,立一番事业,那时自有我一番道理。"探春先天不足不是男人,又是庶出,志大才高兴利除弊,只是时运不济,所以才会有56回的伤心大哭,71回的感慨万千,73回的抄检大观园。

至于林黛玉其人,她的品性,她的情感,她的行止见识,不仅反映的是一种高洁美好,而且揭露出茫茫尘世的流俗弊端。如果不能与她一起想一起哭一起笑一起爱,你就无法感受到回肠荡气惊心动魄的悲剧艺术。其实,一个林黛玉,是作者心目中理想化、诗化、艺术化的人物;一个薛宝钗,是作者笔下描述的现实化、生活化、平凡化(有心计世故色彩)的人物。不是哪一个好哪一个不好,而是两个人物有着同样的女性光华,有灵有肉,有爱有恨,她们只不过是女性的代表而已,一大圈少女少妇遭遇了一场"千红一窟(哭)、万艳同杯(悲)"的命运。

研读文本的时候特别需要多看名家赏析,在还原与比较中方能获益良多,滋生点点见解。

4.“四方杯”听课几点体会

2013 年 11 月 1 - 2 日,中国语文报刊协会等单位在江苏省锡东高级中学举办第七届"四方杯"全国优秀语文教师大赛高中组课堂教学比赛,共 6 节。

整个赛事下来,一致的感觉就是,有亮点,有精彩,有个性。在语文教学的研究性上,有突破,有规划,有新意。

本人在观摩之后(第四节因事漏听),有些心得如下。

一是文本解读需要语文教师下真功夫。毕竟是全国性赛事,参赛者都是一线的区域骨干,具备良好的教学基础,所以在文本研究上已经很难挑出毛病,个别者已经有专题研究类的思考。杨老师对《亡人轶事》有着自己独到的解读思路,尤其在品读文本"冲淡的意味"上更注意了结构、人物、生活、语言、作者背景等多方面的因素。钱老师对《黉蒙楼暮色》似乎情有独钟,对文本之中的禅意也是深入浅出。说到底,如果没有教师对文本的深度把握,就不可能在教学中得心应手,不可能给学生以引导和启发。然而,铁凝的《哦,香雪》这一篇不短的短篇小说在课堂内怎么才能迅速抓住核心问题,怎么才能让香雪这个人物形象走入学生的心田,恰恰是一个难以突破的障碍,是不是要像刘老师那样设置一个关于"用四十个鸡蛋换铅笔盒是不是值得"的辩论,这个长时间的辩论对文本解读起到怎样的帮助促进作用,还是值得商酌的。

二是脱离了语言文字是无法进行语文教学的。语文教学的根在哪里? 在语言文字之中。这是语文教学的生存空间,是生存条件,是生存出路。为了帮助学生更好地从文本中获得文字的精神,就需要在文本价值中寻找可以立足的语言世界,在教学中让学生学会阅读。一个不可逃避的事实是,在明白文本说什么的时候,先要弄懂它是怎么说的。语言传播文本信息和作者思想,"把学习国文的目标侧重在形式的讨究"(叶圣陶),就是说需要从文本语言着手去获取传播的信息。徐老师执教《哀江南》,让学生反反复复从"哭声泪痕"中去感受词曲之中的哀痛之情,去领会作者是怎样表达这份哀痛之情的。这样的品读有一种细腻真挚、九曲回环的意境,在哀境与乐境之间见证兴亡更替和悲欢离合,情真意切,颇有心得,不失为一堂真正的好课。李老师执教《赤壁赋》,个性鲜明,声情并茂,教师的范读和领读水准颇具大家风范,在带领学生揣摩理会作品的主客之理的时候,突出运用了朗读教学法,让学生读出情景的喜悲和深沉。可惜的是,学生由于没有很好地反复朗读全篇的机会,没有仔细地疏通文脉,没有真正理解文本内容,那种碎片式的教学,随手随意的片段甚至片言式朗读教学,似乎很难给学生一个完美的整体阅读感。

三是教学资源的运用大有讲究。几乎每一节语文课上都有对作者和背景的介绍,或者是一开始就让学生有一个初步的了解,或者是在文本解读进程中为了拓展和延伸的需要介绍,再或者是分段插叙成为一种线索。比较成功的是钱老师教学《豁蒙楼暮色》,先是对作者储安平的简介,找出表现作者内心感受的句子加以体会;接着是引出作者不平凡的身世和1932年至1933年的时事大事记,通过引入徐志摩的《灰色的人生》帮助理解作品的消沉和孤独感情;在一番顿悟之后,为了进一步理解人生动荡从容面对的深意,在揭示豁蒙楼之题时,介绍豁蒙楼的来历,从而与描写豁蒙楼之语段勾连在一起。整堂课几乎把作者背景和时代背景作为一种线索来组织教学,匠心可鉴。杨老师在教学《亡人轶事》的时候,注意到作者在文中到处可见的冲淡风格,就不失时机地联系作者的文风特点和个性品格,同样不失为一种教学艺术,问题是在时间把握和重点突破时稍稍烦琐冗杂了一些,失去了一流表现的机会。

比赛课有一个显著的特点,都是精心的准备,都反映个体的特色,所以,杨老师的深刻解读、李老师的激情诗意、徐老师的悟读深味、钱老师的沉稳、刘老师的严谨等,都有可圈可点之处。很多时候,在精心教学设计实施的过程中,考量的是语文教师随机应变的智慧,以及在实现教学目标之间能不能"解形式之秘,破不见之谜"(陈日亮)。欧洲人说要培养熟练的语言密探,我们就是要在语文教学中让学生读出语言的精髓。语文的家在语言文字之中。在语言世界中才能对话语文，才能让学生安身立命。这样来说，还是教师发展第一。至于学生主体的问题，我觉得是教学对话过程中的关系问题，是看学生能不能拿读出来的问题进行对话，用陈日亮先生的话说，就是"让学生拿话跟老师对，不是老师拿话跟学生对"。怎么让学生读出自己的问题，老师要有想法和做法，要有自己的教学问题，引导和激发学生的问题。教学永远是一种启发教育的艺术，是一种通过教师的启发让学生自己启发自己的艺术。

至于教学个性问题，我还是要补充一下，不能因为教师自己某方面的特长而束缚了教学的空间，漠视了学生的基础。教学首先还是一门科学，是语文课程指导思想下的语文教学。

这次四方杯，还有一些可以探讨的话题，诸如学生解读的个性与多元、教师教学的主导与主宰、长文短教的实务与艺术等，以后慢慢思考吧。

补记：由于需要思考的问题较多，后来就一并在《关于阅读教学碎片化的改革建言》中阐述了。

5.《离骚（节选）》教学之后的原生态反思

上完了课，感觉一点也不轻松。

这次参加特级申报，每人要上一堂规定篇目的展示课，高中语文的课题是苏教版必修三《语文》课本上的《离骚（节选）》。

《离骚》是我国古代最长最伟大的抒情诗，是浪漫主义的杰出代表，但是年代遥远，文句深奥，学生很少有阅读兴趣。为此，我的教学设计以培养学生欣赏古诗文的一般方法入手，安排了"初读，疏通诗句——再读，感受诗意——三读，欣赏诗风"三个环节。一课下来，虽说条理清晰，激情澎湃，基本完成了教学任务，可是，认真反思，还有很多的不如意。

一是没有充分的预习是无法进入文本之中的。

我在第一个环节里让学生认读并解释8个词语和翻译4个句子，有一半以上的词语和句子在书上的注释中都能找到。可是，因为学生课前没有很好预习，显得无所适从，竟然一上来就有学生不知所措，连续读错了三个拼音，也找不到注释的地方。因此，为了帮助疏通，就花费了较多的时间。

　　这节课规定 40 分钟,必须一教时完成教学任务,如果学生对课文文句没有认真梳理的话,是很难进入第二环节教学的。

　　问题是,时间不等人,平时的教学也可能就是这种情况。学生忙于应付日常的教学作业,哪来时间做预习工作呢? 虽然这次我布置了预习,但是我在上课前看到好多学生的课本上一片空白,就知道,他们来不及去做预习,也许因为借班上课压根就没有重视起来,毕竟,我上完课就走人。上课前我去他们教室叫他们移步上课教室的时候,他们竟然还不知道要换教室呢。

　　如果在平时教学的话,疏通诗句也许要花上一节课,或者干脆进行串讲,逐字逐句地落实,可以不考虑是否预习。现在不行。只是这样的话,似乎缺少了一点深入的味道,也没有好好处理教材和教法。所以,我只好对关键词句进行检查,便于让学生有个初步的理解,然后进行分析课文。

　　这个环节肯定是必需的,到底该如何处理教材,值得思考。

二是无论如何也要从语言文字中让学生去感知诗意。

　　我在让学生感知诗意的时候设置了一个中心问题:你读到了怎样的人物形象? 下设两个子问题:你读出了人物怎样的身世? 你读出了人物怎样的品质。学生较好地回答了第一问,但在回答第二问时很茫然。在启发过程中,学生终于找到了一些关键句才明白了诗歌的意思,可是要求概括一下时,竟然集体哑场,好不容易才回过神来,那不就是"高尚的品质"吗? 按理来说,我可以顺水推舟,不再纠缠下去。可是,我却继续追问"作者为什么要写高贵的身世和高洁的品质"? 这下倒好,又是一片肃然。

　　于是,我就把我预设好的一个问题抛了出来:"作者凭什么说'来吾道夫先路'?"自以为一下子调动学生的思考神经,会在平静的湖面泛起美丽的涟漪,不料想,反而更费口舌。我只能灵活应对乘机追问刚才所理解的内容,一些学生也终于醒悟过来,明白屈原之所以描述自己的高贵身世和高洁品质,是因为要说明自己具有义不容辞的责任,有坚持真理的情怀和忧国忧民的思想。

　　看来,要放开来教学,不仅需要很灵动的教学智慧,更需要对学情有很深入的了解。

三是要想说清楚什么是浪漫风格还真是一件难事。

当教学进入第三板块的时候,学生自然谈及诗歌所采用的浪漫主义风格,可是,要想让学生举例分析,就怎么也浪漫不起来。

正如刚开始让学生讨论诗歌的语言特色时,有学生先说到了比喻的修辞手法,我小小地激动了一下;不料在分析时却怎么也说不到比喻的句子上,我好不容易忍住气,提醒说,书上有好多的注释里已经帮助我们进行了比喻分析。

这个时候,教学时间越来越紧张了。我只能加快启发的节奏,让学生从想象手法上去思考,无奈学生就是不认为"辟芷""秋兰"等是浪漫的东西。我只好亲自解释,从"香草"的现实之景到比喻之意,从"采香草"的动作行为到博采众善,什么借景抒情,什么理想抱负等等,终于把学生从云里雾里中解救出来,下课的时间也无情地来到了。

开车回来,坐到办公椅上才发现,其实要讲清浪漫手法,还是比较容易的,如果抓住一两句诗深入体味得出语言的热情奔放、想象的瑰丽奇特、比喻的新颖华美、形式的活泼自由,不就可以了吗?

为了不让自己的思考浪费,就马上把以上的一些想法记录了下来。时间是 2008 年 3 月 13 日下午 4 时 30 分。

补记:后来回忆,自己的教学还是挺不错的,重点把握得当,方法运用合理,目标意识到位,始终充满激情,教学设计清晰。只是自己对自己的期望和要求太高了,所以就觉得不称心。连着几天在思考一个问题,《离骚(节选)》教学之后,还值得写一些什么东西? 还可以挖掘一些什么东西? 于是着手写作《阅读与欣赏同步——〈离骚〉(节选)教学引发的思考》,在范读、对话、欣赏上进行一些反思与提炼。

6. 究竟如何看待《受戒》

高中课文《受戒》,10000多字。一节课,45分钟,如何设计教学,如何开展文本鉴赏,如何让学生获得审美体悟,这是考量一个语文教师教学功底的事情。

2011年10月21日天一中学的三堂语文课,同课异构,来自西安、南京和本地的三位语文教师从不同的角度入手,异彩纷呈,个性鲜明,值得品味。

问题的关键是,我们想给学生怎样的文本启迪和文学批评。

有教师认为,如果仅仅是给学生一般的人性陶冶,似乎很不够,挖掘得较浅。然而我们看到的第一堂课,学生们并没有局束于人性美的认识,更为可贵的是,师生贴近文本语言和细节,在生动和白描式的情景之中获得了美的享受。这种设计,从学生的心灵深处出发,而不是一般层面上的给学生以"圈套"。到最后,那个"梦"的疑惑就迎刃而解了。

后两堂课,都是从学生预习问题出发,从佛教的戒律开讲,给学生设置了一个矛盾的对立面。而且第二堂课花了很多时间去阐释一戒二戒三戒等等所指,似乎这样的教学是基于学生困惑帮助学生澄清阅读的困难。然而,我们发现,因为这样的引导反而使得学生更加迷惑,于是出现了六根不净、佛学丑陋的另一种误解。教师煞有介事地让学生讨论"佛教到底干什么"。最后一堂课想将学生引向"庙是生活的世俗化,世俗化的生活理想化"的哲学境界里,可惜的是,学生一片迷茫。

一堂课如何切入是一个很关键的问题,尤其是长文短教,深文浅教。第一堂课抓住了人性美的话题,很自然地给学生以清新明了的世界,一对小主人公的形象跃然纸上,那种静谧、简单、自然、淳朴的美就很容易打动读者的心。这样的一个画面,加上清新淡雅的自然风光,美丽动人的生活场景,是不是更具魅力呢? 破戒之梦,也许只是作者的单相思,可是汪曾祺其人,不会这么简单地放弃自己的梦想的。

独特的生存环境,奇异的风俗人情,另类的生活方式,加上传统道德伦理资源的异化,构成了一个文化整合体。在这里,和尚的生活与凡人无异,他们的自由和淳朴都是那么可近和可亲。唯一不同的是他们要"受戒",要为人们做佛事。由此可见,这里的和尚的生活方式其实已经融合到地方民风之中,已经真正具体化、本土化和生活化了。适当的一种宗教样式,是当地人的独特的生活方式。

明子和英子之间,并没有刻意地压抑和畏避,而是率性成长,自然而为。他们追随着人性的召唤,在尘世之中,保存着自然的人性和透明的心灵。我们不难看出,这和大自然之间、和佛道之间有着相融相通的道理。

教学这一课,也许确实需要看看学生们到底存在着怎样的问题。但是,最根本的,不仅仅是解决这些问题,而是要追问这些问题的根源在哪里,有没有根本的问题,可不可以让学生进行进一步的体会和感悟,有没有突破一两个点,告诉学生文学文本的欣赏是需要文化背景和文本语言相互结合在一起的道理呢?

审美经验告诉我们,诗,审美,净化,是三个基本的构成因素。诗代表着艺术创造和生产,审美代表着艺术接受和理解,净化代表着艺术交流和再创造。想解决什么问题,自始至终,需要教师有一个深刻的认识。我们可以去解读作者作品的时代背景和历史渊源,可以去了解佛学的一般戒律和清规。但是,我们更应该知道,这是一堂文学作品的教学,是让学生在文学文本之中获得感动和感悟的过程,是让学生在很自然的不经意之中实现当下与作品之间最近距离的对接。

这是一种教学文化的立意,是审美阅读的高立意和教学过程的细编织之间的破解与融合。

　　任何文本和读者之间都存在着陌生感和距离感,如何基于学生的文学认识和人生积淀开掘出不一样的阅读生机,我想,还是应该从教学内容的选择上下功夫。既然文学作品是一个静止的存在,作者又是一个无声的存在,那么,我们不能自以为是地认为,我的课堂只能而且唯一的任务是解决学生的阅读问题。因为,学生的阅读问题仅仅反映了一个方面,教师的人生经历和阅读体验,不仅仅是帮助学生解决阅读问题,更重要的是,要引导学生在对话交流中一方面实现文本还原,一方面实现人性超越。语文学习,应该在阅读的过程中建构自己的阅读体验。后两堂课,成功的一面是让学生去读了,去想了,可是问题琐碎,表面的深刻代替不了根本的浅薄,如果没有给学生以阅读铺垫,没有让学生在文本的语言之中去解读,只能是杂乱无章和纠缠不清。

　　听课评课,缘于一种阅读的理解。

　　备注:有兴趣的话,请参阅本人的《关于＜受戒＞的接受美学分析》。

补笔:前理解、视域融合、理解的语言性

(1)关于前理解:

　　我们在阅读、思考、实践等活动之前,往往存在着某些已有的看法和信息,包括知识、经验、情感、思维方式、价值信念等因素,这些因素对接下来的理解将会产生非常重要的导向和制约的影响。

　　前理解是哲学解释学的一个重要理论概念,在语文阅读教学之中必须引起充分的重视。

　　按照海德格尔的观点,前理解有前有、前见和前把握(前设)三个结构。前有,就是一种特定的生活、社会、文化的背景,在理解之前会把理解的东西植入其中;前见,是指已经加以把握的概念,有一种先行的立场或视角;而前把握(前设),是指理解之前有一个预先的假设(概念框架)。前理解是知、情、意的统一,它规定了理解的视域。在阅读文本的过程中,就是理解者和理解对象的永无止境的对话过程,也是文本意义与理解者的理解之间不断生成的过程。所以,没有根本的或最终的理解,理解就成为不断对话与交流、追问与探究的无限可能性的过程。

前理解可以认为是一种成见或偏见,也有可能是错误的或有局限性的。但是,如果加以辩证分析和认真探究,对那些轻率的成见或权威式的成见予以思想分辨和价值判断,这样就能在每一次理解过程中有所纠正甚至有所超越。

加达默尔认为,解释虽然开始于前把握,但是在理解过程中可以被更合适的前把握所替代,于是在不断进行的理解筹划过程中构成一种理解和解释的意义运动。他告诫每一个读者在阅读著作的时候,不是忘掉所有关于内容的前见解和所有我们自己的见解,"我们只是要求对他人的和本文的见解保持开放的态度。但是,这种开放性总是包含着我们要把他人的见解放入与我们自己的整个见解的关系中,或者把我们自己的见解放入他人整个见解的关系中。"对他人的开放性至少包含着这样一种承认,即读者必须接受某些反对自己的东西,即使没有任何他人要求我们这样去做。我们可以明白这样的道理,我们阅读作品就是要在读者的期待视野和作品的作者意图之间进行碰撞和沟通,接纳前理解远未包括的文本之中的广阔的意义世界,在理解之中进行自我的反思和批判,从而清理随心所欲的突发奇想和未曾注意的误解偏差,不断丰富和更新读者的理解世界,释放读者的主体精神。

由于在作品之中发现了自我,读者也就不自觉地进入了作品,达到了自我世界与作品世界的一体化境界。阅读理解的前理解成为理解过程的一部分,后来的理解又成为新的前理解。理解成为一个再认知的过程,也成为一个再认知的事件。

(2)关于视域融合:

文本的意义是由处于不同历史境遇中的作者与读者之间相互作用的结果,是一种处于交互影响和不断展现的历史过程中的结果。加达默尔将这一个历史过程称之为"效果历史"。我们的处境是历史决定的,历史先于我们,我们总是处在历史之中,历史是理解的前提,又是理解的产物。

要理解历史,就不能从读者的标准与成见出发,因为它遭遇两个不同的视域,一个是进行理解的自己生存在其中的视域,一个是当时的历史视域。理解就是从现在的视域中走出来,进入另一个相对封闭的孤立的历史视域之中。这里需要明确,其实并不存在真正意义上的封闭的视域,它往往跟我们一起运动和变化。所以,理解总是在一种视域融合的过程之中,"当下的视域中有着过去的、传统的渊源",产生出读者与作品之间对话双方的视域融合的结果。

谁不能把自己置身于历史性视域之中,谁就不能真正理解文学文本的意义。理解者和解释者的任务就是要扩大自己的视域,使它与其他视域相交融。视域交融不仅是历时性的,而且是共时性的,在视域交融中,历史和现在、主体和客体、自我和他者都构成了一个无限的整体。

(3)关于理解的语言性:

加达默尔认为,理解在根本上具有语言性,"语言就是理解本身得以进行的普遍媒介"。我们一般认为,可以先有语言的理解,再有诉诸语言的表达;但是,"语言表达实际上已经是理解本身的问题。一切理解都是解释,而一切解释都是通过语言的媒介进行的。"

理解具有"对话"性质,对话不一定事先有预料。通常我们认为语言受意识的支配,它只是一个工具一种符号,但是,不是我们掌握着语言,而是语言掌握着我们,在语言之中我们成为其人,世界也在语言之中呈现出来。随着语言的成长,它们就进入世界之中,语言与世界具有血肉相连的关系。

语言是人的生命的重要表征,是人的基本生存方式,反映着人与世界的本质关系,每一个人的语言形式就是一个特定的生命形式和存在世界。

读者理解作品的时候,就是一种解释的过程。正是因为在陌生的作品之中我们才会通过自己的语言与它的对话交流取得理解的可能性,"整个的理解过程乃是一种语言过程""语言正是谈话双方进行相互了解并对某事取得一致意见的核心"。语言本身好比是每天都在进行解释的游戏一样,在游戏之中没有人超越于他人之上或者处于他人之下,每个人都是游戏的中心,所以,阅读理解总是自己在进行的一种解释,语言在对话的具体运用中所具有的不断地自我超越的性质是理解具有的流动视域的根据。

理解活动从本质上说就是语言的活动,理解活动超越任何特殊的语言界线,从而能够在熟悉的内容和陌生的内容之间进行调解。

在语言之中,我们可以反映和重组出整个的存在,包括对文本的语言赋予解释的任务。在阅读作品的时候,每一次新的解释都会带来一种新的问题,解释语言所揭示出的意义受到新的问题的挑战,在寻找新问题的解释的时候又发生着新的困惑,同文本的每一次对话都会对后一次对话产生后续影响,于是作品就成了一个无法穷尽的存在结构,这个过程也就成为一个永不终结的过程。

7. 从新材料作文说起——兼评 2013 年江苏作文题

高考语文,得作文者得天下。

我们常说,作文是语文的半壁江山。一般来说,作文水平高者,前面的语文试卷的得分也不会差。

这里只谈作文。细心的读者、语文爱好者会发现,今年各地的语文高考作文,大多是给材料作文,好像回到了 20 世纪 90 年代一样。然而,许多人在研读之后又发现,这些给材料作文,在作文要求上一般都是自选角度,文体不限,题目自定。

老百姓关心语文者甚多,就是不知道现在的作文到底该怎么做。

老百姓还有一个不知道的事,从今年高考语文作文题中可以得到许多信息,其中的一个信息就是,现在流行新材料作文。

既然称作新材料作文,必然对应的是,以前的材料作文是老材料作文。两者之间有没有联系和区别呢? 为什么话题作文在风行了一段时间之后,冒出了个新材料作文,而且是在命题作文回归之后的相当一段时间内。

不管是新旧材料作文,都必须提供作文材料。材料是作文的缘起,是审题立意的母体。旧材料作文,特别要求从整体材料的内容中确定主题方向,而且以写议论文为主要体裁。新材料作文,则可以从材料的多角度上审题立意,可以写各种不同的体裁(高考为了评分等因素一般不要求写诗歌)。

有人要说了,话题作文不也是提供材料的吗? 是的,话题也有材料,但是,话题作文的材料是作文的前提或引子,材料的作用是在于从中阐发话题,作文主题可以不必从材料中提炼,作文之中可以用也可以不用材料。而材料作文的主题必须从材料之中直接提炼和挖掘,材料作文的材料必须运用到作文之中,做论据使用。新材料作文与话题作文基本相似的是,都在提供材料的情况下要求自主确定标题、自主确定立意、自主确定文体,但是,它们之间又有很多的区别。

新材料作文的构思立意的依据必须建立在理解材料的基础之上,有着限制的自由;而话题作文所用的材料仅仅是对话题的一个说明、一个解释或者是一个例子。新材料作文可以从许多角度和侧面去展开作文,不能脱离材料的含义和内容;而话题作文必须在话题范围之内,话题就是作文的核心,它可以不照顾材料的内容。

说实在的,我作为一名语文教师已经有 30 多个年头了,现在看看,语文作文说好听一点是在发展和创新,说难听一点是在玩游戏和兜圈子。新旧材料作文之间,说到底就是材料作文,不过是放宽了审题立意的角度和写作体裁的规定。而话题作文似乎又太宽泛了,要有所限制。

从学生作文的角度来看,最难把握的就是如何审清题意、迅速入手的问题。

今年的江苏作文,我看了几遍,一时也有点思想模糊,琢磨不透材料的方向。真的是难为了考生,在那么紧张的时间内,那么繁杂的考题中,如何迅速破解材料题意,找到一个合适的角度构思,用最能表达的材料和话语写出好文章来。要知道,我们只看作文,没有经历作文之前的许许多多个语文知识、古诗鉴赏、古文疏解、现代文阅读等等的语文考题的折磨。我们不在考场,我们有的是时间去读,去分析。也就因为这样,我才觉得这个作文材料题,很累人也很雷人。

从材料上看,一些关键词是很显眼的,"探险者、山洞、蜡烛、蝴蝶"之中,"探险者、蜡烛"是社会因素,"山洞、蝴蝶"是自然因素,也许这就是一个人与自然的关系题。再看情境性和故事性(材料一般具有这个特点),探险者探险,来到了人迹罕至的山洞,点燃了蜡烛,遇到了一群蝴蝶;蝴蝶突然遭遇人类,于是只能去往深处;探险者遇见蝴蝶,不忍打搅而退去,后来再去(到底为了什么?)发现蝴蝶已经去往深处。这些情节之中,有着情境意味:人类的探险活动惊扰了自然自由的蝴蝶世界。

作文提示中有一个很关键的信息:小小蜡烛影响了蝴蝶的生活环境。是小小的蜡烛引发蝴蝶变迁的吗? 显然不是的。出题者意图将考生的思想引向蜡烛的细节之上,蜡烛是由探险者点燃的,蜡烛的光亮不是惊扰蝴蝶的根本原因,根本原因是探险者,是人。所以,这个题目难就难在如何把这种错综复杂的关系捋清楚。

也许,蜡烛是人类向自然纵深迈进的一个小小的东西,就是这个小东西却把蝴蝶们的生存状态打破了。人类找到了探险的凭借,却不小心把生态自然破坏掉了。真正意义上的保护生态,不仅仅是"退出去"的人文关怀,而且需要人类在自然面前点燃生命的亮光。这篇作文材料的最后一句"小小的蜡烛竟会产生这么大的影响"，它是一个出卷者的提示，我们无法回避它，不然就容易跑题。山洞里黑暗，探险者点上了蜡烛，这个变化说的是什么？蜡烛照明之后见到了蝴蝶，蝴蝶因为蜡烛而不得不飞走，人给蝴蝶的生存环境带来了怎样的影响？人与自然、人与社会之间，到底有着如何改变才能换来和谐和快乐，到底如何改变才能避免灾难和痛苦，到底择取怎样一个角度去深入展开作文的思路，需要三思。

不是说新材料作文的立意角度可以自选吗？命题者为了降低难度设置的一个提示，恰恰局限了自选的自由。难度降低了，可是空间就缩小了。本来，考场上瞬息万变，对于一般学生而言，能够完成写作任务就已经委实不易，要写出高水平的作文实在难为。正常发挥，不跑偏，保持一个基本分，这是大多数人的选择。可是，即使在立意方面不吃亏，要高水平发挥，还是需要平时的功底，特别是作文材料的典型与生动、构思艺术的转折与递进、语言能力的独到与深刻等。还想说一下，人文关爱、生态平衡、人文与生态之间的交织，促使我们思考这则材料如果在相互尊重与欣赏、彼此敬畏与科学发展、小细节与大成功等上拓开一笔，或许爆发力就更强一些。

只是觉得，分析至此，江苏省材料作文的题材空间和体裁空间并不大，平时为更多的学生所熟稔的记叙文或者散文在这个材料面前很难有施展的机会，或者说一下子找不到切入的角度。所以我觉得这个题目并不是一个十分顺畅的题目。

如果说，新材料作文是今后一段时期的主流的话，我想说，其实无所谓是什么类型的题目，都需要在平时的语文教学上认准语言文字的根本，正确理解和熟练运用，这是无论如何也不可忽视的源头。命题作文、话题作文、材料作文，没有什么好坏和上下，都可以进入高考之中，都能够反映学生的水平。从作文的即时性来说，平时生活中的观察、积累、想象、表达之间是一个整体，多读多写，这是一条从古至今的真理。

附一：江苏考题：探险者与蝴蝶

几位朋友说起这样一段探险经历：他们无意中来到一个人迹罕至的山洞。因对洞中环境不清楚，便点燃了几支蜡烛靠在石壁上。在进入洞穴后不久，发现许多色彩斑斓的大蝴蝶安静地附在洞壁上栖息。他们屏住呼吸，放轻脚步，唯恐惊扰了这些美丽的精灵。但数日后再去，却发现这些大蝴蝶已不在原地，而是远远地退到了山洞的深处。大家若有所悟，那里的环境也许更适宜吧，小小的蜡烛竟会产生这么大的影响。

　　要求:①角度自选;②立意自定;③题目自拟;④除诗歌外,文体自选;⑤不少于 800 字。

附二:万人大调查:江苏作文题高票当选"最奇葩"

2013 年 06 月 07 日 16:25　新浪教育　微博　我有话说(2681 人参与)

　　新浪教育[微博]讯 2013 年高考[微博]今天拉开帷幕,全国各地 912 万考生走上人生的一大"战场",7 日上午迎来首场考试——语文,作文题无疑成为重头戏而备受关注。今年的高考,各种"奇葩""给力"考题频频出现,同时,新浪微博有才网友也第一时间创作"微作文",争相晒才情。

　　大调查:哪个地区作文最奇葩? 江苏中枪。

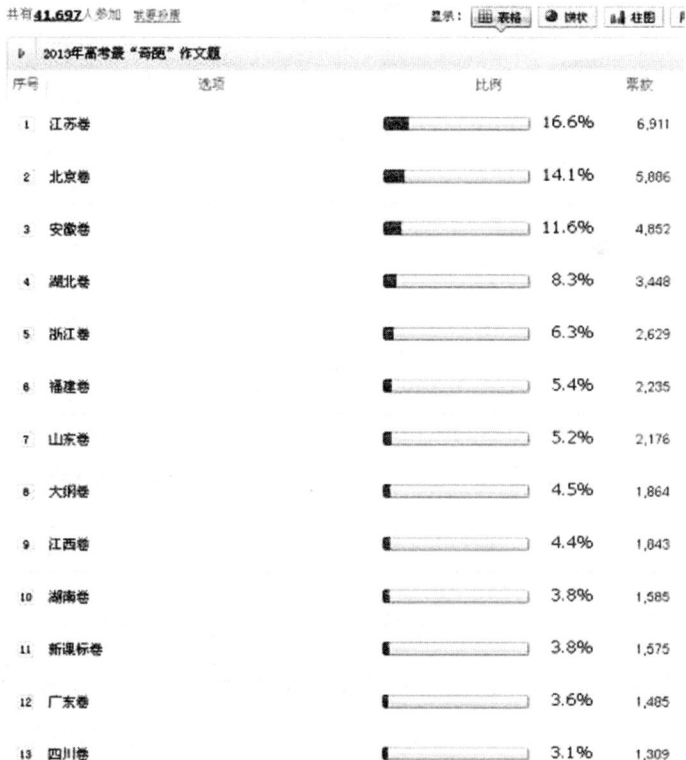

2013年高考最"奇葩"作文题

共有 **41.697** 人参加

序号	选项	比例	票数
1	江苏卷	16.6%	6,911
2	北京卷	14.1%	5,886
3	安徽卷	11.6%	4,852
4	湖北卷	8.3%	3,448
5	浙江卷	6.3%	2,629
6	福建卷	5.4%	2,235
7	山东卷	5.2%	2,176
8	大纲卷	4.5%	1,864
9	江西卷	4.4%	1,843
10	湖南卷	3.8%	1,585
11	新课标卷	3.8%	1,575
12	广东卷	3.6%	1,485
13	四川卷	3.1%	1,309

最"奇葩"作文调查

最"给力"作文调查

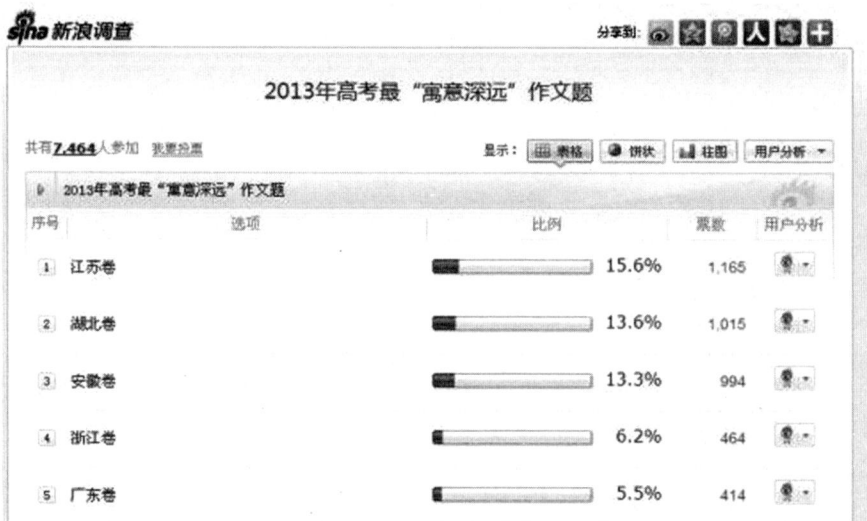

最寓意深远作文调查

在新浪教育发起的作文调查中,截至当天 15 时 30 分,超 4 万余网友进行投票,大家直呼江苏省材料作文"探险者、蝴蝶、蜡烛"最让人不知所云,以高票当选"最奇葩"作文题,北京作文题"爱迪生如何看手机"紧随其后名列第二。

截止 15 时 30 分,在 41566 名网友投票中,江苏省作文题分别以 16.5%、9.9%、15.5% 的投票率高居"最奇葩""最给力""最寓意深远"三大榜单之首。北京高考作文题、安徽省高考作文题分别以 14.1%、11.7% 的投票率位列"最奇葩"榜单第二、三名。在"最给力"的高考作文题中,安徽、北京卷分别以 9.2%、8% 的投票率当选第二、三位。而在"最好写"的作文题中,大纲卷以 14.2% 的投票率居于榜首。(新浪教育王硕、李清新)

8. 谈谈课堂教学形态变革

课堂教学的形态变革,说到底是从教学观念到学习方式的变革。

观念变革是形态变革的前提,有什么样的观念就有什么样的形态。解读新课程理念,就会发现一个核心词语就是"以人为本"。一切教学观的宗旨就是要以学生的生命成长为目标,培养自主发展的一代新人。

如果我们站在文化价值观上思考,课堂教学上所表现出来的教学方式就是意图让大家获取一种生活和生命方式,促使每一个人赢得积极、自主、健康的发展能力,从而焕发出生命的活力。

由于传统思想的干扰,也由于习惯于灌输式教育,因此,课堂上的教学形态常常是凝滞的、死板的、权威的、反对话行为,因此,变革课堂形态来得尤为迫切。

变革的根本是改变一种文化生态,一种人与人、人与知识、人与环境等之间的关系。

表面来看,无非就是在方式、结构、途径上下功夫,比如变知识学习为经验学习,变灌输学习为自主学习,变单体学习为互动学习,变书本学习为生活学习,变封闭学习为开放学习,变机械学习为灵动学习,等等。但是,如果进一步研究会发现,形态的变革还需要在以下三个方面引起注意。

一是线性与非线性的关系。就是说,学习不仅是线状的,有可能是块状的,还可能是交叉立体状的。在学习伙伴关系上,同样存在着相互间的自主与合作的关系,呈现在课堂上,就是从认真倾听到交互对话的演变。单面与多面,单向与多向,单体与多体之间,是线性关系的扩展与补充。无论是对教材的加工重组,还是对教法的灵活应变,都需要站在认知原理和激活艺术上去思考和运用,从而使学生的自主性、能动性、创造性充分发挥出来。

二是场域与非场域的关系。就是说,学习需要情境体验,需要活动体验,需要交互体验。任何教学都是在活动中进行的,活动必然涉及教学情境的创设问题,涉及教学问题的创意问题,涉及教学时空的创生问题。所以,场域的形态往往关涉到教学是否能正常进行的关键。能否在精神场、思维场(对话场)、时空场上赢得主动,改革单调乏味的圈地式运动,不深入研究场域问题是行不通的。

三是平台与非平台的关系。平台是一种载体,是形态表现的又一种方式。在平台上,有着愿景的落脚处,也有着目标的方向。我以为,平台问题首先是课型问题,是教学形态的结构范式,是可以让师生施展身手的地方。能不能将长期实践形成的教学理念稳定在某一种结构模型上,并以此作为基础发挥个性优势进行教学,当引起特别重视。也许课型是平台,是教学的生存载体,也是一种教学的生存方式,那么,实施动态的现代教学技术的革命同样可以在这方面大有作为。这个问题恐怕大家已经感受到了它的魅力。

课堂教学形态的变革是一场文化的变革,是愿景理念、价值观和课堂精神的重塑问题。在价值认同和意义建构方面,无论如何必须考虑生命的积极精神和能力的意义品质,从而促使学生自然生成、自主觉醒和自由发展。这是一种教学的革命,也是社会化意义上的思想的解放运动。于此,我不得不说,课堂孕育着生命的种子。

2013.4.10 对天一中学有关课题开题论证之后的一些想法。

补笔:有效教学的两个指标问题

关于有效教学,许多专家学者都有许多种判别条件。在获得有效教学的信息的时候,我开始进行了自我选择,最后,我以为的有效教学必须追求两个目标,一是能够促进学生的自主学习,二是能够提升学生的学习智慧。

有效教学是一种促进学生自主学习的教学。对于每一个学生来说,他们当然是学习的主人。那么,教学的目的就是要帮助每一个学生成为学习的主人,进行有效的学习,让他们获得更大的发展空间。苏格拉底认为,让我参与的我会理解。一个十分重要的命题,就是要在互动教学中培养学生主动学习的能力,在建构知识意义的过程中获得精神的愉悦和新的认识。

　　学生自主学习的情况有三个基本走向,一是看学生自主学习的情绪表现,关注学习的意向、欲望和积极性;二是看学生自主学习的参与情况,关注学习的思考、表达和互动性;三是看学生自主学习的监控能力,关注学习的提问、质疑和批判性。

　　关于监控能力,是一项自我意识对学习活动的调节控制能力,从中可以看见学生自主学习的实质情况和发展态势。一般来说,主要是学生在学习过程中有没有不断地对自己的学习行为予以调整,是一种朝着自己的既定方向努力检查、反馈、调整的过程性行为。我强调提问、质疑和批判性三个指标,因为这是对于自主学习来说更为明显的外显表现,能不能主动理解和分析,这是一个重要标志。

　　在课堂上,我们常常发现,当教师提出问题之后,总有一些学生反应灵敏,回答问题的正确率十分之高,那是因为这部分学生不仅具有超越一般学生的认知水平,而且自我监控能力也特别强。但是,如果不能尽量发挥大家的积极性,在共同发展的前提下进行课堂教学,那是很难完成有效教学的。所以,要善于面对不同层次的学生激发主动学习的习惯,给每一个学生以交流表达的机会,让每一个学生享受学习的成功。

　　有效教学是一种提升学习智慧的教学。启发智慧必须依靠知识,教学结果必须经过教学过程。课堂教学如果能够把结果变成过程,才能把知识变成智慧。知识是可以传授的,可以接纳的,但是,智慧是无法传授的,也是无法接纳的。所以,要让学生提高学习的智慧,就必然需要教师学会智慧的教学。

　　一是要让学生生活在思考的世界里。变静态的语言文字为动态的思维境界,变静态的文本内容为动态的教学精神,精心设计教学流程,及时、合理地运用启发方式,让学生在品味的过程中品出自己的味道,在感悟的过程中悟出自己的意义。也就是说,当能够自觉地运用知识去发现问题、分析问题和解决问题的时候,智慧就自然而然地产生了。所以,知识给人力量,智慧给人自由,有知识的人不一定拥有智慧,而拥有智慧的人,他的知识就特别地丰富。

　　二是教师的教学品质决定着学生学习智慧的水平。教学品质是教师教学过程中所表现出来的教学能力和风格,是意味着能够和学生一起分享学习的激情和种种新的发现。在互动教学的时候,教师通过预设具有挑战性的任务而不断激发学生的认知欲,引发学生的积极参与和认知冲动,在展开思维活动的状态下完成各项教学分析,达成进一步迁移、探究、成长的意义。为此,就要看教师敢不敢放手、会不会启发和有没有底气,看教师对学科的认识和对教学的认识是不是充分透彻,能不能走向最优化的、最有效的教学。

　　教师对教学实践的再认识和再思考,不断地在经验教训中总结分析,将是提高教师教学品质的有效手段。

后　记

人总是一种历史的存在，因为存在，所以就有历史的局限性和特殊性。

任何一个时期，人的发展阶段都会表现出一种鲜明的经历烙印。其中一个不可忽视的现实是，认真地阅读吸收往往会改变一个人的人生。

遭遇关键事件，会让你质疑和判断自己有没有可能发展的意义，而读书就成为你人生历程的关键事件。最大的问题是你的"背景文本"怎么样了，能不能让它变得越来越厚实和宽阔。最对的选择就是拿起书，一本一本地读。每一本书都是印刷出来的人生和艺术，和书本打交道，就是和多样的、别样的人生打交道。书读得多了，自己的人生也就会越来越丰满。

每一个关键事件里都蕴含着过程和意义，有没有抓住它并适时适度地把握自己的思想和方向，就必须看自己在这些故事里的不确定意义可不可以先确定下来。从本质上看，我们理解的课程就是一个文化的动态过程。课程是文本和事件的构成，是从早先的知识走向了经验，从教走向了学，从名词走向了动词。如果把这个过程和关键事件联系起来看，我们会自然得出一个结论，人生裂变就在这其中的一个个关键事件之中。

在关键事件的经历过程中，需要澄清很多问题，其根本就是让自己学会抽丝剥茧的方法。在任何情境中，我们要认真分析和判断，什么才是人性和仁义，什么才是"适合的就是最好的"。

因为《废墟》的教学引发了我的思考，因为废墟背后的文化事件和历史昭示着我如何才能真正拓展文化视野，所以，我意识到，"背景文本"不可以一直麻木和呆滞。这个时候，一本《教育社会学》给了我及时的启示，我抓住了一次难得的转型机会。因为此，我便找到了一条文化学习之路。于是，《中国文化概论》《企业文

243

化》《企业变革与文化》《学校文化》《学校文化管理》等等就不再陌生。有了思想就有了动力,有了动力就有了出路。

作为一个语文教师,《废墟》的意义远不止是一个文本的教学。语文教学有没有看到课外阅读的功夫,有没有确立生活就是一个个立体的文本的概念,有没有实现文学就是人学的目标,这一切,迫使我不断去寻访和叩问:语文学科是一门怎样的学科,语文教学是一种怎样的教学,语文教师是一个怎样的教师。

在1996~2006的10年间,我先后进行过多次《绿》的公开教学。90年代和00年代的教学笔记不一样了,先期的教学体会是找到一个可以化解教学内容的教学流程,后期的教学觉醒是如何破解文本的神韵。上人用道,中人用术,下人用力。孔子说:"生而知之,上也;学而知之,次也;困而学之,再其次也;困而不学,民斯为下也。"我想,既然遇到了困顿和迷惑,何不去图书馆、去新华书店寻找答案?《朱自清散文选》《朱自清图传》成为当时的阅读书目,一篇《〈绿〉的神韵在哪里》昭示着我10年来的进步。

曹明海主编的《语文教育思想论》《语文教育行为论》《语文教育审美论》《语文教育智慧论》《语文教育发展论》这5本书在一个时期是我的知识宝库,帮助我在精读和泛读之中积淀了很多的心得,澄清了语文教学中的许多困惑,进一步印证了此前提出的"语文教学中的文化互动"的观点。而后,我又捧读他主编的《语文教学阐释学》《语文教学本体论》《语文教育观新建构》《语文新课程教学论》《语文陶冶性教学论》这一系列著作,从中领悟教育哲学的意蕴,从更高层次来审视和剖析语文教育,十年求索之后的《再论语文教学中的文化互动》找到了语文教学的逻辑起点和终极归宿,明确了"在语文教学中,人与文化通过互动实现着双向的意义建构"的语文教学观。

在《语文教学阐释学》《语文教学本体论》的注释里涉及许多哲学阐释学的著作,我便从"孔夫子、旧书网"等地淘来了加达默尔的《哲学解释学》《真理与方法:哲学诠释学基本特征》(上下卷)、《真理与方法Ⅱ》、姚斯、霍拉勃的《接受美学与接受理论》、姚斯的《审美经验与文学解释学》、伊泽尔的《审美过程研究——阅读活动:审美响应理论》、英加登的《对文学的艺术作品的认识》、沃尔夫冈·韦尔施的《重构美学》、席勒的《审美教育书简》等著作,认真阅读并做了大量笔记,完成了《读者意义:基于前理解实现一种新的理解》《视域融合:穿越时间距离的阅读理解》《审美思维:文学阅读的一种理解方式》等论文写作,从哲学解释学和接受美学的原理中获取了对语文教学的另一番认识，迫使我以一种精神性的理解与解释来审视平时的语文教学。

一旦澄清了自己的问题和困惑，就特别需要进行意义的建构。人作为一种存在，必定有着存在的结构。怎样才能充实和完整这些结构，我的体会是在意识觉醒的同时融合内在的精神，能够从哲学上寻求支持。《当代文化的哲学阐释》成了我的及时雨。你是谁，你从哪里来，你来做什么，这三个基本的哲学问题，就是一个人存在的意义所在。苏格拉底说："我什么都不知道，但是我知道什么都不知道。"他说："要认识自己。"笛卡尔说："我怀疑一切，但是我不怀疑我怀疑一切。"他说："我思故我在。"两个哲人的话告诉我们，人的一生是在不断寻访和叩问之中获得新生的。只有认识了自己，只有在思考着的时候，我才是我。《教育哲学》《哲学概论》《当代文化哲学》《当代文化哲学沉思》《论人》《超越文化》《文化的解释》等也就是在这个时候进入了我的阅读范畴。

语文教师岂能只读《语文》书？语文教师的学历仅仅代表着一种专业知识的基础，它并不代表真正的学力，当充分认识到教育活动是一种创造性的劳动的时候，真正觉悟出专业成长是教师生命的永恒话题的时候，你就不会"以本为本"，停留在"教材——教参——教辅"的圈子里了。要使语文课扩大文化的辐射面，以最大限度满足学生的需求，提高学生的文化素养，迫切需要语文教师广泛阅读，海纳文化精品，激发文化活力，以丰富多彩的文化作品和背景为参照，提炼分析出自我的阅读个性和质量，在文学的经典里寻找一点灵光、一束思想、一把圣火，在历史的传略中感悟生命的伟大、心情的美好、真理的永恒，在教育的著述间生成信息、陶冶情操、参悟智慧，在读书的人生中读出思考，读出思路，读出思想。

朱熹提倡"读书有三到，谓心到、眼到、口到。心不在此，则眼看不仔细，心眼不专一，则只漫诵读，绝不能记，记亦不能久也。三到之中，心到最急。心既到矣，眼、口岂不到乎？"从实践论的角度来看，"读书三到"说的是精读的道理，强调的是一种读书的态度和读书的方法。其实读书既求精心研读，致一不懈，又讲比较印证，广记博取。关键是把阅读作为一种披文得意的心智技能，又是缘文会友的社交活动，使心与书的交流成为一种内省与自察的过程，努力追求"解文——知人——论世——察己"的四重境界，解开作品的篇章意义，分析作者的写作意图，挖掘作品的社会影响，积淀读者的修养品性。"腹有诗书气自华"，语文教师要在重视实践经验的同时重视语文教育的认识与信念，一则具有扎实的学科知识，二则掌握领先的应用理论，三则充盈必然的文化容量，站立在"大语文"的平台上去审读语文、教学语文、创造语文。语文教师作为又一种文化载体，应视语文教学为一种内在的文化过程，视文化教学为一种内在的文化自觉行为，自觉承载起文化传递和文化创造的重任，不负文化赋予的历史使命。

理解是一种存在方式，理解是为了更好地解释和说明，但是理解永远具有局限性。人通过理解去阅读世界，同时又在理解着自己。在一本本著作的背后有着作者的视界，作为读者的视界，能不能进行更有意义的视界融合，这是需要阅读者以虔诚的态度来对待的问题。置身于生命之流，我越来越意识到，必须时刻提醒自己，这绝不是一个人的语文世界。《学记》有言："独学而无友，则孤陋而寡闻。"一个人的世界是有限的，要想取得更大的进步，就需要和一群人一起前进。因为每一个人都有着自己不同的经历，有着自己独特的世界，所以，只有在大家的帮助和努力下，才能赢得更多的别样的精彩的人生。

罗曼·罗兰说："和书籍生活在一起，永远不会叹气。"既然阅读可以修养气质，教学可以倾吐精神，那么何乐而不为呢？如果可能的话，还可以像易卜生说的那样："生存就是与灵魂中的魔鬼作战，写作就是坐下来审判自己。"尽量写一些东西，尽量充实自己的存在，又何尝不可呢？

人总是历史地存在着，要想改变自己的人生，那么，慢慢读，欣赏啊。

储建明

2017.6.6